ISBN 978-0-428-61347-1
PIBN 10733002

MUNIMENTA VETUSTIORA

MONASTERII SANCTE TRINITATIS

ET SANCTI MICHAELIS

DE SCON

EDINBURGI

MDCCCXLIII.

EDINBURGH : PRINTED BY T. CONSTABLE,
PRINTER TO HER MAJESTY.

THE BANNATYNE CLUB.

AUGUST, MDCCCXLIII.

THOMAS THOMSON, ESQ.
PRESIDENT.

THE EARL OF ABERDEEN.

THE VISCOUNT ACHESON.

VICE-ADMIRAL SIR CHARLES ADAM.

THE EARL OF ASHBURNHAM.

LORD BELHAVEN AND HAMILTON.

WILLIAM BLAIR, ESQ.

JOHN BORTHWICK, ESQ.

BERIAH BOTFIELD, ESQ.

10 THE MARQUESS OF BREADALBANE.

SIR THOMAS MAKDOUGALL BRISBANE, BART.

GEORGE BRODIE, ESQ.

CHARLES DASHWOOD BRUCE, ESQ.

O. TYNDALL BRUCE, ESQ.

THE DUKE OF BUCCLEUCH AND QUEENSBERRY.

THE DUKE OF BUCKINGHAM AND CHANDOS.

THE MARQUESS OF BUTE.

THE REV. RICHARD BUTLER.

JAMES CAMPBELL, ESQ.

20 DAVID CARNEGY, ESQ.

THE BANNATYNE CLUB. •

SIR GEORGE CLERK, BART.

WILLIAM CLERK, ESQ.

HON. H. COCKBURN, LORD COCKBURN, (*VICE-PRESIDENT.*)

DAVID CONSTABLE, ESQ.

ANDREW COVENTRY, ESQ.

JAMES T. GIBSON CRAIG, ESQ. (*TREASURER.*)

WILLIAM GIBSON CRAIG, ESQ.

GEORGE CRANSTOUN, ESQ.

JAMES DENNISTOUN, ESQ.

30 GEORGE DUNDAS, ESQ.

RIGHT HON. WILLIAM DUNDAS, LORD CLERK-REGISTER.

WILLIAM PITT DUNDAS, ESQ.

LORD FRANCIS EGERTON.

JOSEPH WALTER K. EYTON, ESQ.

SIR CHARLES DALRYMPLE FERGUSSON, BART.

COUNT MERCER DE FLAHAULT.

WILLIAM GOTT, ESQ.

ROBERT GRAHAM, ESQ.

RIGHT HON. THOMAS GRENVILLE.

40 THE EARL OF HADDINGTON.

THE DUKE OF HAMILTON AND BRANDON.

EDWARD W. DRUMMOND HAY, ESQ.

SIR THOMAS BUCHAN HEPBURN, BART.

JAMES MAITLAND HOG, ESQ.

· HON. JOHN HOPE, LORD JUSTICE-CLERK.

COSMO INNES, ESQ.

DAVID IRVING, LL.D.

THE BANNATYNE CLUB.

HON. JAMES IVORY, LORD IVORY.

SIR HENRY JARDINE.

50 HON. FRANCIS JEFFREY, LORD JEFFREY.

THE EARL OF KINNOULL.

DAVID LAING, ESQ. (*SECRETARY.*)

SIR THOMAS DICK LAUDER, BART.

THE EARL OF LAUDERDALE.

VERY REVEREND PRINCIPAL LEE, D.D.

LORD LINDSAY.

JAMES LOCH, ESQ.

LORD LOVAT.

ALEXANDER MACDONALD, ESQ.

60 HON. J. H. MACKENZIE, LORD MACKENZIE.

JAMES MACKENZIE, ESQ.

JOHN WHITEFOORD MACKENZIE, ESQ.

WILLIAM FORBES MACKENZIE, ESQ.

JAMES MAIDMENT, ESQ.

THOMAS MAITLAND, ESQ.

HON. A. MACONOCHIE, LORD MEADOWBANK.

THE VISCOUNT MELVILLE.

THE HON. WILLIAM LESLIE MELVILLE.

WILLIAM HENRY MILLER, ESQ.

70 THE EARL OF MINTO.

HON. SIR J. W. MONCREIFF, BART., LORD MONCREIFF.

JAMES PATRICK MUIRHEAD, ESQ.

HON. SIR JOHN A. MURRAY, LORD MURRAY.

WILLIAM MURRAY, ESQ.

MACVEY NAPIER, ESQ.

ROBERT NASMYTH, ESQ.

SIR FRANCIS PALGRAVE.

LORD PANMURE.

SIR THOMAS PHILLIPPS, BART.

80 EDWARD PIPER, ESQ.

ROBERT PITCAIRN, ESQ.

ALEXANDER PRINGLE, ESQ.

JOHN RICHARDSON, ESQ.

THE EARL OF ROSEBERY.

THE DUKE OF ROXBURGHE.

ANDREW RUTHERFURD, ESQ.

THE EARL OF SELKIRK.

JAMES SKENE, ESQ.

WILLIAM SMYTHE, ESQ.

90 THE EARL SPENCER.

JOHN SPOTTISWOODE, ESQ.

EDWARD STANLEY, ESQ.

THE HON. CHARLES FRANCIS STUART.

THE DUKE OF SUTHERLAND. .

ARCHIBALD SWINTON, ESQ.

ALEXANDER THOMSON, ESQ.

WALTER CALVERLEY TREVELYAN, ESQ.

DAWSON TURNER, ESQ.

ADAM URQUHART, ESQ.

100 RIGHT HON. SIR GEORGE WARRENDER, BART.

PREFACE.

THE MONASTERY OF SCONE, a foundation of unknown antiquity, of the Culdees or followers of St. Columba, deriving their institutions from Iona, was re-formed by King Alexander I., who established in it a colony of canons regular of the order of St. Augustine, whom he brought from the church of St. Oswald at Nastlay near Pontefract in Yorkshire. The Church, previously dedicated to the Trinity, was placed under the patronage of the Virgin, St. Michael, St. John, St. Lawrence, and St. Augustine. The era of the new constitution was the year 1114 or 1115. At first the Superiors of Scone, as well as of the mother house of St. Oswald, appear to have been Priors, though the new foundation was, from the beginning, declared independent of the English house.

The first Prior of Scone was Robert, who was made Bishop of St. Andrews in 1124.[1]

Nicolas was the next Prior, who died in 1140.[2]

Dionysius succeeded in 1140. He is found as a witness, in a charter of David I., along with John, Bishop of Glasgow.[3]

---

[1] *Chron. Mailr.* Hailes. *Ad. an.*
[2] Fordun.
[3] Volume of Original Charters, Advocates Library; and N. 162, 170.

Thomas was the next prior of Scone; who died in 1154.[1] He is styled *Scotus* by Fordun; which gives rise to a conjecture, that all the preceding priors were of the original English colony.

He was succeeded by Isaac; who died in 1162.[2]

Robert, formerly canon of Jedburgh, and prior of Restennot, succeeded, and obtained for himself the rank of an abbot,[3] under King Malcolm IV., who, at the same time, confirmed all privileges and possessions of the Abbey and Church of Scone, which he recognised as the chief seat of government.[4] Robert, the first abbot, died in 1186.

He was succeeded by Robert, formerly the prior; who, in 1198, resigned his abbacy.[5]

Reinbald succeeded, who was a witness to the foundation charter of Inchaffray in 1200, and to a charter of Duncan, Earl of Fife, by which he granted the church of Kilconcath to the nuns of North Berwick.[6] He was abbot, subsequent to the promotion of William Malvoisin to the see of St. Andrews in 1202.[7]

William seems to have been the next abbot. He held the office in 1211 and 1213,[8] and continued abbot in 1225.[9]

Philip was abbot of Scone on the 6th of the Ides of June 1231,[10] in 1237,[11] and 1242.[12]

---

[1] Fordun, vii. 60.

[2] Ibid.

[3] *Chron. S. crucis.* He was abbot in 1173; *Liber de Melros,* 50.

[4] *Principalis sedes regni nostri* N. 5. The charter records the recent destruction of the church by fire, and large additional grants are made *ad reformationem ecclesiae.*

[5] *Robertus abbas de Scona, minus sufficiens sibi et suis, curam resignavit regendi; cui successit, eodem* die electus apud Forfar, Rambaldus cellerarius de Sancta cruce, sicut placuit curialibus. Fordun, viii. 59.

[6] Original Charter at Auchinleck.

[7] Reg. de Dunfermlyn, 110.

[8] Chartulary of Inchaffray.

[9] N. 83.

[10] Reg. de Dunfermlyn, 223.

[11] Ibid.

[12] Evelick MS.

Probably the next abbot was Robert, who held the office soon after 1244, and resigned it in 1270.[1]

Nicholas succeeded to Robert. He was abbot in the end of September 1272.[2] He was elected to the see of Caithness in 1273; but returned from Rome, unconfirmed, in 1275.[3]

The next whom we find as abbot is Thomas, who was probably elected upon the promotion of Nicholas to the see of Caithness. He did homage to Edward at Perth on the 24th July 1291, and again in 1296. He was abbot of Scone when the monastery was destroyed by the English army, on the 17th of August 1298,[4] after the battle of Falkirk. He assisted at the coronation of Robert Bruce, at Scone, on the 27th March 1306. In September 1306, he was made prisoner by the English army, and sent, along with the Bishops of St. Andrews and Glasgow, to England, and confined in fetters.[5] After these events, we are not surprised to find Edward applying to the Pope, to sanction the translation of the Abbey of Scone, from its position in the midst of a perverse people.[6]

---

[1] Chartulary of Inchaffray and Fordun. Baculum pastoralem resignavit ob persecutiones conventus sui intolerabiles, et dominus Nicolaus quidam neophytus, post multas disceptationes inter ipsum et conventum de Scona prehabitas, plus domini Regis timore quam amore, abbas effectus est. Iste Nicolaus ad episcopatum Cathanensem electus est, eo quod abbas de Scona canonicus sit ecclesie Cathanensis, cujus apicem plus regio precario quam vite merito adeptus est. . . . . . Nicolaus abbas de Scona et electus Cathanensis ad curiam cassatus. est.—*Fordun*, x. 27, 33.

[2] N. 119.

[3] Fordun.—In the remarkable document which records the delivery to Balliol of the national muniments of Scotland, after the decision which awarded him the kingdom in 1292, is mentioned a letter of *H.* Abbot of Scone, obliging himself to brew good, stout, and clear beer, (*bonam, fortem, et claram cervisiam,*) for the king and his court as often as they should come to Scone. If the initial letter of this Abbot's name is correctly given in that record, the preceding list must be defective. No clue is afforded to the period of his singular undertaking.

[4] N. 124.

[5] *In compedibus ferreis.* Foedera. N. E. 996.

[6] *Medio perverse nationis positam.* Foedera. I. 1003.

The English party in the convent, or perhaps Edward by his sovereign authority, had, in the meantime, chosen another abbot. Henry styled himself abbot before 1304,[1] and he appears to have been abbot in 1320.

Simon was abbot from 1321 to 1326.[2]

The next abbot was Adam de Carale, who held the office on the 12th September 1335,[3] and was still abbot on the last day of April, in the 14th year of the reign of David II.[4]

William, abbot of Scone, occurs from 10th February 1353 to 1371.[5]

The next whom we find styled abbot of Scone, is Lawrence de Lindoris, in 1411, who was the first professor of law at St. Andrews. *Haereticae pravitatis inquisitor*; he is said to have written, *Examen haereticorum Lolardorum, quos toto regno exegit.*[6]

Adam de Crenach was consecrated abbot, 25th April 1418, and still held the office in 1426.[7]

William was abbot of Scone on the 31st May 1435.[8]

Thomas de Camera was abbot on the 19th May 1450, and on the 7th February 1456.[9]

John was abbot of Scone in 1465. He was vicar-general of Patrick, Bishop of St. Andrews, 24th February 1471. He was party to a

---

[1] N. 127.

[2] N. 149.

[3] Fordun, (XIII. 51,) is mistaken in stating Adam's death in 1336. He is mentioned by name in the charter of David II. N. 161.

[4] N. 161. There can be little doubt, that the bull of Benedict XII. (N. 192) conferring on the Abbot of Scone the privileges of a mitred Abbacy, is addressed to him, though the Abbot's name in it is given Alexander. In the original it must have stood *A*.

[5] N. 172;—Perth Black Friars Charters;—Foedera.

[6] Fordun and Dempster.

[7] Boece. Acta Parl. vol. ii.—Anno 1418, die 25 Aprilis benedictus est dominus Adam de Crennach abbas de Scona, vir eximie scientie et religionis, a domino Henrico de Wardlaw, episcopo Sancti Andree.—*Fordun*, xv. 30.

[8] Charters of the Chartreuse, Perth.

[9] N. 214, and 220-221.

contract with Henry, abbot of Dunfermline, in 1479 ; was patron of the altarage of St. Dennis, in the church of Perth, 1484 ;[1] granted a feu-charter in 1487 ;[2] and gave lands, near the church of Rate, to Thomas Allansone, on 21st April 1491.[3]

James was abbot on the 5th January 1493,[4] in 1495,[5] in 1505, 1506, 1511, and on 24th August 1514.[6]

Alexander Stuart, son of Alexander, Duke of Albany, held the abbacy of Scone[7] in commendam, along with the abbacy of Inchaffray, and the priory of Whithern, and continued to hold them after he was promoted to the bishoprick of Moray in 1527. He was buried at Scone in 1534.

Patrick Hepburn, son to Patrick, first Earl of Bothwell, prior of St. Andrews, was promoted to the bishoprick of Moray in 1535, and, along with his bishoprick, like his predecessor, held the abbey of Scone in commendam.

Scone has a mysterious importance in the mythical period of Scotch history. Whether the fatal stone, the *Kaiser-stuhl* of Scotland, was brought thither by Kenneth MacAlpin or not, it was certainly placed there at a very remote period, and before the light of charter-record or authentic history. Malcolm MacKenneth, that " most victorious king over all the nations of England, Wales, Ireland, and Norway," when he

---

[1] Perth Hospital Charters in the Advocates Library.
[2] Ibid.   [3] N. 226.
[4] Cart de S. Cruce, Ap. ii. 23.

[5] Perth Hospital Charters.
[6] Ibid.
[7] He is called commendator of Scone and Inch-affray in 1525. *Perth Black Friars Charters.*

distributed the territory of Scotland among his feudal vassals, reserved only " the moot-hill of Scone,"—*montem placiti in villa de Scona.*[1]

At Scone, according to Fordun and Wyntown, his namesake, Malcolm Canmore, was solemnly crowned after the defeat and death of Macbeth.

His son, Alexander I., had a peculiar connexion with the district :—

> In Inwergowry a sesowne
> Wyth an honest curt he bade
> For thare a maner plas he hade,
> And all the land lyand by
> Wes his demayne than halyly.

After a successful expedition into the North,

> Syne he sped him wyth gret hy
> Hame agayne til Inwergowry
> And in devotyowne movyd, swne
> The Abbay he fowndyd than of Scwne.
> Fra Saynt Oswaldis of Ingland
> Chanownys he browcht to be serwand
> God and Saynt Mychael, regulare
> In-til Saynt Awstynys ordyr thare.[2]

Malcolm IV., in a remarkable charter of the 11th year of his reign,[3] granting aid for the restoration of the Abbey, recently destroyed by fire, states it to be situate in the chief seat of government—*in principali sede regni nostri.* Supposing the charter quite genuine, the precise meaning of that expression is very doubtful. Abernethy and Forteviot might be styled the seats of the ancient Pictish monarchs and their court. In later times Perth was a frequent residence of the sovereign; and some of the earliest Parliaments on record were held at Scone itself. But it is difficult to understand how Scone could be reckoned the principal seat of government, except, perhaps, from some traditional and

[1] Leges Malcolmi M'Kenneth, as in several of the old MSS.

[2] Wyntown.
[3] N. 5.

half fabulous story of the Moot Hill, joined to the real evidence of the existence of the fatal chair of coronation.

At Scone was crowned Alexander II., and here, at the coronation of his son, the last of that noble dynasty, while the Prince was yet seated on the inaugural throne, bearing his crown and sceptre, and the nobles of the land at his feet, stood forth an aged Highlander, dressed after his country guise, and in his native speech, with bended knee, addressed the new crowned monarch, and hailed him as Alexander, MacAlexander, MacWilliam, MacHenry, MacDavid, MacMalcolm, tracing his lineage up to Fergus, the first king of the Scots in Britain.[1]

Here, in 1292, the unhappy Balliol assumed the crown.

And here, in 1306, Robert Bruce, a fugitive and excommunicated, without means or friends in Scotland, raising his arm against the might of Edward and of England, was crowned King of Scots.[2]

So far as this Register concerns the endowment and constitution of the Abbey, its possessions and privileges, the tenure of its property, and the transactions with its neighbours, by which these documents become the foundation of the territorial history of a wide district, it seems unnecessary here to make either selection or comment. Every document, and the facts recorded in it, will be interesting to the student of the local antiquities of Gowry, and the lower divisions of Perth and Angus. A few points of historical or more general interest may be briefly noticed.

The grant by Alex. I.[3] confirmed by Malcolm IV.[4] of an exclusive jurisdiction, and a court, with trial by duel and ordeal, is unusually minute.

---

[1] Fordun, X. 2.

[2] Robert granted a ratification of the Abbey's possessions and privileges, *pro eo quod reges regni ibidem dignitates suas recipiunt et honores. N.* 133.

[3] N. 4.

[4] N. 9. The trial by combat was held in the island in Tay below the Abbey. N. 56.

An exemption of the latter king furnishes a very early occurrence of
the exclusive privileges of Boroughs in Scotland.[1]

A grant of a marc of siluer, from Harold of the Orkneys,[2] is the first
notice of the connexion which Scone had with the northern parts of
Scotland. The next is a sort of privilege or pass granted by King Alexander II., for a ship of the abbot, evidently on a northern adventure,
and addressed to the king's officers of Moray and Caithness.[3] In 1332,
we find the Convent proprietors of the Church of Kildonane and the
lands of Borubol, apparently in Sutherland.[4]

Incidental notices occur of the great inundation which destroyed the
city of Perth, and nearly proved fatal to the royal family in 1210;[5] and
the local antiquary will find evidence of the town of Dunkeld being
first granted to the Bishop by Alexander II.[6]

A curious notice concerning the *nativi* or serfs,[7] which might other-
wise be unintelligible, receives illustration from several entries in the
Register of Dunfermlyn, where the convent scribe has been careful to
translate the vernacular terms.[8]

It would appear from a grant of Malcolm IV.[9] that the Earldom of
Gowry was then of the king's proper inheritance. The family of
Ruthven which for a short time enjoyed it after the dissolution of reli-
gious houses, proves its early pedigree mainly from this chartulary.[10]

[1] N. 8.
[2] N. 58.
[3] N. 73.
[4] N. 162.
[5] N. 82, N. 96.
[6] N. 101.
[7] N. 36.
[8] Reg. de Dunf., p. 6, 17, &c.

[9] N. 7.
[10] A single deed (78) evidences four generations:

Thor
|
Suan
|
Alan
|
Walter.

Their later history comprises, in two generations of Earls, more romance and mystery than have fallen to the lot of any other name in the Scotch peerage. On the forfeiture of John Earl of Gowry, David first Viscount of Stormont obtained a grant of the Abbacy of Scone.

The old Chartulary of Scone is a small thin folio written on parchment, consisting of 32 leaves, and containing transcripts of 83 different deeds. It is defective in several places, and the sheets which remain have not been properly bound. This chartulary does not contain the foundation charter of the Abbey by Alexander I. The earliest deed is a bull of Pope Alexander II. in 1164; and with the exception of the four deeds which occur at the end of the volume, the latest are the charters by Robert I., which are dated in the 20th year of his reign, or 1326. From that circumstance, and from the character of the writing, we may pronounce it to have been written not later than the year 1350. This volume formed part of Sir James Balfour's collection, and was purchased in 1698, along with his other MSS., by the Faculty of Advocates, in whose library it now is.

The other and more recent chartulary is a larger folio on parchment, bound in blue morocco. It consists of 76 leaves, and at the end of the volume there are about 50 leaves which have been left blank. As the 76th leaf terminates in the middle of a deed, and the three or four succeeding leaves are ruled, so as to mark that there had originally been an intention of proceeding farther, it may be presumed that the scribe was interrupted before his task was completed. This chartulary contains 148 deeds, many of which are not contained in the other register. It appears also that the transcriber must have had access to the original documents, as the names of the witnesses are given in several instances where they are omitted in the old Register. This chartulary[1] is mentioned both by Sir James Dalrymple and Nicholson, as in the possession of the Viscount of Stormont, and it is from it that Dalrymple has printed the foundation charter.[2] It appears from a notice on the first leaf that it was presented to the Faculty by David, 7th Viscount of Stormont in 1773.

The first article of the Appendix consists of the valuation of the Abbacy, taken up under the Act of Parliament for providing for the maintenance of the ministers of the Reformed Church, printed from the original record in the General Register House.

The second is extracted from the Book of Assignations of the Surplus of the third of benefices of a later period.

Lastly, there is appended an abstract of the commencement of a volume which was appropriated for recording the Crown Confirmations of lands held feu under the Abbot or Commendator of Scone, 1584–1586. The original, from the Leven charter-chest, was obligingly communicated by the Hon. W. Leslie Melville.

A few of the original charters of the Abbey are still preserved. They are believed to have been lately found in a neglected state in Perth. A part are in the possession of the Earl of Mansfield; the remainder

---

[1] The following memorandum occurs on *fol.* 44, after the Royal confirmation, N. 215. *Memorandum quod hee confirmacio domini nostri Regis impetrata fuit per recolende memorie dominum Thomam de Camera Abbatem hujus almi monasterii cuius anima per hoc bonum opus et multa alia bona opera que tempore suo operatus est in dicto monasterio post mortem temporalem vitam possideat eternam :* From which we may conjecture, that the register was written during the incumbency of Thomas de Camera, who was abbot between 1450 and 1460.

[2] Hist. Col., p. 371.

belong partly to the Bannatyne Club and partly to Mr. K. Sharpe. The charters in this collection, given on the authority of these authentic materials, are distinguished from those taken from either of the Registers, by being printed with the abbreviations of the originals. They are also indicated in the prefixed Table.

Fac-similes of original charters of King William and King Malcolm IV. are inserted as fair specimens of the charter hand of the different periods. Another fac-simile has been given for a different reason. It is an indenture of lease, for a term of 30 years from 1312, between the Convent and the Hays of Leys, containing minute stipulations which were of great importance to the parties, and which being in Latin, required explanation for the unlearned, whether clerk or layman. To furnish this, a friendly expositor has gone over the deed, and interlined over each term that seemed to require it, its equivalent in the verna- cular ;[1] and this simple process, intended to supply the want of educa-

---

[1] The interlineation is, of course, somewhat more recent than the body of the indenture ; but the hand, and the reason of the translation, preclude the idea of its being more than a few years later. The words translated are—

concesserunt	has setit.
dimiserunt	has letin.
pertinenciis	purtenauncis.
rectis divisis	richtwis diuisis.
solebant	was wont.
linialiter	euin in line.
ex latere	on side.
procreandis	to be to gitt.
descendentibus	descendit.
triginta	thritti.
annuatim	iere bi iere.
hyeme	wyntir.
immediate sequentes	for vtin oni mene foluand.
quod molent	that thai sal grind.
pro sustentacione sua	for thair fode.
molendinum	miln.
vicesimum quartum vas	four and tuentiand fat.
jure seruientis molendini	i: cnaveschipe.
prestabit	sal gif.
genere	kynd.
natiui	in born men.
preparacionem	grayting.
sustentationem	vphalding.
in circuitu	abute thame.
forinsecum	forayn.
percipient focale	sal take fuayl.
alienabunt	do away.
eorum successoribus	tha that comis in thair stede.
vsufructu etc.	gres water and other profitis.
indiguerint	thay haf mister.
exorte fuerint	haf grouyn.
decidentur	haf fallin (*a mis-reading.*)
reseruari	be yemit.

tion in a country gentleman of the reign of Robert Bruce, has furnished us with a small treasure of the earliest written Scotch that has been preserved in its original shape.

The seal of the Abbey, which faces the title-page, is taken from a recent impression of a stamp which must have been of considerable antiquity. The seal represents the emblems of the Trinity within the mystical *vesica piscis*, surrounded by the symbols of the four evangelists, and below, the figure of St. Michael and the dragon. The counter-seal seems to represent the ceremony of coronation of the Scotch monarch, who is much in the dress and habiliments seen in the great seal of Robert I. Below, are the royal arms, between the pales of Ruthven and the chevrons of the Earldom of Stratherne.

Of the buildings of the Monastery and ancient Palace of Scone, probably very little survived the storm of the Reformation. The house used by the successive commendators was almost entirely removed to make way for the present ' Palace' of the Earl of Mansfield. A rough, but evidently faithful view of that building, as it stood in 1775, is given on the opposite page, from the original plate, for the use of which the Clubs are indebted to the liberality of Mr. D. Laing. It is the work of Archibald Rutherfurd, who is believed to have been a drawing-master in Edinburgh, and to have died in 1779.

dominio	the lauerdscape.	*construi facient*	sal ger be made.
requisiti	requirit.	*competentia*	gaynand.
simulatione	feyning.	*dimittent edificata*	sal leue bigit.
uccedere	i: venir.	*cyrographi*	hand chartir.
contingat	impersonaliter.	*confecti*	made.
reuocare	cal agayn.	*penes*	anentis (*a mistake.*)
sui recessus	of thair parting.	*residenti*	duelland.
recedent	sal depart.	*appensum*	hingand.
edificia	biging.		

A. Rutherford Del's fect 1775.

TABULA.

d

LIBER

ECCLESIE SANCTE TRINITATIS

DE SCON.

Carta Alexandri Regis de Fundatione Abbatie.

1 IN Nomine Sancte et Indiuidue Trinitatis qua vnus Deus adoratur et
colitur et creditur · Quia ficut Rex et propheta Dauid teftatur domum
Dei femper decet fanctitudo Ego Alexander Dei gratia Rex Scottorum
filius regis Malcolmi et regine Margerete et ego Sibilla. Regina Scottorum filia Henrici regis Anglie volentes domum Domini decorare et
habitationem eius exaltare ecclefiam in honorem Sancte Trinitatis
dedicatam que eft in Scona concedimus et tradimus ipfi Deo et fancte
Marie et fancto Michaeli et fancto Johanni et fancto Laurencio et
fancto Auguftino liberam et folutam et quietam ab omni exactione et
inquietudine a quibus regia dignitas et poteftas poteft eam liberare
patrocinare et defendere Ad Dei igitur cultum et honorem dilatandum
et exaltandum placuit nobis clericos canonicorum profeffione Deo
famulantes de ecclefia fancti Ofuualdi de qua fama religionis nobis

A

innotuit honefto proborum virorum confilio a dompno Adeluualdo priore requirere Quibus ab ipfo priore nobis conceffis omni pröfeffione et fubiectione liberis et folutis curam et cuftodiam prefate ecclefie fic commifimus ut ordinem ibi conftituant ad feruiendum Deo canonice fecundum regulam fancti Auguftini Terras etiam et poffeffiones et confuetudines fubfcriptas eidem ecclefie pro nobifmetipfis et pro animabus patrum et matrum et fratrum et fororum et antecefforum et fuccefforum noftrorum fidelium jure perpetuo poffidendas concedimus Et ne quis facrilegio aufu hec violare prefumat regia auctoritate huius carte teftimonio confirmamus Terre autem et poffeffiones hec funt Infervus cum quinque carucatis terre Benchorin cum tribus carucatis terre Fotheros cum vna carucata Kynochtred cum vna carucata Fingafk cum vna carucata Dufrothni cum tribus carucatis Cleon cum tribus carucatis Liff cum fex carucatis Grudin cum decem carucatis Inuergourin cum tribus carucatis et quinque manfiones domuum vnam apud Eduenefburg et vnam apud Striuelin et vnam apud Inuerkethyin et vnam apud Perth at vuam apud Aberdon et communionem aque de Thei ut in ea poffint pifcari ficut ad opus regis et can unius nauis fiue proprie nauis fratrum fiue illius quem proloquentur et medietatem coriorum ad coquinam regis pertinencium et omnes pelles arietinas et agninas et medietatem uncti et fagiminis et decimam panum regis ubicunque fuerit a northo de Lambremor Ego Alexander Dei gratia Rex Scottorum propria manu mea hec confirmo et figillo mee ymaginis hec configno ego Sibilla Dei gracia Regina Scottorum propria manu mea hec confirmo ego Gregorius epifcopus auctoritate Dei et fanctorum Apoftolorum Petri et Pauli et fancti Andree Apoftoli ne quis hec violare prefumat fub anathemate confirmo ego Cormacus epifcopus auctoritate Dei et fanctorum Apoftolorum Petri et Pauli et fancti Andree Apoftoli ne quis hec violare prefumat fub anathemate confirmo ego Alexander nepos regis Alexandri de hiis teftimonium perhibeo ego Betħ comes fimiliter ego Gofpatricius Dolfini affenfum prebeo ego Mallus comes affenfum prebeo ego (D)adach comes affenfum prebeo ego Rothri comes affenfum prebeo ego Gartnach comes affenfum prebeo ego Dufagan comes affenfum prebeo huins etiam rei funt ifti alij teftes Willelmus frater regine Edwardus conftabularius Gofpatricius filius Walthef Vfieth Alfricus pincerna ego Forn affenfum prebeo.

Carta Alexandri regis de infula de Lochtei.

2 Alexander Dei gratia Rex Scotorum epifcopis et comitibus necnon omnibus fidelibus fuis tocius Scocie falutem   Notum vobis facio me ad honorem Dei et fan&e Marie [et] omnium San&orum pro me et pro anima regine Sibille infulam de Lochtei perpetuo iure poffidendam cum omni dominio ad eandem infulam pertinenti San&e Trinitati de Scon canonice Deo ibi fratribus famulantibus dediffe ut ecclefia Dei ibi pro me et pro anima regine ibi defun&e fabricetur et in habitu religionis deo ibi ferviant et hoc do eiis interim quoufque dedero eis aliud augmentum vnde locus ille in Dei obfequium exaltetur   Tefte Herberto cancellario   Apud Striuelin.

Carta Alexandri regis de cana et confuetudine unius navis.

3 Alexander Dei gratia Rex Scotorum omnibus mercatoribus Anglie falutem   Sciatis me dediffe et conceffiffe in elimofina ecclefie San&e Trinitatis de Scon et priori fratribufque ibi feruientibus can et confuetudines vnius nauis et ideo nolo et firmiter precipio ut omnes mercatores extra regionem Scotie manentes qui nauem illam cum mercibus fuis afcendere atque in Sconam venire uoluerint pacem meam et Dei eundo et redeundo pacemque tenendo habeant, et nulli nifi priori et fratribus di&e

ecclefie de confuetudinibus illins nauis refpondeant   Tefte Roberto
epifcopo electo Sanctiandree et Herberto cancellario   Apud Perth.

Carta Alexandri regis de curia habenda.

4 Alexander Dei gratia Rex Scotorum epifcopis et comitibus necnon et
omnibus fidelibus tocius terre fue falutem   Sciatis me dediffe ecclefie
Sancte Trinitatis de Scon et priori fratribufque ibidem deo feruientibus
fuam propriam curiam fcilicet in duello in ferro in foffa et in omnibus
aliis libertatibus ad curiam pertinentibus nec ulli refpondeant nifi in
fua curia propria   Teftibus Roberto epifcopo electo Sanctiandree Cor-
maco epifcopo Gregorio epifcopo de Morauia Herberto cancellario
Beth comite Malis comite Eduuardo conftabulario Willelmo fratre
regine Gofpatricio filio Waltheui   Apud Scon.

Carta Malcolmi regis confirmatoria de fundatione.

5 Malcolmus Rex Scotorum epifcopis abbatibus comitibus baronibus
jufticiis vicecomitibus prepofitis miniftris cunctifque aliis probis hominibus totius terre fue clericis et laicis Francis et Anglis Scotis et Gal-
walenfibus tam pofteris quam modernis falutem   Quoniam ad regie
poteftatis honorem precipue fpectare dinofcitur ecclefias fundare et ecclefiafticas perfonas diligere ac fouere oportet nos ex fufcepti regiminis
officio ecclefiis regni noftri attente prouidere et de illis precipue curam
gerere que aliquo cafu aut hoftis impulfione maiori indigent confolatione
Inde eft quod ad honorem Dei et ad reformationem ecclefie de Scon in
principali fede regni noftri fundate quam incendio vaftatam effe cogno-
vimus communicato religioforum et procerum noftrorum confilio ad
ipfius ecclefie firmitatem et provectum abbatem in ea conftituimus
Preuilegia vero antecefforum noftrorum que predicto incendio in fauillam
redacta funt figilli noftri munimine innouauimus bona vero et poffeffiones et libertates eidem ecclefie ab anteceforibus noftris rege fcilicet
Alexandro bone memorie uiro et illuftri rege Dauid auo noftro necnon
et a nobis collatas eidem ecclefie et abbati et canonicis ibidem Deo feruientibus et feruituris in perpetuum damus et concedimus et confirmamus   Infpectis fiquidem preuilegiorum predictorum tranfcriptis donationes prefatas prout eidem ecclefie a predictis regibus et a nobis collate
funt in prefenti ordinamus pagina   Ifta quidem prefate ecclefie a rege
Alexandro collata funt Inuerbos cum quinque carucatis terre Bencorin
cum tribus carucatis terre Fotheros cum vna carucata terre Kinnochtred
cum vna carucata terre Fingafk cum vna carucata Dufrochin cum tribus
carucatis Cloen cum tribus carucatis Liff cum fex carucatis Grudin cum
decem carucatis Inuergoueren cum tribus carucatis et quinque tofta
vnum apud Edinburgh vnum apud Striuelin vnum apud Inuerkethit
vnum apud Perth vnum apud Aberdon et duo retia fuper Tey vnum

illorum in Kincarrekin alterum in infula regis et vnum rete in Foreth
apud Striuelin et canum et confuetudines vnius nauis fingulis annis fiue
proprie nanis canonicorum de Scon fiue aliene nauis quam proloquentur
fiue ipfa per eorum prolocutionem ad terram regis in eftate applicuerit
fiue in hieme et omnes pelles onium que agnorum ad coquinam regis
pertinentium excepta vnaquaque fexta pelle et hoc ex aquilone de
Lambremor et omni die dominica extra quadragefimam excepta qualibet fexta dominica vnum coreum vacce fiue bouis fimiliter ex aquilone
de Lambremor et dimidium tocius fepi et vnɑ̃i et fagiminis que ad
partem regis fpeɑ̃ant et decimam tocius panis domus regis hec fimiliter
ex aquilone et infulam de Lochtey cum fuis pertinenciis et plenarie
curiam fuam in duello ferro et aqua cum omnibus libertatibus aliis ad
curiam pertinentibus cum libertate nemini refpondendi extra curiam
propriam   Ad memorate vero bonorum ecclefie augmentationem has
eidem ecclefie poffeffiones et libertates fubfcriptas contulit illuftris rex
Dauid ad prefate ecclefie lumen viginti folidos de firma de Perth et ad
idem decem folidos de firma molendinorum de Perth et medietatem
coriorum de occifionibus ad opus regis faɑ̃is ex aquilone de Tei et dimidium lepi et vnɑ̃orum earundem occifionum et Cambefmichel cum
hominibus terris et aquis pratis pafcuis bofco et plano et pifcariis
cum reɑ̃is eius diuifis et cum omnibus fuis pertinentiis et plenarie
totam decimam mee prebende et brafii et cani coriorum meorum et
cafeorum de hiis quatuor maneriis meis de Gouerin fcilicet de Scon et
de Cubert et de Forgrund et de Straderdel et decimam molendinorum
meorum Amun et ecclefiam de Louchforuer cum decimis et reɑ̃itudi-
nibus ad ipfam pertinentibus et ecclefiam de Kerintun cum omnibus
ad illam pertinentibus et decimam totius parochie de Scon in annona
in cafeis in captionibus pifcium et in omnibus aliis vnde decima danda
eft et ad portum regine liberum tranfitum ipfi abbati et canonicis de
Scon et eorumpropriis hominibus et pecuniis abfque omni tributo aut
premio et liberam licentiam capiendi materiem in nemoribus meis per

totam Scotiam vbi eiis magis opportunum fuerit ad edificationem
ecclefie fue de Scon et domorum fuarum et licentiam capiendi clau_
fturam in nemore illo quod eft inter Scon et Gergille et natiuos homi_
nes terrarum et ecclefiarum predictarum et eorum filios preter illos qui
a canonicis ipfis liberi et quieti clamati legittime ab eis recefferunt et
licentiam habendi apud Scon tres [miniftros] vnum fabrum, vnum
pelliparium vnum futorem qui dum in predictorum canonicorum per_
fteterint feruitio omnem libertatem habeant et confuetudinem quas
eiufdem modi miniftri melius habent in burgo meo de Pert et ex fingulis aratris totius terre prefate ecclefie de Scon ipfis canonicis fingulis
annis pro fuo coneueth ad feftum omnium fanctorum vnam vaccam et
duos porcos et quatuor clamnos farine et decem trauas auene et decem
gallinas et ducenta oua et decem manipulos candelarum et quatuor
nummatas fauonis et viginti dimidias melas cafei   Nos uero ad honorem Dei pro noftra animarumque antecefforum noftrorum falute predictis ecclefie ejufdem bonis hec addidimus decimam frumenti de Forgrund et fi Forgrund ad aliufmodi firmam pofita fuerit fimiliter et inde
decimam et communionem pafcui ipfis canonicis et eorum hominibus
cum hominibus meis per maneria mea vbicumque eorum terre maueriis
meis affines fuerint Hanc etiam cum predictis eis concedimus libertatem
vt nullus fuper eorum homines et terras coneueth aliquando capiat nifi
per licentiam ipforum canonicorum · Volumus itaque et firmiter precipimus ut prefata ecclefia de Scon ecclefias terras alias poffeffiones et
redditus et libertates prefatas omnes inconcuffas et illibatas plenarie in
perpetuum poffideant ita libere et quiete ita honorifice et pacifice ficut
aliqua ecclefia in terra mea beneficia fua liberius et quietius plenius et
melius pacificentius et honorificentius obtinet et poffidet Teftibus
fubfcriptis. Willelmo fratre regis Ricardo electo Sanctiandree Gregorio
epifcopo de Dunkelden Andrea epifcopo de Cateneis Gregorio epifcopo
de Ros Galfrido abbate de Dunfermlin Willelmo abbate de Melros
Ofberto abbate de Jedd. Alfr. abbate de Striuelin Waltero priore

de Sanctoandrea Engelram cancellario Waltero filio Alani dapifero
Ricardo de Moreuill conſtabulario Nicholao camerario Matheo archidiacono comite Dunecano Gillebrid comite de Anegus M. comite
de Ethocl Gillecriſt comite de Meneteth Gilleberto filio comitis Fer-
teth Merleſwano Adam filio comitis de Anegus Gillandro filio Alfwini
Ewain vicecomite de Scon M. filio Giliſe Willelmo de Lindiſi Willelmo
de Haia Galfrido de Coningeſburg Neſſio filio Willelmi Lineth vicecomite de Pert   Anno regni regis Malcolmi vndecimo   Apud Striuelin.

Carta Malcolmi regis de decima totius panis, etc.·

6 ⟨M⟩ · Rex Scotī · Oīibȝ ꝓbiſ hōibȝ totiꝰ terre ſue ſalut · Sciatiſ me
  ꝗceſſiſſe ⁊ hac mea carta ꝗfirmaſſe đo ⁊ Eccłie ſ̄c̄e Trinitatiſ de Scon ·
  ⁊ Aƀƀi ⁊ Canoniciſ ibiđ ſeruientibȝ · decimā totiꝰ paniſ domꝰ mee ex
  aq'lonali parte de Lambremor · ⁊ oīſ pelleſ agnorū ⁊ ouiū ad coq'nā
  meā ꝑtinētiū · excepta unaꝗᶜ · ſexta pelle · ⁊ dimidiū totiꝰ ſepi ⁊ ſagi-
  miniſ ⁊ unc̄ti q̄ ad partē meā de coq'na mea ſpec̄tant · ⁊ extᶜ q̄ᶜdra-
  geſimā ⫶ oīi die dn̄ica excepta q̄ᶜlibȝ · ᵛʲᵗᵃ · dn̄ica ⫶ unū coriū vacce ſiue
  bouiſ · ⁊ oīia iſta ⫶ tant ex aq'lone de Lambremor · ⁊ medietatē coriorū de
  occiſionibȝ ad opꝰ meū fac̄tiſ · ⁊ dimidiū ſepi ⁊ unc̄torū eaꝝdē occiſionū ⫶
  ex aq'lone fluminiſ de Tei · Ꝑhibeo itaꝗ ut nulluſ eiſ q'cq̄ᶜ inde iiuſte
  detineat ſup defenſionē meā · T̄ · Enḡ Canc̄ · Walt̄o fił Alani daꝓo ·
  Aꝑ St'ueł ·

Carta Malcolmi regis de decima prebende ſue.

7 Malcolmus Rex Scotorum omnibus probis hominibus totius terre ſue
  ſalutem   Sciatis me dediſſe et conceſſiſſe et hac mea carta confirmaſſe
  in perpetuam elimoſinam pro mea et pro anteceſſorum meorum ſalute
  eccleſie Sanc̄te Trinitatis de Scon decimam prebende mee et blaſij mei,
  et can coriorum et caſeorum meorum de omnibus maneriis meis de

A. Rex Scott. Omnib3 pbis hoib3 totid terre sue salut. Sciant me ꝯcessisse ⁊ hac mea

carta ꝯfirmasse dᵒ ⁊ eccłie sᵈe ꞇrinitatis de Scon. ⁊ Abbi ⁊ canonicis ibidem ꝑuenientibȝ.

decima totiꝰ panis domȝ mee et Aꝗloni parte de lambremore. ⁊ omᷠ pelles Aꝗnoꝝ ⁊ omiũ

ad coꝗna mea pᷓtinentiũ. excepta imagine sꞇerta pelle. ⁊ dimidiũ totiꝰ sepi ꝑsaꝗminis ⁊ iuncta

ꝗ ad parte mea de coꝗna mea spectant. ⁊ totũ ꝼoragesima. omi die dnica. ꝓterea glibȝ vᵉ.

dnica! uni comu sacce siue bonꝯ. ⁊ omia ista: cantᷓ et Aꝗlone de lambremore. ⁊ medietatᷓ

comitii de ocesionibȝ ad qͦ meū factꝰ. ⁊ dimidiu sepi ⁊ uinctos catᷓde ocesioni. ge Aꝗlo-

ne fluminis de ꞇci. ꝓhibeo autᷓ ut nulluꝰ eis ꝗꝗ inde iuste detineat sup defensione

mea. ⁊ Eꞇꝗ cantᷓ. Sꝗallis fit Alan dapo. Apᵈ Stuet.

Gouerin tam de comitatu quam de regali meo necnon et decimam de omnibus placitis meis et conuentionibus in auro et argento et omni pecunia de eadem Gouerin Teftibus Engelram cancellario Waltero filio Alani dapifero Nicholao camerario Apud Striuelin.

Carta Malcolmi regis de tribus Miniftris.

8 Malcolmus Rex Scotorum omnibus probis hominibus totius terre fue falutem Sciatis me conceffiffe et hac mea carta confirmaffe Deo et ecclefie Sancte Trinitatis de Scon et abbati et canonicis ibidem Deo feruientibus liberam licentiam habendi apud Scon tres miniftros fcilicet vnum fabrum vnum pelliparium et vnum futorem Volo itaque et firmiter precipio vt illi tres miniftri dum in canonicorum predictorum perftiterint negotio et feruitio omnem libertatem et omnem liberam confuetudinem habeant in burgo et extra burgum quas burgenfes mei de Pert melius habent in burgo meo de Pert uel extra Nullus itaque quemquam ex eis iniufte fupra hoc difturbet aut inquietet fuper firmam defenfionem meam Teftibus Engelram cancellario Waltero filio Alani dapifero Apud Striuilin.

Carta Malcolmi regis de curia habenda.

9 Malcolmus Rex Scottorum epifcopis abbatibus prioribus comitibus baronibus jufticiis vicecomitibus prepofitis miniftris cunctis aliis probis hominibus totius terre fue Francis et Anglis Scottis et Galwelenfibus clericis et laicis falutem Sciatis me conceffiffe et hac mea carta confirmaffe Deo et ecclefie Sancte Trinitatis de Scon et abbati et canonicis ibidem Deo feruientibus curiam fuam hahendam in duello in ferro in aqua cum omnibus libertatibus ad curiam religioforum iufte pertinentibus cum libertate nulli refpondendi extra curiam fuam propriam Nullus

itaque fidelium meorum hanc eorum libertatem prefumat caſſare ſuper foriſſactum meum   Teſtibus Engelram cancellario Waltero filio Alani dapifero Apud Striueline.

Carta Malcolmi Regis de decima Venationis.

10 Malcolmus Rex Scottorum uniuerſis probis hominibus totius terre ſue ſalutem Sciant clerici et laici moderni et poſteri preſentes et abſentes me conceſſiſſe et dediſſo et hac mea carta confirmaſſe in perpetuam elimoſinam Deo et ecclefie ſancte trinitatis de Scon et canonicis ibidem Deo ſeruientibus decimam totius mee venationis ad domum meam venientis ex aquilonali parte de Tei Prohibeo itaque ne quicquam illius decime eis detineatur ſuper firmam defenſionem meam Teſtibus Engelram cancellario Waltero filio Alani dapifero Waldeuo filio comitis Goſpatricii Willelmo carpenter Gillandro filio Alfwin Apud Perth.

Carta Malcolmi Regis ſuper decima redditus frumenti.

11 Malcolmus Rex Scottorum omnibus probis hominibus totius terre ſue ſalutem Sciatis me conceſſiſſe pro mea et pro animarum anteceſſorum meorum ſalute ecclefie Sancte Trinitatis de Scon et Abbati et canonicis ibi Deo ſeruientibus totam decimam mei redditus frumenti de fforgrunde Et ſi fforgrunde ad alius modi firmam poſita fuerit decimam ſimiliter ipſius firme in perpetuam elimoſinam Preterea eis in perpetuum concedo et confirmo has libertates ne quis coneueth capiat ſuper eorum homines et terras niſi per ipſorum canonicorum licentiam et ut ipſi canonici et eorum homines communionem paſcui habeant ſimiliter cum hominibus meis et vbicunque eorum homines et terre confines fuerint maneriis meis Teſtibus Engelram cancellario Waltero filio Alani dapifero Nicolaio camerario Apud Striueline.

Carta Malcolmi Regis de duobus retibus fuper Tei et uno fuper Foreth.

12 Malcolmus Rex Scottorum omnibus probis hominibus totius terre fue
falutem   Sciatis me conceffiffe et hac mea carta confirmaffe Deo et
ecclefie Sancte Trinitatis de Scon et Abbati et canonicis ibidem Deo
feruientibus duo retia fuper Tei vnum fcilicet in Kencarekyn aliud in
Infula regis et vnum rethe fuper Foreth apud Striuelin Tenendis
ita libere et quiete ut aliqua retia in aquis terre mee a religiofis liberius
et quietius tenentur et poffidentur   Teftibus Engelram cancellario
Waltero filio Alani dapifero Nicolao camerario   Apud Striueline.

Carta Malcolmi Regis de viginti folidis ad lumen ecclefie.

13 Malcolmus Rex Scottorum omnibus probis hominibus totius terre fue
falutem Sciatis me conceffiffe et hac mea carta confirmaffe Deo et ecclefie
Sancte Trinitatis de Scon et abbati et canonicis ibidem Deo feruientibus
ad lumen prefate ecclefie viginti folidos de firma mea de Pert et ad idem
negotium decem folidos de firma duorum molendinorum meorum de Pert
que funt fuper amnem de amun et decimam eorundem molendinorum
pariter prohibeo itaque ut nullus eis quicquam inde iniufte anferre aut
detinere prefumat fuper foriffactum meum   Teftibus Engelram cancellario Waltero filio Alani dapifero   Apud Striueline.

Carta Malcolmi Regis de tofto in Linlidcu.

14 Malcolmus Rex Scottorum vicecomiti fuo et burgenfibus fuis de Linlidcu
et omnibus aliis probis hominibus fuis de Linlidcufkir falutem   Sciatis
me dediffe et hac mea carta confirmaffe Deo et ecclefie Sancte Trinitatis
de Scon et abbati et canonicis ibidem Deo feruientibus vnum tofftum

plenarium in burgo de Linlidcu Tenendum in liberam et permanentem elemofinam et ita libere et quiete ficut aliquod tofftum in eodem burgo in elemofinam datum liberius et quietius tenetur et poffidetur Teftibus Engelram cancellario Waltero dapifero Nic. conft. Apud Edinburgh.

Carta Malcolmi Regis ne quifquam namum capiat.

15 Malcolmus Rex Scottorum omnibus probis hominibus totius terre fue falutem prohibeo firmiter ne quifquam fuper terram abbatis de Scon namum capiat pro alicuius debito neque pro debito ipfius abbatis aut alicuius hominum fuorum nec pro ipfius abbatis aut aliquo fuorum defectu nifi abbas ipfe aut eius homo in curia ipfius abbatis calumpnianti prius defecerit de recto fuper meam plenariam foriffacturam Teftibus Nicholao cancellario Dauid Olifard Willelmo de Haya Apud Jeddburch.

Carta Malcolmi Regis de ecclefia de Inuergouerin.

16 Malcolmus Rex Scottorum omnibus probis hominibus totius terre fue falutem Sciatis me conceffiffe et hac carta mea confirmaffe Deo et ecclefie Sancte Trinitatis de Scon et abbati et canonicis ibidem Deo feruientibus ecclefiam de Inuergouerin cum dimidia carucata terre que jacet in occidentali parte ecclefie prenominate nomine Dargoch et cum omnibus pertinentiis ad candem ecclefiam vel terram pertinentibus in liberam elimofinam Quare firmiter inhibeo ne quis inde quicquam iniufte auferre vel diminuere prefumat Teftibus Engelram cancellario Waltero filio Alani dapifero Apud Striueline.

Carta Malcolmi Regis de collegendis auxiliis.

17 Malcolmus Rex Scottorum G. comiti de Angus et ℳ. vicecomiti de
Forfar et E. vicecomiti de Scon falutem   Sciatis quod conceffi abbati
de Scon colligere auxilia de pecuniis fuis per fnos proprios miniftros
Quare firmiter prohibeo vt non veniatis in terras ad predicta auxilia colli_
genda   Teftibus Engelram cancellario Nicholao camerario Apud Perth.

Bulla confirmationis Alexandri pape tertii Roberto Abbati.

18 Alexander Epifcopus feruus feruorum dei dilectis filiis Roberto Abbati
ecclefie beati Michaelis de Scona eiufque fratribus tam prefentibus
quam futuris Regularem vitam profeffis   In perpetuum pie poftulatio
voluntatis effectu debet profequente compleri vt deuotionis cinceritas
laudabiliter enitefcat et vtilitas poftulata vires indubitanter affumat
Eapropter dilecti in domino filii veftris inftis poftulationibus clementer
annuimus et prefatam ecclefiam in qua diuino mancipati eftis obfequio
fûb beati petri et noftra protectione fufcipimus et prefentis fcripti
priûilegio communimus   In primis fiquidem ftatuentes vt ordo canonicus qui fecundum deum et beati Auguftini Regulam in eadem ecclefia
inftitutus effe dinofcitur perpetuis ibidem temporibus inuiolabiliter
obferuetur quafcunque preterea poffeffiones quecunque bona eadem
ecclefia in prefentiarum iufte et canonice poffidet aut in futurum
conceffione pontificum largitione Regum vel principum oblacione fidelium feu aliis inftis modis preftante domino poterit adipifci firma
vobis veftrifque fucceforibus et illibata permaneant In quibus hec
propriis duximus exprimenda vocabulis   Ex dono Alexandri quondam
Regis Scotorum Innerbos cum feptem carucatis terre Benchorin
cum tribus carucatis ffotheros cum vna carucata terre Kynuchred

cum vna carucata terre Fyngafc cum vna carucata terre Duffortyn cum
tribus carucatis Kluen cum tribus carucatis Lyf cum fex carrucatis
Grudyn cum decem carrucatis Innergoueryn cum tribus carucatis
Quinque tofta vnum apud Edynburch alterum apud Striuelyn alterum
apud Innerkethin alterum apud Perth et alterum apud Abirdon Duo
Retia fuper Tey unum illorum apud Kyncarrachin et alterum in Infula
Regis vnum Rete in Forth apud Striuelyn canum et confuetudines vnius
nauis fingulis annis ficut in auctentico fcripto ejufdem Regis exinde facto
continetur Pelles ouium et agnorum coria boum medietatem fepi
vncti et fagminis et decimam panis et venationis Regis ficnt in auctentiquo fcripto ipfius exinde facto continetur Infulam de Lochtey cum
omnibus fuis pertinentiis   Ex dono Regis Dauid ad prefate ecclefie
lumen viginti folidos de firmis de Perth decem folidos de firma molendinorum de Perth   Cambufmichell cum omnibus terris et aquis pratis pafcuis bofco et plano et pifcariis et cum omnibus fuis pertinentiis Decimam prebende ipfius Regis brafij cani corriorum et cafeorum de quatuor
maneriis fuis fcilicet de Goueryn de Forgrund de Scon de Cupre et de
Strathardel Decimam duorum molendinorum eiufdem Regis que funt
fuper Amun   Ecclefiam de Lochoruer cum terris decimis et fuis pertinentiis   Ecclefiam de Keringthon cum omnibus ad illam pertinentibus
decimam totius parochie de Scon in annona in cafeis in captionibus pifcium et in aliis vnde decima danda eft liberam quoque licentiam capiendi
materiem in nemoribus Regis per totam Scotiam vbi vobis magis oportunum fuerit ad edificationem ecclefie veftre de Scon et domorum fuarum
De fingulis aratris totius terre prefate Ecclefie de Scon fingulis annis pro
fuo conueth ad feftum omnium fanctorum vnam vaccam duos porcos
quatuor clauinos farine decem thranes avene decem gallinas ducenta
oua decem manipulos candelarum quatuor mumatas fauonis viginti et
dimidiam melas cafei ficut in auctentiquo fcripto eiufdem Regis exinde
facto continetur   Ex dono Regis Malcolmi decimam frumenti de

Forgrund et fi ad aliufmodi firmam pofita fuerit fimiliter et inde deci.
mam vnum toftum in Lynlithcou communem pafcuam vobis et homini.
bus veftris per maneria fua vbicumque terre veftre maneriis fuis affines
fuerint Rationabiles quoque libertates et confuetudines a Regibus
vobis conceffas ficut in auctentiquo fcripto eorum exinde facta continetur
vobis auctoritate apoftolica confirmamus Cum autem commune inter.
dictum terre fuerit liceat vobis claufis januis non pulfatis tintinnabulis
exclufis excommunicatis et interdictis fuppreffa voce diuina officia cele.
brare Sepulturam quoque ipfius loci liberam effe concedimus ut eorum
deuotioni et extreme voluntati qui fe illic fepelliri deliberauerint nifi
forte excommunicati vel interdicti fint nullus obfiftat falua tamen
iufticia parochialium ecclefiarum de quibus mortuorum corpora affumuntur Obeunte vero te nunc eiufdem loci Abbate vel tuorum
quolibet fucceforum nullus ibi qualibet fubreptionis aftucia feu vio-
lencia proponatur nifi quem fratres communi fenfu uel fratrum pars
fanioris confilij fecundum deum et beati Auguftini Regulam preuid-
erunt eligendum Decernimus ergo vt nulli omnino hominum liceat
prefatam ecclefiam temere perturbare aut eius poffeffiones auferre
vel ablatas retinere minuere aut aliquibus vexacionibus fatigare fet
omnia integra conferuentur eorum pro quorum gubernatione et fuf-
fentatione conceffa funt vfibus omnimodis profutura Salua in. omnibus apoftolice fedis auctoritate et dyocefani epifcopi canonica iufticia
Si qua igitur in futurum ecclefiaftica fecularifve perfona hanc noftre
conftitutionis paginam fciens contra eam temere venire temptauerit
fecundo tertioue commonita fi non reatum fuum congrua fatiffactione correxerit poteftatis honorifque fui dignitate careat reamque fi
diuino iudicio exiftere de perpetrata iniquitate cognofcat et a facratiffimo
corpore ac fanguine dei et domini redemptoris noftri Jehefu Chrifti aliena
fiat atque in extremo examine diftricte vlcioni fubiaceat Cunctis autem
eidem loco fua iura feruantibus fit pax domini noftri Jehefu Chrifti qua-

tenus et hic fruĉtum bone aĉtionis percipiant et apud diſtriĉtum iudicem premia eterne pacis inueniant   Amen.

    Ego Alexr. catholice ecclefie Epifcopus.

    Ego Bernardus portuenfis et Sc̃i Ruffini Ep̃us.

    Ego Hubaldus hoſtiens. Ep̃ns.

    Ego Gualterius Albanens. Ep̃ns.

    Ego Hubaldus preſbiter Card. Tit. Sc̃e Crucis in Jeruſalem.

    Ego Henricus preſbiter Card. Tit. Sc̃oꝛ Nerrei et Achillei.

    Ego Johannes preſbiter Card. Tit. Sc̃i Anaſt.

    Ego Albertus preſbyter Card. Tit. Sc̃i Laurenc. in Lucina.

    Ego Guyl. Tit. Sc̃i Petri ad uincula preſbiter Carđ.

    Ego Jacinĉtus diaconus Card. Sc̃e Marie Cofmaydyn.

    Ego Albo diaconus Card. Sc̃i Nicholai in carcere tolliano.

    Ego Boſo diaconus Card. Sc̃oꝛ Cofme et Damiani.

    Ego Cinthyus diaconus Card. Sc̃i Adriani.

    Ego Petrus diaconus Card. Sc̃i Euſtachi iuxta templum Agrippe.

    Ego Manfredus diaconus Card. Sc̃i Gregorij ad velum aureum.

   Datum Senon. per manum Hermanni Sanĉte Romane ecclefie ſubdiaconi et notarij noñ Decembris indiĉtione xiij Incarnationis dominice Anno ℭ.C.lx.iiij Pontificatus vero domini Alexandri Pape iij anno ſexto.

Carta Willelmi Regis de tofto in Scon.

19 Willelmus Rex Scotorum omnibus probis hominibus totius terre fue falutem Sciant clerici et laici prefentes et futuri me dediffe et conceffiffe.
et hac mea carta confirmaffe Deo et ecclefie Sancte Trinitatis de Scon
et canonicis ibidem Deo feruientibus vnum plenarium tofftum in Scon
cum viginti acris terre Tenendum et habendum in liberam et perpetuam elimofinam ita libere et quiete et honorifice ficut alias elimofinas
fuas liberius quietius et honorificentius tenent Teftibus Andrea epifcopo
de Catenes Nicholaio cancellario Dauid Olifard Philippo de Valoniis
camerario Ricardo Cumyn Apud Forfare.

Carta Willelmi Regis de decima capture pifcium ·

20 W · Đi gra Rex fcoti · Omnibʒ probif hominibʒ Totius tre fue faluṫ ·
Sciatif qd uifa ⁊ lecta carta Canonicoᵲ de Scone In prefencia mea ab
Epis ⁊ ꝓbis hominibʒ meif confideratu fuit qd plenarie debent ħre
decima Capture pifciu de Omibʒ pifcationibʒ meif que funt fup Thei
cont territoriu Scon ⁊ Cragh ⁊ kinfathenef · ta de pifcationibʒ Infularu
qᵃ firme terre adiacentibʒ · Quare firmiᵗ prohibeo ut nullᵱ quicqᵃm
ꝑdictaru decimaᵲ aufᵒre minuere uel detinere prefumat fup plenariu
foriffactu meu · Teft · Andr Epo kateñ . Walṫo de Bidun Cancellio ·
apd Striuelin ·

Carta Swani filii Thori de Ahednepobbel.

21 Univerfis Sancte Matris ecclefie filiis Swanns filius Thori falutem
Sciatis me dediffe et conceffiffe et hac mea carta confirmaffe Deo et
Sancto Michaeli de Scona · et Canonicis ibidem Deo feruientibus et fer-

uituris Ahednepobbel per eafdem divifas cum quibus Robertus capellanus illam tenuit et toftum unum in Tubermore illum fcilicet quem
aurifaber tenuit Pratum quoque quod eft fuper Lochethin ex auftrali
parte a loco quo in oriente contiguum eft terre Rufticorum quandocun-
que extenditur per latum et longum verfus occidentem cum communi
paftura et ayfiamento nemoris mei ad quecumque neceffe habuerint in
liberam et perpetuam elemofinam pro anima Comitis Henrici et omnium
antecefforum necnon et fuccefforum meorum et pro anima mea   Quare
volo vt prefati canonici prenominatam terram cum omnibus fupradiĉis
teneant et poffideant jure perpetuo de me et heredibus meis michi in
perpetuum fucceffuris ita libere et quiete plenarie et honorifice ficut
aliqua domus religionis in toto regno ab aliquo barone liberius tenet et
quietius plenarius et honorificentius   Hiis teftibus Johanne epifcopo
Dunkeldens̄ Roberto de Berclay Hugone de Kaleder ꝳacbeth judice
de Gouryn Galfrido capellano de Perth Willelmo clerico de Forfar
Henrico capellano Philipo vnieth Jacobo de Perth Andrea et Willelmo
fratribus ejufdem Galfrido filio martini Dauid et Henrico filiis eius
Waltero de Sanĉo Edmundo et multis aliis.

Confirmatio Willelmi Regis de terra de Ahenepobbel.

22   Willelmus dei gratia Rex Scotorum omnibus probis hominibus totius
terre fue clericis et laicis falutem ⸱ Sciant prefentes et futuri me conceffiffe et hac carta mea confirmaffe Deo et ecclefie Sanĉi Michaelis de·
Scon et canonicis ibidem Deo feruientibus donationem illam quam
Suanus filius Thori eis fecit de terra de Ahenepobbel per cafdem diuifas
per quas Robertus capellanus illam tenuit et vnum toftum in Tubermure
et pratum quod eft fuper·lochethin cum communi paftura et aliis
afiamentis ficut in carta einfdem Suani continetur   Tenend in liberam
et perpetuam elimofinam itā libere quiete plenarie et honorifice ficut

carta prediᴄ̄ti Suani teſtatur Saluo feruitio meo   Teſtibus Hugone cancellario meo Comite Duncano Roberto capellano meo Ricardo de pre-
benda clerico meo Roberto Berkelai Willelmo vniec   Apud Clunin.

Carta Willelmi Regis de eccleſiis de Louchferver et Kerinton.

23 Willelmus Rex Scottorum omnibus probis hominibus totius terre ſue
ſalutem   Sciatis me conceſſiſſe et hac mea carta confirmaſſe Deo et
ecclefie Sanᴄ̄te Trinitatis de Scon et abbati et canonicis ibidem Deo
feruientibus eccleſiam de Louchferuer et eccleſiam de Kerintoun cum
terris et decimis et reᴄ̄titudinibus omnibus ad utramque illarum pertinentibus Volo itaque et precipio ut canonici prefati prediᴄ̄tas ecclefias
ita libere et quiete cum omnibus ad eas pertinentibus teneant et poſſideant ficut alique ecclefie in terra mea liberius et quietius tenentur et
poſſidentur   Teſtibus Andrea epifcopo de Catenes Nicholao cancellario
Waltero filio Alani dapifero Matheo archidiacono   Apud Dunfermelin.

Carta Hugonis de Caledouer ſuper xl acris in Buthyrgaſc.

24 Hugo de Caledouer omnibus hominibus et amicis ſuis ſalutem   Sciant
tam prefentes quam futuri me dediſſe et conceſſiſſe et hac mea carta
confirmaſſe ecclefie Sanᴄ̄te Trinitatis de Scona et canonicis ibidem Deo
feruientibus et feruituris quatraginta acras terre culte in Buthirgaſc cum
uno tofto et crofto in eadem villa proximiores terminis de Buthurgaſc et
de Petyn cum communi paſtura et aliis ayfiamentis de Buthurgaſc pro
ſalute anime mee et uxoris mee Sare et omnium anteceſſorum meorum et
fucceſſorum in liberam et perpetuam elemofinam   Quare volo ut prefati
canonici prefatam terram teneant de me et heredibus meis ita libere et
quiete plenarie et honorifice ficut aliqua domus religiofa in tota Scotia
de aliquo barone liberius et quietius plenarius tenet et honorificentius

Hüs teſtibus Magiſtro Johanne nepote meo de Hetun et Johanne filio meo et multis aliis.

Confirmatio Willelmi Regis de donatione Hugonis de Kaledoū ·

25 · W⁹ · dei Gr̃a Rex Scotī · Om̄ib⁹ ꝑbiſ Homīb⁹ Tociuſ Terre ſue · Clicis ꞇ laicis ⫶ Salt̃m · Sciant preſenteſ ꞇ futᶻi · me conceſſiſſe · ꞇ hac Carta mea cōfirmaſſe · donationem illam qᵃm Hugo · de Kaledoū · fecit Eccⱡie Sc̃e Trinitatiſ de Scoñ · ꞇ Canoniciſ ibidem deo ſᴖuientib⁹ ꞇ ſᴖui- turiſ · de qᵃdraginta · acriſ terre culte in buthirgaſc̄ · cum uno Toſto ꞇ Croſto in eadem uilla · ꞇ cum Cōmunj paſtura · ꞇ aliis aiſiamentiſ de ˙ buthirgaſc̄ · Tenend̄ · in liberam ꞇ ppetuam Elemoſinam · ita libere ꞇ Q'ete · ſicut Carta ᵽdc̄i Hug̃ · de Caledoū · teſtatᶻ · ſaluo ſeruicio m̃o · T̃ · Wiⱡⱡ · de Boſcħ · Cancⱦio m̃o · Oliuer̄ · Capⱦo m̃o · Roᵬ · de Londoñ · fiⱡ · m̃o · Hug̃ · de figiⱡⱡ · Clico m̃o · Alex̃ · vic̄ · de Striueⱡ · Ric̄ · Reueⱡ · Apd̄ Clacm̃ · ix · die Juⱡ ·

Carta Willelmi Regis de decima totius parochie de Scon in annona.

26 Willelmus Rex Scottorum Epiſcopis Abbatibus Comitibus Baronibus Juſticiis vicecomitibus prepoſitis miniſtris cunꞓiſque aliis probis homini- bus totius terre ſue ſalutem   Sciatis me conceſſiſſe et hac carta mea confirmaſſe deo et eccleſie fanꞓe trinitatis de Scon et abbati et can- onicis ibidem deo ſervientibus decimam totius parochie de Scona in an- nona in caſeis in captionibus piſcium et in omnibus aliis unde decima dari debet Prohibeo itaque ne quiſquam eiis aliquid prediꞓe decime in- iuſte anferre fiue detinere preſumat ſuper foriſſaꞓum meum Teſtibus Andrea epiſcopo de Catenes Nicholao cancellario Waltero filio Alani dapifero Matheo Archidiacono   Apud Fetherteuiet.

Carta Willelmi Regis de donatione Malcolmi Comitis Atholie.

27 Willelmus Dei gratia Rex Scottorum omnibus probis hominibus totius
terre fue clericis et laicis falutem   Sciatis me conceffiffe et hac carta
mea confirmaffe Deo et ecclefie Sanɗi Michaelis de Scon et canonicis
ibidem Deo fervientibus donationem illam quam Malcolmus Comes
Atholie eiis fecit de ecclefia de Login maheɗɗ cum capellis ad eam jufte
pertinentibus fcilicet cum capella Kilchemi et Dunfolenthi et Kel_
kaffin et Kelmichelde Tuliɷath et cum omnibus aliis juftis pertinentiis
fuis Tenenɗ in liberam et perpetuam elemofinam ita libere et quiete
plenarie et honorifice ficut alias elimofinas fuas liberius quietius plenius
et honorificentius tenent et poffident et ficut carta ipfius comitis teftatur
Teftibus Hngone cancellario meo Comite Dunecano Jufticiario Comite
Gilleberto Willelmo de Haia Roberto de Berkeɫ   Apud Pert.

Preceptum Willelmi Regis de decima Frumenti de Forgrunde.

28 Willelmus Rex Scottorum Arkemɓ et hugoni filiis fwani de Forgrunde
falutem Precipio vobis quatenus fingulis annis reddatis Abbati de Scon
oɗo celdras frumenti pro decima frumenti mei de Forgrunde et nemini
nifi ei inde refpondeatis   Teftibus

Carta Willelmi Regis de Cana et confuetudine unius navis ·

29 W · Dei gr̄a Rex fcotoᴢ Om̄ibȝ m̄catoribȝ angɫ faɫ · Sciatif me conceffiffe ꝉ dediffe in elemofina ecɫie fc̄e trinitatif de fcoñ ꝉ aɓɓi f̄ribȝqᷓ
ibidē ɗo feruientibȝ can · ꝉ confuetudinef uniuf nauif ꝉ iɗo uolo ꝉ firmiᵗ
ꝑcipio · ut om̄s mercatores extᵃ regionē Scotie manentef qᴵ nauē illā
cum m̄cibȝ fuif afcendᴾe atqᷓ in fconā uenire uoluerint · pacē ɗi ꝉ meā

cundo ꝶ redeundo paceꝗ, tenendo habeant · ꝶ nulli nifi aƀbi ꝶ f̃ribȝ
ꝑdiꝇe eccꞇie de confuetudinibȝ ꝑdiꝇe nauiſ refpondeant · T̃ · Anꝺr eꝓo ·
de Caꞇꞇ Nicoꞇ canceꞇꞇ · Walꝑo fili Alani · Daꝓo · ꝏatꞃo archidiaꝯ ·
Apꝺ dunfermelin ·

Carta Willelmi Regis de Eleꝯione Abbatis de Scona.

30 Willelmus Dei gratia Rex Scottorum omnibus probis hominibus totius
terre fue clericis et laicis falutem   Sciant prefentes et futuri me con-
cefſiſſe et hac carta mea confirmaſſe canonicis de Scon ut obeunte abbate fuo liceat eis aſſenfu et confilio meo unum de conuentu fuo in
abbatem libere eligere fi ydonea perfona ad hoc in domo de Scone in-
ueniri poſſit Teſtibus Ricardo Epifcopo Sanꝯiandree Arnaldo Abbate
de Cuper Henrico Abbate de Aberbruthoc Hugone de mortuo mari
Priore de Maij Comite Duneꝯ Juſticiario Roberto de Quinci Willelmo
Cumin Willelmo de Haia Johanne de Haſting   Apud Forfar xxix
die Maij.

Carta Willelmi Regis de libertatibus ad Curiam pertinen ·

31 W · Rex Scoꞇꞇ · Epiſ · Aƀbibꝰ comitibȝ · Baronibȝ · Juſticiiſ · viceꝯ ·
Prepofitiſ · Miniſꞇ'ꜱ · cunꝯiſꝗ, aliiſ ꝑbiſ hominibȝ totiꝰ · ꞇre fue · franciſ
ꝶ angꞃ · Scottiſ ꝶ Galwelenfibȝ · Clericis ꝶ laiciſ · fal · Sciatiſ me conceſſiſſe ꝶ hac mea carta confirmaſſe ꝺo ꝶ eccꞇe Sc̄e T'nitatiſ de Scon · ꝶ
aƀbi ꝶ canoniciſ ibidem ꝺo feruientibȝ · om̄ſ liƀtateſ fuaſ fic̄ carta regiſ
ꝏalcolmi f̃ris mei teſtat² · fciꞇ curiã fuam plenarie habendam · In duello·
in ferro · In aqᵃ · cum om̄ibȝ liƀtatibꝰ ad curiã ꝑtinentibꝰ · Cum liƀtate
nulli refpondendi extᵃ curiã fuam ꝑp'am · Nullꝰ itaꝗ ; fideliũ meoꝝ hanc
eoꝝ liƀtatē caſſare attēptet fup foriſſaꝯū meum · T · Anꝺ eꝓo ꝺ cateñ ·
Nicoꞇ cancellario · Com̄ Duneꝯ · Walꝑo filio Alani · ~~ĐĐ~~ · oliſ · Giꞇꞇ ·

de hunf · Riċ cumin · Hugo ridel · Robbto de qʹnci · Berñ fił brien ·
Ap̃ dunfᴼmelin ·

Carta Willelmi Regis de Ecclefia de Inuergorin.

32 Willelmus Rex Scottorum, Epifcopis Abbatibus comitibus baronibus
Jufticiariis vicecomitibus et omnibus probis hominibus totius terre falutem   Sciatis me conceffiffe et hac mea carta confirmaffe Deo et ecclefie
fanᴄte Trinitatis de Scon et Abbati et canonicis ibidem Deo feruientibus
Ecclefiam de Invergorin cum terra que jacet in occidentali parte ecclefie
prenominate nomine Dargoch et cum omnibus pertinentiis ad eandem
ecclefiam vel terram pertinentibus in liberam et perpetuam elimofinam
Quare firmiter prohibeo ne quis inde quicquam injufte auferre uel diminuere prefumat   Teftibus Matheo epifcopo de Aberdon Andrea epifcopo de Cateñ Comite Gilleberto Ricardo Cumyn   Apud Pert.

Carta Willelmi Regis de reᴄtitudinibus in domo Regine.

33 Willelmus dei gratia Rex Scotorum omnibus probis hominibus totius
terre fue falutem   Sciatis me conceffiffe Deo et ecclefie de Scon et
abbati et canonicis ibidem Deo fervientibus ut habeant in domo regine
omnes reᴄtitudines quas habent in domo mea fcilicet in expenfa et
coquina quando ipfa curiam fuam per fe tenuerit   Quare precipio
ballivis et fervientibus fuis ut eis abfque difturbatione habere faciant
Teftibus Ricardo eleᴄto Morauienfis Roberto et Willelmo capellanis meis
hugone de figillo clerico meo Roberto de quinci Willelmo de moreuiłł
Willelmo de haia Hugoñe Giffarde   Apud Càrale.

Carta Willelmi Regis de Nar homine Abbatis de Scona.

34 Willelmus Rex Scottorum omnibus probis hominibus totius terre fue
falutem   Sciatis me quietum clamaffe Nar hominem Abbatis de Scone
de calumpnia quam habui verfus eum veniendi in Morauiam   Quare
volo et precipio ut ecclefia de Scone et Abbas eiufdem ecclefie predictum Nar et heredes fnos liberos et folutos a me et ab heredibus meis in
perpetuum habeant   Teftibus Andrea Epifcopo de Catenes Nichoł
cancellario Matheo archidiac̄ Sanᵭiandree Ricardo de Moreuiłł conftabulario Dauid Olifard Jufticiario Waltero filio Alani Dapifero Neffio
filio Willelmi Ornuo de Abernithi Gillecrift de mac inien famuel
Apud Perth.

Carta Willelmi Regis de hominibus fugitivis et de auxilio.

35 Willelmus dei gratia Rex Scottorum omnibus probis hominibus totius
terre fue falutem   Ꝏando et firmiter precipio ut ubicumque Abbas de
Scone aut ferviens eius invenire poterint homines qui pro auxilio a terra
fua fugerint poftquam auxilium affifum fuerit apud Murelb. ad eum
et ad terram fuam redeant et cum eo fint quoufque auxilium eddatur
Et prohibeo firmiter ne eos ei injufte aliquis detineat fuper meam plenariam foriffaᵭuram   Ita tamen quod fi aliquis aliquod jus in eis cla-
maverit poft folutionem auxilij ei reᵭum inde teneatur   Teftibus
Hugone cancellario meo Ꝏ) filio comitis Dunecani   Apud Forfar.

Carta Willelmi Regis de Cumlawes et Cumherbes.

36 W · Rex Scotī Ōm̄ibȝ ꝑbiſ hōibȝ totiꝰ Scocie · fał · Ꝏando ⁊ firmiter
ꝑcipio · ut in cuiꝰcūqᷓ ueftrum terra aut poteftate Abbas de Scon aut

eius feruienſ inuenire poꝓit cū lawes ⁊ cū herbeſ ad ꝓraſ aꝓbie de Scon
ꝑtinenteſ⸴ eoſ iuſte abſq̇ dilatione habeat · Null⁹ itaq̇, q̇ᵉmq̇ᵉᵐ ex illis
ei iniuſte detineat ſup firmā defenſionē meā ⁊ foriſſacturā meā · T ·
Andř eꝑo · de cateñ · Nicoł cancełł · Walꝓo ſił Alani daꝓo · ℳatheo
Archidiac̄ · Apđ Dunfermelin ·

Carta Willelmi Regis de Ronaldo Macmalmur, &c.

37 Willelmus Dei gratia Rex Scottorum, omnibus probis hominibus totius
terre fue clericis et laicis falutem   Sciant prefentes et futuri me quietos
clamaffe de me et heredibus meis in perpetuum R. Abbati de Scon et
canonicis ejufdem loci Ronaldum mac malmur Goueran et malmur
mac hercar quos A. abbas de Dunfermelin calumpniabatur erga eum
ad opus meum   Quare volo ut predictos homines quietos habeant de
me̗ et heredibus meis in perpetuum ficut illos qui adjudicati fuerunt
predicto abbati de Scon in plena curia mea   Apud ℳunros   Teftibus Hugone cancellario meo Arkebaldo abbate de Dunfermelin   Apud ℳunros.

Carta Willelmi Regis de decima panis domus fue.

38 Willelmus Rex Scottorum omnibus probis hominibus totius terre fue
falutem   Sciatis me conceffiffe et hac carta mea confirmaffe Deo et
ecclefie Sancte Trinitatis de Scon et abbati et canonicis ibidem Deo fervientibus decimam totius panis domus mee ex aquilonali parte de Lambremor et omnes pelles agnorum et ovium ad coquinam meam pertinentium excepta vnaquaque fexta pelle   Et dimidium totius fepi et
fangminis et uncti que ad partem meam de coquina mea fpectant   Et
extra quadragefimam omni die dominica excepta qualibet fexta dominica
unum corium vacce five bovis   Et omnia ifta tantum ex aquilonali
parte de lambremor   Et medietatem coriorum de occifionibus ad opus

D

meum factis   Et dimidium fepi et uncti earundem occifionum fcilicet ex aquilone fluminis de Tei Prohibeo itaque ne aliquis eis quicquam inde iniufte detineat fuper defenfionem meam   Teftibus ᵗcˣ.

Carta Willelmi Regis de decima fua.

39 Willelmus Dei Gratia Rex Scottorum Juftitiis vicecomitibus prepofitis burgenfibus et omnibus miniftris totius terre fue falutem mando et firmiter precipio ut quicunque aliquid de decima vel de elemofina mea Deo et abbati de Scon annuatim folvere debuerit illud ad terminos michi ftatutos plenarie eis perfolvat   Et prohibeo ne quis quicquam ecclefie de Scon five canonicis de predicta decima five elemofina fupra predictos terminos detineat fuper meam plenariam foriffacturam   Si quis vero fuper hoc eis aliquid detinere prefumpferit precipio ut vicecomes five ballivus meus in cuius poteftate debitor fuerit eum diftringat donec eis debitum fuum plenarie perfolverit   Teftibus ᵗcˣ.

Carta Ricardi epifcopi Sancti Andree de ecclefia de Logyn dundho.

40 Ricardus Dei Gratia ecclefie Sanctiandree humilis minifter Univerfis fancte matris ecclefie filiis clericis et laicis falutem   Sciant tam pofteri quam prefentes nos dediffe et conceffiffe et hac carta noftra confirmaffe Ecclefiam et terram de logyn dundho et omne ius quod in eis habuimus quietum clamaffe ecclefie de Scone et canonicis ibidem Deo fervientibus et fervituris in liberam puram et perpetuam elemofinam   Quare volumus et auctoritate epifcopali precipimus ut predicti canonici prenominatam ecclefiam cum omnibus eidem iufte pertinentibus et terram cum rectis divifis fuis et pertinentiis adeo libere teneant quiete honorifice et plenarie poffideant liberas et quietas ab omni fervitio exactione et confuetudine ad nos pertinente ficut aliqua ecclefia fiue terra in toto Regno liberius

quietius honorificentius tenetur et poffidetur Nobis et fucceffbribus noftris faciendo de ecclefia epifcopalia et de terra reddendo annuatim dimidiam mercam argenti ad feftum Sancti Michaelis   Teftibus Galfrido Abbate de Dunfermlyn Waltero priore de Sancto Andrea Johanne nepote Roberti epifcopi Roberto filio feolfi de Perth Alexandro et Willelmo capellanis Gaufrido dapifero Symone decano de goueryn paulino capellano odone dapifero hugone pincerna gamello hoftiario Willelmo camerario aldredo piftore aldano coco.

Confirmatio Hugonis epifcopi Sancti Andree de ecclefia de Login dundo.

41 Hugo Dei gratia ecclefie Sancti Andree humilis minifter Univerfis fancte matris ecclefie filiis clericis et laicis falutem   Sciant tam pofteri quam prefentes nos dediffe et conceffiffe et hac carta noftra confirmaffe ecclefiam et terram de Login dundho et omne ius quod in eis habuimus quietum clamaffe ecclefie de Scone et canonicis ibidem deo fervientibus et fervituris in liberam et perpetuam elemofinam Quare volumus et auctoritate epifcopali precipimus ut predicti canonici prenominatam ecclefiam cum omnibus eidem iufte pertinentibus et terram cum rectis divifis fuis et pertinentiis adeo libere teneant quiete honorifice et plenarie poffideant liberas et quietas ab omni fervitio exactione et confuetudine ad nos pertinente ficut aliqua ecclefia five terra in toto Regno liberius quietius honorificentius tenetur et poffidetur Nobis et fucceffibus noftris faciendo de ecclefia epifcopalia et de terra Reddendo annuatim dimidiam marcam argenti ad feftum fancti Michaelis   Teftibus Andrea Epifcopo Catenenfi erchenbaldo abbate de Dunfermelyne Waltero priore Sanctiandree Waltero priore de Infula Sancti Columbe Waltero Archidiacono Sanctiandree Gocelino Archidiacono de Dunkeld Hugone clerico regis Alexandro capellano magiftro Willelmo Henrico dapifero Hugone pincerna.

Confirmatio Willelmi Regis de donatione Ricardi epifcopi Sanᵭi Andree.

42 Willelmus Dei gratia Rex Scottorum epifcopis abbatibus comitibus baronibus juftitiis vicecomitibus miniftris et omnibus probis hominibus totius terre falutem   Sciant prefentes et futuri mè conceffiffe et hac carta mea confirmaffe Deo et ecclefie de Scon et abbati et canonicis ibidem Deo fervientibus Donationem quam Ricardus epifcopus Sanᵭi-andree eis fecit de ecclefia et terra de Logydunde fcilicet de omni jure quod epifcopi Sanᵭi Andree habere debent in prediᵭa ecclefia et terra Tenend. in liberam et perpetuam elemofinam ita libere quiete plenarie et honorifice cum omnibus earum iuftis pertinentiis ficut carte Ricardi et Hugonis epifcoporum Sanᵭi Andree teftantur et confirmantur   Saluo fervitio meo.   Teſt ᵗcˑ.

Carta Willelmi Regis de viginti folidis &c. ad lumen ecclefie.

43 Willelmus Rex Scottorum Omnibus probis hominibus totius terre fue falutem   Sciatis me conceffiffe et hac carta mea confirmaffe Deo et ecclefie de Scon et abbati et canonicis ibidem Deo fervientibus ad lumen prefate ecclefie viginti folidos de firma mea de Perth et ad idem negotium decem folidos de firma duorum molendinorum meorum de Perth que funt fuper amuem de Amund et decimam eorundem molen-dinorum Pariter prohibeo itaque ut nullus eis quicquam iniufte anferre vel detinere prefumat fuper foriffaᵭum meum   Teftibus.

Carta Willelmi Regis de decimis et reᵭitudinibus ecclefie de Louchoruer.

44 Willelmus Rex Scottorum omnibus probis hominibus qui manent aut

manſuri ſunt in moris infra territorium de Louchoruer ſalutem   ᙏando
vobis et firmiter precipio ut de decimis et de omnibus aliis reᙏitudinibus
quibus veſtram matrem ecclefiam more Chriſtianorum venerari debetis
ſitis plenarie ſpeᙏantes ad ecclefiam de Louchoruer ſicut nos aut aliqui
alii ante nos in eodem territorio manentes melius erant reſpicientes ad
eandem ecclefiam tempore regis Dauid aui mei ſicut carta regis ᙏal-
colmi fratris mei precipit et confirmat Volo quod ut ea que Rex Dauid
auus meus in diebus ſuis iuſte ſtatuit et maxime in ecclefia per me
iuſte manuteneantur   Quare ſuper meam plenariam foriſſaᙏuram vobis
prohibeo   de nobis finatis vlterius pro penuria reᙏi pro prediᙏis
reᙏitudinibus clamorem audire   Teſtibus 'tcᵔ.

Carta Willelmi Regis Henrico Baldo confeᙏa.

45 Willelmus dei gratia Rex Scottorum omnibus probis hominibus totius
terre ſue clericis et laicis ſalutem   Sciant preſentes et futuri me dediſſe
et conceſſiſſe et hac carta mea confirmaſſe Henrico Baldo terram illam
in burgo meo de pert quam Jacobus filius Simonis et alii prepoſiti mei
de pert ei per preceptum meum tradiderunt illam ſcilicet que eſt in fronte
vici illius qui tendit de ecclefia Sanᙏi Johannis baptiſte uſque ad caſtellum de Perth ex orientali parte contra domum Andree filii Simonis
Tenend. ſibi et heredibus ſuis de me et heredibus meis in feodo et hereditate libere et quiete plenarie et honorifice Reddendo inde annuatim
camere mee unam libram piperis ad feſtum Sanᙏi Michaelis Teſtibus
Hugone Cancellario meo Philippo de Volone camerario meo Malcolmo
filio comitis Duncani Willelmo de Haia Alexandro vicecomite meo de
Striuelin Rogero de mortuo mari Philippo de Lundyn   Apud Pert xiiii
die Aprilis.

Carta Willelmi Regis Willelmo Galeatori confecta.

46 Willelmus dei gratia Rex Scottorum omnibus probis hominibus totius
terre fue clericis et laicis falutem   Sciant prefentes et futuri me dediffe
et conceffiffe et hac carta mea confirmaffe Willelmo Galeatori platyam
illam de xx et fex pedibus in longitudine et de viginti pedibus in latitudine in burgo meo de pert quam Rogerus de Mortemer vicecomes
meus de pert ei tradidit per preceptum meum   Illam fcilicit que iacet
inter terram ferlon inciforis et terram Jacobi tinkler Tenend fibi et
heredibus fuis de me et heredibus meis in feudo et hereditate libere et
quiete Reddendo inde fingulis annis duos capellos ferri Teftibus Willelmo
de Bofco cancellario Willelmo Cumin comite de Buchan jufticiario Scottorum Hugone de figillo clerico meo Rogero de Mortemer vicecomite de
pert Ricardo Kenel   Apud Striueline viij die Septembris.

Carta Ricardi epifcopi Sancti Andree de decima pifcarie de Scona.

47 Ricardus Dei gratia Ecclie Sancti Andree humilis minifter   Omnibus
filiis fancte matris ecclefie falutem   Sciant omnes et abfentes et prefentes nos conceffiffe et in perpetuam elemofinam munimine prefentis
fcripti confirmaffe ecclefie fancte trinitatis de Scon et canonicis ibidem
Deo fervientibus decimam totius pifcarie de Scona in annona et cafeis
in captionibus pifcium et in omnibus aliis unde decima dari debet Quocirca prohibemus et Epifcopali auctoritate interdicimus ne aliquis predicte
decime eis partem abfque confenfu et voluntate eorum iniufte auferre
vel detinere prefumat Teftibus Matheo Archidiacono Adam de Roc
Roberto canonico Sancti Andree Magiftro herberto Alexandro capellano
Radulpho de boilifton Magiftro Abraham tc°.

Confirmatio Ricardi epifcopi Sanai Andree de ecclefiis etc.

48 Ricardus dei gratia ecclefie beati Andree humilis minifter Univerfis
fanae matris ecclefie filiis falutem   Sciant tam pofteri quam prefentes
nos dediffe et conceffiffe et prefentis fcripti pagina confirmaffe abbati de
Scona et canonicis ibidem Deo feruientibus in liberam puram et perpetuam elemofinam ecclefias quas bone memorie Reges Alexander
Malcolmus et Willelmus eis in diocefi noftra per concilium et inftitu-
tionem venerabilium predecefforum noftrorum epifcoporum Roberti et
Ernaldi concefferunt affignauerunt et confirmauerunt   Scilicet ecclefiam de Scona et eiufdem capellas de Kynfaunes de Crag et de Rate
ecclefiam de Lyf ecclefiam de Innergoueryn ecclefiam de Cambufmichel
ecclefiam de Lochoruer ecclefiam de Kerintun Has igitur ecclefias cum
capellis et omnibus aliis pertinentiis vel reaitudinibus fuis prefato
Abbati et canonicis ad proprios ufus fuos damus et confirmamus licentiam
quoque eis concedimus capellanos quofcunque voluerint ydoneos et
quando voluerint in ipfis ecclefiis retinere et removere   Salvis epifcopalibus nobis · et fucefforibus noftris de omnibus ecclefiis prefatis
annuatim reddentibus excepta canonica fua de Scona et capellis ad eas
pertinentibus quas ab omni exaaione et confuetudine epifcopali volumus et concedimus effe exemptas Teftibus

Confirmatio Hugonis epifcopi Sanai Andree de terra in Sanao Andrea.

49 Hugo dei gratia ecclefie fanai andree humilis minifter Omnibus
fanae matris ecclefie filiis falutem   Sciant tam pofteri quam prefentes
nos conceffiffe et hac carta noftra confirmaffe ecclefie de Scone et canonicis ibidem Deo fervientibus et fervituris duas parcas terre quas predeceffor nofter Ricardus bone memorie eifdem dedit in burgo noftro

de ſancto andrea tenendas ſicut carta eiuſdem teſtatur et confirmat Sciant quoque nos dediſſe et conceſſiſſe et hac carta noſtra confirmaſſe eidem ecclefie de Scon et canonicis in liberam et perpetuam elemoſinam alias duas parcas terre predictis duabus adiacentes ut ſit plenarium toftum quatuor parcarum Tenendas libere quiete et honorifice Quare volumus et epiſcopali auctoritate precipimus ut predicti canonici predictas quatuor parcas terre a Deo libere teneant quiete et honorifice poſſideant ſicut aliqua Abbacia aliquam terram vel aliquod toftum in aliquo burgo totius Regni liberius tenet quietius et honorificentius poſſidet Teſtibus Waltero Archidiacono Sanctiandree Hugone monacho de Abirbrothoc Alexandro et Gregorio capellanis epiſcopi Willelmo perſona de deruefin Roberto capellano Hugone ſeneſcallo Stephano camerario epiſcopi Roberto de Eboraco Hugone delboys magiſtro gamello hoſtiario.

Confirmatio Hugonis epiſcopi Sancti Andree de eccleſiis ·

50 Hugo dei gr͠a eccłie ſc͠i andr humił miniſt͛ · vniu͛ſis ſc͠e mr͠is eccłie filiis · Sałt · Sciatis noſ conceſſiſſe · ⁊ auctoritate ep͠ali confirmaſſe · R · ab͠bi de Scona ⁊ ſucceſſoribꝫ ip͠iꝰ · Canonicisq̦ ibidē d͠o ſeruientibus in lib͠ā ⁊ ꝑpetuā elemoſinā eccłias quas ſc͠e recordationis Reges Alexand͠ · d͠d͠ · Malcolmꝰ ⁊ Wiłłs ⁊ eis ī dioceſi nr͠a p inſtitutionē ue͛nabiliū Ep͠oꝝ ꝑdeceſſoꝝ nr͠oꝝ Rob͠ti Ernaldi ⁊ Ric͠ · cōceſſerūt ⁊ cōfirmau͛unt · Uidelicꝫ de Scona c͠ capellis ſuis de kinfawnys · de Cragh · ⁊ de Rate · Eccłiam quoq̦ de lif · de Inu͛gou͛in · de Cambꝫmich͠ · de Lohoru͛ de kerintun · Has igit² eccłias c͠ capełł ⁊ om͠ibꝫ ꝑtinentijs ſuis uel rectitudinibꝫ · ꝑnōiato ab͠bi ⁊ canoniciſ ⁊ eoꝝ ſucceſſoribꝫ ad ꝓp'os uſuſ ſuos damꝰ ⁊ cōfirmamꝰ · Licentiā quoq̦ eis cōcedimꝰ capellanos quoſcūq̦ uolu͛int idoneos · ⁊ qᵃndo uolu͛int in ip͠is eccłiis retinere ⁊ remouere · Saluis epiſcopalibꝫ · nob͠ ⁊ ſucceſſoribꝫ nr͠is de om͠ibꝫ eccłiis prefatis annuatī reddendis ⁊ Excepta canonica ſua

de Scona ꝧ capellis ad eam ptinentibȝ · quas ab õi Ꝑuicio exaⷭione ꝧ
ꝑſuetudine epiſcopali ⁊ uolumꝑ ꝧ concedimus ēe exemptas · Teſtibȝ his ·
Andꝛ eꝑo de kateñ · Arkenbaldo aƀƀe de Dunf · Walꝉo pˡore de Scõ
And · Walꝉo Archidiaꝯ de ſcõ And Gocelino Archidiaꝯ de Dunkelđ ·
Hugone cꞇico regis · Ricardo cꞇico Regis · Alexandro capeꞇlo · Ⱳaꞡro
Wiꞇlo de benīgwrth · Henrico dapifꝰo · Hugone pincerna · Gamello
hoſtiario ·

Confirmatio Rogeri epiſcopi Sanⷭi Andree donationis Dauid de Lyn.

51 Omnibus Sanⷭe matris ecclefie filiis Rogerus dei gratia ecclefie Sanⷭe
Andree humilis miniſter   Salutem et benediⷭionem   Noverit univerfitas veſtra rios dediffe et conceſſiſſe et hac carta noſtra confirmaſſe donationem illam quam Dauid de Lyn fecit deo et ecclefie ſanⷭi Kentegerni
de Lochwerweth de una acra terre et de una perticata iuxta aquam
currentem ſub pomerio ejuſdem ecclefie pro efcambio illius terre
quam Rex Dauid dedit prenominate ecclefie pro mafagio ſuo ubi domus
ſue ſite fuerunt   Tenend. in puram et perpetuam elemofinam cum
communi paſtura extra bladum et pratum ita libere et quiete plenarie
et honorifice ficut Carta prediⷭi Dauid de Lyn teſtatur   Teſtibus

Carta Willelmi epiſcopi Sanⷭi Andre de loco de Kincarachin.

52 Willelmus permiffione divina ecclefie Sanⷭi Andree miniſter humilis
Omnibus has literas vifuris vel audituris ſalutem eternam in domino
Noveritis nos conceſſiſſe et hac prefenti carta noſtra confirmaſſe Deo et
ecclefie Sanⷭe Trinitatis de Scona et abbati et canonicis ibidem deo
fervientibus et fervituris locum illum qui dicitur Kincarachin ſuper
ripam fluminis de Tay qui ſitus eft in parochia ſua de Scona ut poſſint
ibidem attrahere ea que ſibi fuerint neceſſaria ibidem capellam et alias

E

domos fibi neceffarias conftruere et ibidem quecumque pro tempore
voluerint conftituere et amovere Tenendum et habendum eifdem de
nobis et fuccefforibus noftris in liberam puram et perpetuam elemofinam
In cuius Rei teftimonium prefens fcriptum figilli noftri munimine
roborauimus.

Confirmatio Willelmi epifcopi Sancti Andree de ecclefiis.

53 Willelmus permiffione divina ecclefie Sanctiandree minifter humilis
Omnibus has litteras vifuris vel audituris eternam in domino falutem
Noveritis nos conceffiffe et prefentis fcripti patrocinio confirmaffe in ufus
proprios Abbati et canonicis de Scon ecclefias quas habent in diocefi
noftra in liberam puram et perpetuam elemofinam viz. ecclefiam fuam
de Scon que hucufque a preftatione finodalium et auxiliorum immunis
fuit quam de cetero cum capellis fuis et cum omnibus pertinentiis fuis
ab omnibus epifcopalibus imperpetuum liberam volumus effe et immunem Et ecclefiam de Cambufmichel de Liff de Inuergoueryn et de
Logyndunde Salvis epifcopalibus nobis et fuccefforibus noftris et noftris
officialibus de omnibus ecclefiis prefatis Excepta canonica fua de Scon
cum capellis ad eandem pertinentibus Ut autem hec noftra conceffio
robur perpetue firmitatis obtineat eam figilli noftri munimine roboravimus
Hiis teftibus magiftro Roberto archidiacono Sanctiandree &c· licenciam
quoque eis concedimus capellanos quofcumque voluerint ydoneos in ipfis
ecclefiis retinere et removere.

Carta Willelmi epifcopi Sancti Andree de ecclefiis.

54 Willelmus permiffione divina ecclefie Sanctiandree minifter humilis
Omnibus has literas vifuris uel audituris eternam in domino falutem
Noverit univerfitas veftra nos conceffiffe et prefentis fcripti patrocinio

confirmaffe in ufus proprios Abbati et Canonicis de Scona omnes ecclefias
quas habent in epifcopatu Sanctiandree in liberam et perpetuam elemofinam viz. ecclefiam de Scon et eiufdem capellas fcilicet de Kynfaunes de
Cragis et de Rate ecclefiam de Lyff ecclefiam de Inuergouerin ecclefiam
de Logindunde ecclefiam de Cambufmichel ecclefiam de Lochworuert
ecclefiam de Kerynton　Has autem ecclefias cum capellis et omnibus
pertinentiis fuis a predecefforibus noftris confirmatas damus eis et confirmamus licentiam quoque eis concedimus capellanos quofcumque cum
voluerint ydoneos in ipfis ecclefiis retinere et removere　Salvis nobis et
fuccefforibus noftris epifcopalibus de omnibus ecclefiis prefatis excepta
ecclefia de Scon cum capellis fuis que hucufque a preftatione finodalium
et auxiliorum fuit immunis quas de cetero ab omnibus epifcopalibus
liberam volumus effe et immunem　Salvo tamen in omnibus iure archidiaconi Sanctiandree　ut autem hec noftra conceffio robur perpetue firmitatis obtineat eam figilli noftri munimine et appencione Sigillorum
prioris et conventus Sanctiandree et magiftri R. archidiaconi eiufdem
ecclefie dignum duximus roborare　Hiis teftibus magiftro R. archidiacono Sanctiandree magiftro L. officiali magiftro A. de Morania magiftro
Stephano magiftro A. owid. magiftro Michaele Petro et Edwardo
capellanis R. camerario et multis aliis.

Carta Johannis epifcopi Dunkeldenfis de Logy mehedd in Atholia.

55 Johannes Dei gratia ecclefie Dunkeldenfis humilis minifter univerfis
fancte matris ecclefie filiis falutem　Sciat univerfitas veftra nos dediffe
conceffiffe et prefenti carta confirmaffe abbati de Scone et canonicis
ibidem Deo fervientibus et fervituris in liberam puram et perpetuam
elemofinam ecclefiam de Logy mehedd in Athollia cum plenariis
decimis et beneficiis et rectitudinibus ad candem ecclefiam iufte
pertinentibus videlicet de Rath que eft capud comitatus et de toto

thanagio de Dulmonych et de toto thainagio de Fandufuith et cum capellis iftis Kylkemy Dunfoluntyn Kilcaffyn Kilmichell de Tulichmat et omnibus ad eafdem capellas pertinentibus et toftum unum in prefato Logyn cum communi paftura ficut in carta comitis Henrici inde facta continetur prefatam infuper ecclefiam cum omnibus rectitudinibus et pertinentiis fuis et capellis prenominatis et earum pertinentiis prefato abbati et canonicis in proprios ufus fnos damus et confirmamus   Salvis epifcopalibus noftris   Teftibus

Carta Willelmi Vniot de feptem acris terre.

56   Univerfis fanɛte matris ecclefie filiis clericis et laicis Willelmus Vnict falutem   Sciant prefentes et futuri me dediffe et conceffiffe et hac mea carta confirmaffe Deo et ecclefie fanɛti Michaelis de Scona et canonicis ibidem Deo fervientibus et fervituris feptem acras terre in territorio de Inueramun in Thy flath fcilicet ab infula qua folet fieri duellum de Scona verfus aquilonem et unum rete in they ubi magis eis oportunum fuerit in longitudine predicti territorij de Inueramun a predicta infula ufque ad vetus amun in liberam et perpetuam elemofinam   Tenend. de me et heredibus meis ita libere et quiete et honorifice in perpetuum abfque omni gravamine et exactione ficut aliqua domus religionis tenet aliquam elemofinam liberius et quietius et honorificentius ab aliquo milite in toto regno Regis Scotie   Hiis teftibus Matheo epifcopo de Abirden Johanne epifcopo de Dunkelden et multis aliis.

Conventio de limitibus terrarum de Camfy.

57   Noverit etiam tam prefentes quam futuri quod contrauerfia mota inter abbatem et conventum de Cupro ex parte vna et conventum de Scona ex alia fuper limitibus terrarum de Camfy terre monacorum de Cupro

et Cambufmichel et Cragis terre Canonicorum de Scona hoc fine perpetualiter quieuit fcilicet quod monachi de Cupro tenebunt terram fuam
·de Camfy per eofdem limites per quos et ficut perambulatum a predictis monachis et canonicis in prefentia domini Hugonis Epifcopi Dunkeldenfis et aliorum multorum proborum virorum Incipiendo fcilicet a
flumine de Tay per ductum aratri et acervos lapidum et Cruces quas ipfi
per eofdem limites fecerunt terminando ad Redford   Et fi quid unquam
habuerunt predicti canonici in terra illa que prefatis monachis remanfit
Receptis decem marcis et tribus acris terre in territorio Willelmi Vniot
extra villam de Perth dictis monachis in perpetuum quietum clamauerunt
Et ad huius Rei teftimonium perhibendum dominus fupradictus Hugo
Dunkeldenfis Epifcopus figillum fuum una cum figillis partium appofuit
Tefte dicto domino Hugone et vtroque capitulo tam de Cupro quam de
Scon.

Carta Haraldi Catanie &c. Comitis de una merca argenti &c.

58 Dilectiffimis Amicis fuïs et hominibus Haraldus Orcârder⸱ Hetlander⸱ et
Catañ comes falutem   Sciatis me dediffe et hac mea carta confirmaffe
Deo et fancto Michaeli et canonicis manentibus in Scona fingulis annis
unam marcam argenti ad pondus marce Scotie libratam   Quare volo
ut fingulis annis hec elemofina predicte domui reddatur a me et filio
meo Turphino et heredibus meis in perpetuum pro animabus antecefforum meorum et pro anima mea et uxoris mee videlicet   Teftibus hiis
Turfino filio meo Laurencio Cancellario et aliis.

Confirmatio Alexandri regis cartarum anteceſſorum ſuorum.

59 Alexander Dei gratia Rex Scottorum omnibus Sanɛte matris ecclefie
fidelibus prefentem cartam infpeɛturis ſalutem   Sciant prefentes et
futuri nos conceſſiſſe et Regia autoritate confirmaſſe Deo et ecclefie
Sanɛte Trinitatis de Scona et abbati et canonicis ibidem Deo fervientibus et ſervituris omnes ecclefias terras poſſeſſiones libertates reɛtitudines
confuetudines et cetera omnia que anteceſſores noſtri Rex Alexander
Rex David Rex Malcolmus et Rex Willelmus pater noſter prediɛte
ecclefie dederunt et conceſſerunt et per cartas ſuas confirmaverunt et
ficut carte quas ipfi canonici idem habent teſtantur   Volumus itaque et
precipimus ut prediɛtus abbas et canonici ſupradiɛti habeant et teneant
plene et integre et inconcuſſe et ita libere et quiete ficut eadem melius et
plenius liberius et quietius tenuerunt aliquo tempore alicujus anteceſſorum noſtrorum et ficut aliqua ecclefia in Regno noſtro res et poſſeſſiones
ſuas melius et plenius liberius et quietius et honorificentius tenet aut
poſſidet et ficut carta et confirmatio domini regis Willelmi patris noſtri
inde faɛta prediɛtis canonicis teſtantur et confirmant   Teſtibus Roberto
epiſcopo Roſſenfi Willelmo de boſcho cancellario Adam et Roberto
capellanis noſtris Johanne de haia Hugone de camerario   Apud Forfar
xxix die Novembris

Carta Alexandri Regis de ſolvenda decima ſua.

60 Alexander Dei gratia Rex Scottorum Juſticiariis vicecomitibus prepofitis burgenfibus et omnibus miniſtris totius terre ſue ſalutem   Mando
et firmiter precipio quatinus quicumque aliquid de decima mea vel de
elemofina Deo et abbati de Scona annuatim ſolvere debuerit illud ad
terminos michi ſtatutos de firma mea michi reddenda eis plenarie per-

folvat Et prohibeo ne quis ecclefie de Scon five eiufdem loci canonicis aliquid de prediĉta decima five elemofina ultra prediĉtos terminos deti-neat fuper meam plenariam foriffaĉturam Si quis vero fuper hoc eis aliquis detinere prefumpferit precipio ut vicecomes five ballivus meus in cuius poteftate debitor fuerit eum diftringat donec eis debitum fuum plenarie perfolverit Teftibus

Carta Alexandri Regis de reĉtitudinibus in domo Regine ·

61 Alex͂ dei Gr͂a Rex Scott͂ · Omnibus probis hominibus Tocius terre fue ⫶ Salt͂m · Sciatis me conceffiffe deo ꞇ eccꞇie de Scon͂ · ꞇ abbati ꞇ canonicis ibidem deo feruiētibus ut habeant in domo Regine omnef reĉtitudines quas habent in domo mea · fcilicet de expenfa ꞇ coquina · qᵉⁿdo ip͂a curiam fuam p fe tenuerit · Qᵉre precipio Bailliuis ꞇ feruientibus fuis · ut eif prediĉtas reĉtitudines fine difturbatione habere faciant · Teft͂ · WiꞚ · Aꞗbe · de Edenꞗ · WiꞚ · de Bofcꞕ · canceꞚ · Alex͂ · vic͂ · de St'ueꞙ · Aꝺ · capellan͂ · Roger͂ · de mortuo mari Thom͂ · de St'ueꞙ · clico · Malc͂ · pincerna · Apꝺ St'uelin͂ · vij die Septembr͂ ·

Carta Alexandri Regis de terra que vocatur Infula de Scon.

62 Alexander Dei Gratia Rex Scottorum omnibus probis hominibus totius terre fue clericis et laicis falutem Sciant prefentes et futuri nos dediffe et˙conceffiffe et hac carta noftra confirmaffe Galfrido filio Martin͂ de Pert clerico noftro terram que vocatur Infula de Scona Tenend. fibi et heredibus fuis de nobis et heredibus noftris in feodo et hereditate cum omnibus juftis ejufdem terre pertinentibus libere et quiete plenarie et honorifice Reddendo inde nobis et heredibus noftris fingulis annis pro omnibus fervitiis unam petram cere ad feftum fanĉti Jacobi apoftoli Salvis nobis et heredibus noftris omnibus pifcariis et aquis in Tay iuxta prediĉtam terram Teftibus

Confirmatio Alexandri Regis fuper excambio terre de Cambufmichel.

63 Alexander Dei gratia Rex Scottorum omnibus probis hominibus totius
terre fue falutem   Sciant prefentes et futuri nos conceffiffe et hac carta
noftra confirmaffe donationem illam quam Robertus Abbas et conventus
de Scona in pleno capitulo fuo fecerunt nomine compofitionis Gregorio
de Cambifmichel de terris de crouchyn et de cloncater in efcambium terre
de Cambifmichel quam dictus Gregorius de eis tenuit et de qua fuit
contentio inter ipfos   Tenend. et habend. dicto Gregorio et quatuor
heredibus fuis de corpore fuo directe et legittime procedentibus vel de
ipfis legittime defcendentibus ufque ad quartum heredem de predictis
abbate et conventu et eorum fucefforibus per rectas divifas fuas et cum
omnibus inftis pertinentiis et libertatibus fuis ita libere quiete plenarie
et honorifice ficut cirographum fuper dicta compofitione et donatione
inter ipfos confectum plenius iufte teftatur   Salvo fervicio noftro contingente autem quod dictus Gregorius vel aliquis heredum fuorum de-
cedat fine herede de proprio corpore legittime defcendente Volumus ut
predicte terre fcilicet cruchyn et cloncater ad canonicos de Scona in
perpetuum revertantur ficut in eodem cirographo plenius continetur
Tefte patricio comite Dunbar.

Carta Alexandri Regis de terra de Blare in Warennam.

64 Alexander Dei gratia Rex Scottorum omnibus probis hominibus totius
terre fue falutem   Sciant quod conceffimus abbati et conventui de Scona
ut terram fuam de Blare habeant in Warrennam Quare prohibemus
firmiter ne quis in eadem terra fine eorum licentia fecet aut venetur
fuper noftram plenariam foriffacturam decem librarum   Teft. et cetera
amen.

Carta Alexandri Regis de capienda materie in theinagiis de Dul.

65 Alexander Dei gratia Rex Scotorum Theynis et Aliis probis hominibus
fuis de Dul et de Forterkil fidelibus Salutem   Sciatis nos conceffiffe
canonicis de Scon ut ipfi in teinagiis noftris de Dul et de Forterkil ad
operationem ecclefie fue de Scon materiem capiant Quare vobis mandamus et precipimus quatenus permittatis ut predicti canonici in predictis
thernagiis noftris fine difficultate materiem capere poffint ad predicte
ecclefie operationem nec eos inde impediatis nec ab aliquo de noftris impediri permittatis Tefte rege ipfo   Apud Edinburgh xviij die Januar.

Carta Alexandri Regis fuper uno rete de pifcariis in theinagio de Scon ·

66 Alexand dei gra Rex fcottoꝛ omnibꝰ ꝓbiſ hominibȝ tociꝰ ᵗre fue cliciſ
ᵗ laiciſ Salut · Sciant ꝑſenteſ ᵗ futuri noſ in excambiū quaꝛdā decimaꝛ
qᵃſ canonici de fchona petebant de ᵗra de fforgrund in Gouerin dediffe
ꝗceffiffe ᵗ hac carta nra ꝗfirmaffe deo ᵗ beato Michaeli de Schoñ · ᵗ
dc̄iſ canoniciſ ibidem do feruientibȝ ᵗ feruituriſ vuū rete de pifcariiſ nriſ
in Theinagio nro de Schoñ ꝓter vnū rete quod priuſ habuerūt in ꝓdc̄iſ
pifcariiſ · Ita qd de ceᵗo non remanebūt nob in ꝓdc̄iſ pifcariiſ nifi vnū
rete ᵗ ille pifcarie que dicunt² ffꝑecheſ · que tꝑe huiꝰ nre collacōniſ
fuerūt nre Tenend ᵗ hndum ꝓdc̄iſ canoniciſ in libam puram ᵗ ppetuam
elemofinam adeo libe ᵗ q'ete plenarie ᵗ honorifice ficut aliqua elemofina
in regno fcot ab aliquibȝ viriſ religiofis liberiuſ quieciꝰ plenariꝰ ᵗ ho-
norificenciꝰ tenet² · ᵗ pꝑfidet²   Teſt · Walᵗo fil Alani fenefcatt · Jufticiar ·
fcoc̄ Walᵗo Cumiñ · comi · de Menetheth · Alano hoftiar · Dauid de
Hafting Rog̃ fil Glay Adam de Logan · Johe de Haia · Johe de Cambrū ·
Robto de Cambr̄ · Apud Schoñ · vndecimo die Junij Anno Regni dñi
Reg̃ vicefimo ·

Carta Alexandri Regis de terris de magna Blar et de parva Blar in excambium decime panis et rectitudinum aliarum.

67 Alexander Dei gratia Rex Scotorum omnibus probis hominibus totius terre fue falutem Sciant prefentes et futuri nos in excambium decime panis expenfi in hofpitio noftro et hofpitio Regine fponfe noftre et recti- tudinum omnium quas canonici de Scona percipere confueverunt in coquinis et lardariis noftris et Regine fponfe noftre et pro decimis quas fimiliter percipere confueverunt in terris noftris de Blar dediffe con- ceffiffe et hac carta noftra confirmaffe Deo et beato Michaeli de Scona et canonicis ibidem Deo fervientibus et in perpetuum fervituris terras noftras de magna Blar et de parva Blar exceptis duabus carucatis terre et dimidia menfuratis in feudo de magna Blar quas dedimus monachis de Cupyr in excambium communionis more de Blar qua prius ufi fuerunt Tenend. et Habend. eifdem canonicis in liberam et perpetuam elemofinam per rectas divifas fuas et cum omnibus iuftis pertinentiis fuis in bofco et plano in terris et aquis in pratis et pafcuis in moris et marefiis in ftagnis et molendinis cum focco et facca cum furca et foffa cum tol et teym infangandthef et cum omnibus aliis ad predictas terras iufte pertinentibus libere quiete plenarie et honorifice Faciendo forinfe- cum fervitium tantum quod pertinet ad quinque davachas terre Servitium vero pertinens ad fextam davacham de Blar dictis canonicis Remifimus pro predicta terra quam contulimus monachis de Cupir Saluis nobis placitis et querelis et libertatibus ad coronam noftram fpectantibus de prefatis terris Nos autem vel heredes noftri nullum foreftarium habe- bimus in dictis terris nec dicti canonici per fe vel per alios modo aliquo venabuntur in eifdem terris ad feras noftras capiendas Teftibus W epo glafgueñ cancell C̃ epo dūblañ P com̃ de dūbar W fil alani Senef c̃ iuftic̃ fcoc̃ W Olifard Juftic̃ Laodon. Dauid Marfcallo Willo de lindef Apud Treuequer primo die Junij Anno Regni domini regis xxj.

Confirmatio Alexandri Regis de uno tofto apud Sconam.

68 Alexander Dei gratia Rex Scottorum Omnibus probis hominibus totius
terre fue clericis et laicis falutem   Sciant prefentes et futuri me dediffe
et conceffiffe et hac carta mea confirmaffe Roberto de Londoñ fratri
meo unum toftum apud Sconam illud fcilicet quod Randolfus vicecomes meus de Scona ei tradidit per preceptum meum Tenend. fibi et
heredibus fuis de me et heredibus meis in feodo et hereditate Ita libere
et quiete et honorifice ficut alii barones mei tofta fua liberius et
quietius et honorificentius de me tenent in aliis maneriis meis Teftibus
W. de Bofch cancell meo Willo cumī com de Buchan Juftic⁰ fcocie Willo
de Valon. camar meo Adam fil Gilleb Galfrido filio Ricardi Thom de
Lundin hoftiar   Apud Edinburgh quarto die Aprilis.

Carta Alexandri Regis de terra de Clen.

69 Alexander Dei gratia Rex Scottorum   Omnibus probis hominibus
totius terre fue falutem Sciatis quod conceffimus Abbati et canonicis de
Scoñ ut terram fuam de Cleñ habeant in Warennam   Quare prohibemus
firmiter ne quis in eadem terra fine eorum licentia fecet aut venetur
fuper noftram plenariam foriffacturam decem librarum Teftibus Magiftro
Matheo cancellario Willelmo Cumin comite de Buchan iufticiario fcotie
Apud Sconam xij die Februarij Anno Regni domini regis xvj.

Carta Alexandri Regis de protectione ·

70 Alex dei gra Rex Scott · Omnibus probis hominibus tociuf terre fue fait ·
Sciatis nos canónicos de Scoñ · t eoꝗ feruientes ubicunꝗ fuerint in
Regno ñro pro negociis domus fue expediend · fub firma pace t pro-

tećtione noftra iufte fufcepiffe · Quare prohibemus firmiter · Ne quis eis
iniuriam uel moleftiam aut grauamen aliquod p terram uel p aquam
iniufte inferre prefumat · fup noftram plenariam foriffaćturam · Teſt ·
Wiłł . de Bofch · Cancełł · Wiłł Cumiñ · Comiť de Buch · Juſtič · Scoť ·
Apud Forfar · vltimo die Nouēbꞧ ·

Carta Alexandri Regis de utraque Blare in excambio decime panis.

71 Alexander Dei gratia Rex Scottorum Omnibus probis hominibus totius
terre fue ́falutem Sciant prefentes et futuri quod terras de magna Blar
et de parva Blar quas canonicis de Scona contulimus pro decima panis
et Rećtitudinibus quas percipere confueuerunt annuatim de curia noftra
et Regine fponfe noftre nos et heredes noftri eifdem canonicis contra
omnes homines in perpetuum warantizabimus et in huius rei teftimonium
hanc cartam noftram dićtis canonicis fieri fecimus Teftibus venerabilibus
patribus in Chrifto W. et C. Glafgueñ et Dūblañ Ep̄is P. comite de
Dunbar W. fił Alani fenefč iuftič Scotie Waltero Olif iuftič laodoñ
Wiłło de Lindef D. Marifcałł Eymer de Maxwel Apud Trauquere primo
die Junij anno Regni domini regis xxj°.

Confirmatio Alexandri Regis donationis ecclefie de Rogortewyn.

72 Alexander Dei gratia Rex Scotorum omnibus probis hominibus totius
terre fue clericis et laicis falutem Sciant prefentes et futuri nos conceffiffe et carta noftra confirmaffe donationem illam quam Malcolmus
comes de Fyf de confenfu epifcopi et capituł Dunkeldenfis ecclefie
fecit Deo et ecclefie fanćte trinitatis de Scon et canonicis ibidem Deo
feruientibus et feruituris de ecclefia de Rochgortene Tenend. eifdem
canonicis cum decimis terris et obventionibus et omnibus aliis ad eam
iufte pertinentibus in puram et perpetuam elemofinam ita libere et

quiete et plenarie ficut carta prediꝺi Comitis inde faꝺa diꝺis canonicis
iufte teftatur   Teftibus magiftro Matheo canꞓ Ingeꞃ de Baillis Henrico
Baillis caᵐaꞃ Radulpħ capellano Waltero Cumin Galfrido clerico de
liberatione Willelmo de Bonkil   Apud Kinros xxvᵗᵒ die Maij anno
regni domini Regis quinto decimo.

Carta Alexandri Regis de proteꝺione.

73 Alexander Dei gratia Rex Scottorum Omnibus vicecomitibus ballivis et
ceteris probis hominibus fuis de Moravia et de Catanu. ad quos litere
prefentes pervenerint falutem   Sciatis nos navem abbatis et conventus
de Scona et homines fnos qui funt in ipfa et omnia bona eorum que
habent in eadem fub noftra firma pace et proteꝺione iufte fufcepiffe
Quare firmiter prohibemus ne quis diꝺe navi vel hominibus qui funt in
eadem aut bonis infra ipfam contentis malum iniuriam moleftiam iniufte
inferat aut gravamen fuper noftram plenariam foriffaꝺuram   Et vobis
mandamus et precipimus quatinus cum ipfa navis per vos tranfierit
ipfam et homines abbatis et conventus qui in ea fuerint iufte manute-
neatis et defendatis non permittentes quantum in vobis eft ut aliquis
eis iniuriam inferat aut gravamen   Set eos ea que ad viꝺum ipforum
abbatis et conventus fuerint neceffaria inter vos fine impedimento
emere permittatis   Teftibus

Carta Alexandri Regis de duabus acris terre in territorio de Scon.

74 Alexander Dei gratia Rex Scottorum omnibus probis hominibus totius
terre fue falutem   Sciant prefentes et futuri nos caritative dediffe conceffiffe et hac carta noftra confirmaffe abbati et canonicis de Scona
duas acras terre in territorio de Scona ubi molendinum ipforum canonicorum ad ventum fitum eft   Tenend. et habend. eifdem abbati et

canonicis in perpetuum de nobis et heredibus noſtris in liberam puram
et perpetuam elemoſinam ita libere et quiete plenarie et honorifice ſicut
aliqua elemoſina in regno noſtro liberius et quietius tenetur et poſſidetur
Teſtibus G. epo Dunkeldenſi Waltero Cumin comite de Menteth alano
hoſtiario David de Lindeſ patř fit Wilłi Witło de Munificheť Roberto
Biſet   Apud Scon̄ quinto die Februarij anno regni domini Regis xxvijᵒ.

Carta Alexandri Regis de dominiis de Rath et Kynfawnes.

75 Alexander Dei gratia Rex Scottorum omnibus probis hominibus totius
terre ſue ſalutem   Sciant preſentes et futuri nos ad firmam perpetuam
tradidiſſe abbati et conventui de Scona dominia noſtra de Rath et de
Kynfaunes in goueryn   Tenend. et habend. eiſdem abbati et conventui
et ſucceſſoribus ſuis de nobis et heredibus noſtris in perpetuum per
re&as diviſas ſuas et cum omnibus iuſtis pertinentiis ſuis et cum earundem terrarum nativis libere quiete · plenarie et honorifice   Reddendo
inde annuatim quadraginta celdras boni frumenti et ſexaginta celdras
boni braſii ordei ſolvendas in grangiis ſuis de di&is Rath et Kynfaunes
Et faciendo forinſecum ſervicium quod ad eaſdem terras pertinet   Salvis
eiſdem canonicis ſecundis decimis ſuis eis a nobis et anteceſſoribus
noſtris in perpetuam elemoſinam collatis   Teſtibus Waltero fit alani
ſeneſcallo iuſtic̃ ſcocie Witło Cumyn Comite de Mēteth h de Baillis et
cetera.

Carta Alexandri Regis de nemore Kelcamſy in foreſtum.

76 Alexander Dei gratia Rex Scottorum omnibus probis hominibus totius
terre ſue ſalutem   Sciatis quod conceſſimus canonicis de Scon ut nemus
ſuum in Kelcamſy habeant in foreſtum   Quare firmiter prohibemus
ne quis ſine eorundem canonicorum licencia in di&o nemore ſuo in Kel-

camfy fecet aut venetur fuper noftram plenariam foriffacturam decem librarum Teftibus Laurencio de Abernit Waltero Bifet 'tc'.

Confirmatio Alexandri Regis de fuftentatione duorum cereorum in ecclefia.

77 Alexander Dei gratia Rex Scotie omnibus probis hominibus totius terre fue falutem Sciatis nos dediffe conceffiffe et hac carta noftra confirmaffe Deo et facrifte de Scona ad fuftentationem duorum cereorum in eadem ecclefia in perpetuum terras fubfcriptas que fuerunt Galfridi de liberatione clerici noftri quas etiam predicte facrifte conceffit fcilicet terras quas ei dederamus in villis de Clakmanan de Scoñ de Dunkeldyn et de Invernes Et preterea unam petram cere percipiendam fingulis annis de domo que fuit Roberti de London fratris noftri in burgo de Aberdon quam fimiliter eidem Galfrido clerico noftro ad hoc conceffimus Tenend. et habend. ad fuftentationem predictorum cereorum in liberam puram et perpetuam elemofinam ita libere et quiete ficut aliqua elemofina in regno noftro liberius aut quietius poffidetur Teftibus Willelmo epifcopo glafguenfi cancellario Roberto capellano noftro magiftro David de Bernham camerario magiftro W. de Lyndiffey decano glafguenfi Thoma filio Ranulphi Alexandro de Strivelyn Willelmo de Hauden Apud Melros vicefimo quarto die Februarii anno regni domini Regis vicefimo fecundo.

Confirmatio Alexandri Regis conceffionis Walteri filii Alani de terra quam Swanns filius Thori fecit.

78 Alexander Dei gratia Rex Scottorum omnibus probis hominibus totius terre fue clericis et laicis falutem Sciant prefentes et futuri me conceffiffe et hac carta mea confirmaffe conceffionem illam quam Walterus filius Alani fecit Deo et ecclefie Sancte Trinitatis et Sancti Michaelis de

Scon et canonicis ibidem Deo fervientibus et fervituris de tota terra illa
quam Suanus filius thori avus eiufdem Walteri eifdem canonicis dedit
in Tibermur per divifas contentas in confirmatione eiufdem Walteri et de
quodam tofto quod fuit aurifabri cum aliis toftis proximis adiacentibus
eidem tofto per divifas contentas in eadem confirmatione Et de quadam
terrula fupra fontem qui vocatur fons regis per divifas contentas in eadem
confirmatione Et de quadam pifcaria de Carnes   Tenendum in puram
et perpetuam elemofinam cum communione pafture et aifiamento nemoris eiufdem Walteri et ceteris communibus aifiamentis de Tubermur
ita libere et quiete plenarie et pacifico ficut confirmatio eiufdem Walteri
eifdem canonicis inde facta teftatur [falvo] fervicio meo   Teftibus
Willelmo de bofcho cancellario Willelmo cumin.

Confirmatio Rogeri de Quinci Comitis de Wynton donationis Willelmi
de Len.

79 Univerfis fidelibus has litteras vifuris vel audituris Rogerus de Quinci
comes Wyntonie conftabillarius Scotie Salutem   Noverit univerfitas
veftra nos ratam et gratam habere donationem Willelmi de Len quam
fecit abbati de Scona et canonicis ibidem Deo fervientibus et fervituris
in perpetuum fuper terra illa que fuit de baronia patris mei comitis
Wyntonie infra burgum de Perth que iacet inter terram que fuit quondam Henrici baldi et terram que fuit galeatoris quam fcilicet terram
idem Willelmus tenuit de nobis per Cartam   Concedimus etiam et confirmamus predictam terram predictis abbati et canonicis et eorum fuccefforibus tenendam et habendam de nobis et heredibus noftris ficut
carta noftra exinde confecta dicto Willelmo a nobis preftita plenius
atteftatur Excepto hoftilagio quod dictis abbati et canonicis ad eandem terram remifimus   Volumus itaque quod predicti abbas et canonici
fupradictam terram habeant et teneant libere honorifice et quiete   Reddendo inde nobis et heredibus noftris annuatim dimidiam marcam argenti

videlicet quatraginta denarios ad pentecoften et quatraginta denarios
ad feftum fan&i martini in yeme pro omni fervitio et confuetudine et
demanda faluo iure cuiuflibet   Ita tamen quod fi aliquis clamium vel
calumpniam in di&a terra movere voluerit caufa inter litigantes mota
per re&am legem et affifam terre in Curia noftra finem debitum fortiretur
Hiis teftibus dominis Galfrido et Clemente de Dunkeldyn et de Dun-
blan Epifcopis Laurentio de Abirnethi Johanne et Willelmo de Haya
Willelmo de Bofco Duncano et Sibaldo filiis Walteri Symone de Nyfi
Magiftro Adam de Malcaruefter Magiftro Symone de Carniwyth Magiftro ẏnoie Henrico filio Galfridi Jacobo de Neuilla Ricardo de Leycefter
Magiftro Thoma de Ϻ)ar et aliis.

Confirmatio Rogeri de Quinci comitis Wintonie de terra que fuit
Willelmi de Len.

80 Univerfis fidelibus has litteras vifuris vel audituris Rogerus de Quinci
comes Wintonie Conftabillarius Scotie falutem   Noverit univerfitas
veftra nos conceffiffe et hac prefenti carta noftra confirmaffe abbati de
Scona et canonicis ibidem Deo fervientibus et fervituris in perpetuum
terram que quondam fuit Willelmi de Len in villa de Perth ad confta-
billariam Scotie pertinentem quam di&us Willelmus eis contulit ficut
in carta predi&i Willelmi di&is canonicis inde confe&a plenius continetur et ficut carta Alani filij Rolandi bone memorie quondam confta-
bilarii Scocie predi&o Willelmo inde confe&a prefato Willelmo plena-
nariam faciendi affignatos contulit poteftatem vᴣ. terram illam cum
domo lapidea in vico qui procedit de magna via aquilonari tendente
verfus infulam que jacet inter di&um vicum et aquam de Tay vᴣ. domum
lapideam et totam terram inter ipfam domum et aquam ad eandem domum pertinentem et gardinum extra muros de Perth quod pertinet ad
predi&am terram   predi&i vero canonici nullum clamium vel calumpniam

habere poterunt in terra Johannis Sparcund que fimiliter pertinet ad conftabulariam Concedimus igiter dictam terram et domum lapideam et gardinum fuperius nominatum predictis abbati et canonicis tenenda et habenda fibi et fuccefforibus fuis de nobis et heredibus noftris in perpetuum libere honorifice plenarie et quiete Reddendo inde nobis et heredibus noftris annuatim decem folidos argenti fcilicet v folidos ad Pentecoftes et v folidos ad feftum fancti martini in ẏeme pro omni fervitio confuetudine et demanda Saluo nobis et heredibus noftris et ballivis noftris et heredum noftrorum hoftilagio competenti in predicta domo lapidea et in omnibus aliis domibus habebimus aifiamentum noftrum que domus erunt in predicta terra v₃. infra curiam dicte domus cum nos vel heredes noftri vel ballivi noftri vel heredum noftrorum in predicta domo lapidea erimus hofpitati et falua nobis et heredibus noftris curia noftra in eadem terra tenenda et faluis placitis et mifericordiis et fi que fuerint efcaete predicti vero canonici predictam domum lapideam et alias domus in predicta terra honorifice fuftinebunt Si vero aliquis clamium vel calumpniam in dicta terra voluerit movere falvo cuiuflibet iure caufa inter litigantes mota per rectam legem et affifam terre in curiam noftram finem debitum fortietur hiis teftibus

Confirmatio Alexandri Regis donationis Rogeri de Quinci comitis Wintonie ᵗc˙

81   Alexander Dei gratia Rex Scottorum omnibus probis hominibus totius terre fue falutem Sciant prefentes et futuri nos conceffiffe et hac carta noftra confirmaffe conceffionem et confirmationem illam quam Rogerus de Queinci Comes Wintonie conftabillarius nofter fecit Abbati de Scona et canonicis ibidem Deo fervientibus et fervituris in perpetuum de duabis terris que fuerunt quondam Willelmi de Lyn in burgo de Perth ad conftabulariam Scotie pertinentibus quas terras dictus Willelmus eis con-

tulit per cartam ficut in eadem carta ipfius Willelmi plenius continetur
Et ficut carta alani filij rolandi quondam conftabularij Scotie predicto
Willelmo inde plenius confecta eidem Willelmo faciendi affignatos
plenariam contulit poteftatem   Conceffimus etiam et confirmamus conceffionem et confirmationem illam quam dictus Rogerus de Queinci fecit
dictis Abbati et conventui de Scona de donatione eiufdem Willelmi de
Len quam fecit eifdem Abbati et conventui per cartam fuam fuper quadam terra que fuit de baronia patris ipfius rogeri infra dictum burgum
de Perth que fcilicet terra iacet inter terram que fuit quondam Henrici
baldi et terram que fuit galeatoris Quamquidem terram idem Willelmus
de dicto Rogero de Queincj tenuit per cartam   Tenendas et habendas
eifdem Abbati et conventui de Scona et dicto Rogero de Queinci et
heredibus fuis in perpetuum Ita libere quiete plenarie et honorifice
ficut confirmationes eiufdem Rogeri et carte dicti Willelmi de Len
eifdem canonicis de predictis terris plenius confecte jufte teftantur
confuetudinibus burgorum regni noftri et regio in omnibus iure falvis
Teftibus Waltero Cumin comite de Menteth Johanne de Balliolo David
de Lindefay Juftitiario Laudonie Roberto de Meyners Bernardo de Rippel
Apud Edinburgh xij⁰ die Novembris anno regni domini regis xxxij⁰.

Carta venditionis loci tofti inundati per violentiam fluminis de They.

82 Sciant univerfi prefens fcriptum vifuri vel audituri quod anno ab incarnatione domini Ꟁ⁰ cc⁰ xix⁰ Regni regis Alexandri fecundi v⁰ Johannes
ỳlbaren de Perth vendidit canonicis de Scona locum tofti quem habue-
rant antequam inundatio fluminis per violentiam eum afportaverat in
auftrali parte pontis proximi in oriente verfus flumen de They in capite
fcilicet totius vici habentem in longitudine lxx pedes et in latitudine xx
Et hoc fecit idem Johannes quia non potuit prefatum toftum pre nimia
profunditate aque in priftinum ftatum relevare   Potuit etiam idem

Johannes locum prefatum licite vendere tanquam rem propriam in qua
nullus alius canti habuit vel habere potuit de iure　Et ut hec venditio
rata fit et inconcuffa et in perpetuum duratura Nos eo tempore prepofiti
de Perth fcilicet Symon de Camera et Willelmus filius Joelis et Jacobus
filius huchtredi et ceteri burgenfes de eadem villa fcilicet Henricus filius
Galfridi　Serlo talbator et Willelmus filius ejus Henricus baldus Robertus filius fulconis Willelmus filius huchtredi Ricardus filius Andree
Petrus filius David Clerici Robertus faber Benedictus et Henricus filij
Walteri de Sancto Edmundo Johannes filius David Galfridus Redberd
Alanus et Ofbertus fratres eius Willelmus Loueprud et Serlo filius eius
Robertus de Standford Willelmus Whetberd David yeap huius vendi-
tionis teftes fumus　Et ad majorem huius venditionis corroborationem
figillum noftrum commune huic fcripto appofuimus.

Compofitio de minutis decimis de Benchory et de Kynclatin.

83　Anno gratie millefimo cc° vicefimo quinto die tranflationis fancti Martini in ecclefia de Kergil facta eft hec amicabilis compofitio inter dominum A. abbatem et conventum de Cupro ex una parte et dominum W.
abbatem et conventum de Scona ex altera fcilicet quod abbas et conventus de Scona concefferunt abbati et conventui de Cupro et eorum
capellano de Bendachty pro tempore ibidem miniftranti omnes minutas
decimas et omnes obventiones villanorum et fervientium de Benchori et
de Kynclatin et de Crochin　Salvo jure domini epifcopi fancti Andree
in omnibus et per omnia　Reddendo eis annuatim unam petram cere
in recognitione juris ecclefie fue de Scona die fancti Michaelis predictus
vero capellanus de Bendachty prenominatis villanis et eorum fervientibus omnia ecclefiaftica facramenta miniftrabit　Abbas autem et conventus de Scona immunes erunt a preftatione omnium decimarum tam
de terris nominatis fi eas fibi appropriaverint et propriis fumptibus ex-

coluerint quam de nutrimentis propriorum animalium que in prediᶜtis
locis habuerint   Et Sciendum eſt quod abbas de Cupur et conventus
non poterunt exigere aliquam comunem in paſturis prediᶜtorum locorum
ad canonicos de Scona pertinentium ratione prediᶜtarum decimarum
Conceſſum eſt etiam ex utraque parte quod limites prediᶜtorum locorum
et inſuper de Kynuchtretis et Fotherins uſque ad diem confeᶜtionis inite
obſervanti firmiter obſervarentur inpoſterum   Ad hujus autem compoſi-
tionis Robur in perpetuum appoſuerunt ſigna ſua huic ciragraffo dominus G. epiſcopus Breychnenſis et D. decanus de Anegus qui judices
erant delegati in hac cauſa et domini epiſcopi W. et H. de ſanᶜto Andree et de Dunkeldyn cum ſigillis partium   Hiis teſtibus magiſtro W.
de Edeñ Archidiacono Dunkeldenſi ꟽ. decano de Retref magiſtro
Symone de Lynithcu magiſtro Roberto Raperlu magiſtro Roberto de
Perth Gilberto et Hugone capellanis domini epiſcopi Dunkeldenſis Bernardo capellano de Kergill et multis aliis.

Liƀtas ꝯceſſa Ade filio Odonis ꞇcⁱ

84 Hec conuc̄cio fc̄a eſt inꝑ Wiꞻm Aƀƀem ꞇ conuentū de Scoñ ex vna
pte ꞇ Adā filiū Odonis ex alꞇa pte Qđ Sampſon filiꝰ Gilberti cū ſeᶜta
ſua hāc libertatē hꞇ a prefato Aƀƀe ꞇ conuētu · qđ poſſūt qn̄cunꝗ, voluerīt ire ad pᵉfatū · A · ꞇ remañe cū heredibꝫ ſuis · qᵃmdiu voluerīt · Red-
dēdo pᵉfato aƀƀi ꞇ Conuētui qᵃmdiu cū pᵉfato A · vel cū heredibꝫ ſuis
fuerint prior natu eoꝝ vnā librā pipis   Et vnuſꝗ'ſꝗ, poſꝺ ioꝝ natu · q'cumꝗ,
xx annos attiᵹit vnā librā cymini annuatī ad feſtū ſc̄i ꟽ ichaelis · cū uᵒ
voluerīt ire ꞇ redire ad pᵉfati loci Aƀƀem ꞌ rediēt ſñ diſturbacȭe · pᵉfati ·
A · vel heredū ſuoꝝ   Et qᵒcienſcūꝗ, voluerīt ire ꞇ redire inꝑ eos ibūt . et
rediēt libere ſicut ſcriptū eſt · Saluis ex vtᵃᵣqₑ pte cȭuencȭibꝫ q̄cumꝗ, fc̄e
fuerīt inꝑ eos raᶜõnabiliꝑ · Hiis teſtibꝫ · Dño Thoma de Lundyn · de
ſiſ · Duncano filio Adā · ꟽ alcolmo aƀƀe de kynſpinedin Wiꞻo filio Roᵹi ·
Cemētarⁱ de forfar · Wiꞻo de Holland · Gillemur ꟽ ac egu · ꞇ multis aliis ·

Promiſſio Malcolmi Com̃ de Fif de piſcariis ·

85 Omnibus hanc cartam viſuris vt audit²is · M · Comes de Fif Salͭm · Notum facimᵖ uniꝰſis qđ cum canōici de Scona prodidᵖint noꞇ cartam ⁊ ꝓfirmacōem Dñi Reḡ Alo�negx qᵉs habent ſup qᵉrta pte piscarie ñre de Stan Inche tenenda quousꝗ eccͭiam de Rothgorthiñ optinuerint · sicut in dc̄a carta plenius ꝑtinet² · tunc reddemᵖ eis cartam qᵉm habemᵖ de eis in qᵉ confitentur qđ optenta ꝑc̄da eccᵉ liꝛe qᵉntum in eis est memorata piſcaria · ad nos vꞇ hēdes nr̄os reuertet² . ⁊ hoc ſub pena centū marcarū ꝓmiſimus a noꞇ vꞇ a ſucceſſoribӡ nr̄is fideliꝓ faciendum · In cuiᵖ rei teſtimonium huic ſcripto figillum nr̄m apponi fecimus ·

Carta Henrici Baldi ſuper duabus bothis et ſolario in Perth.

86 Omnibus has literas viſuris vel audituris Henricus baldus auriſaber de Perth ſalutem   Noverit univerſitas veſtra me dediſſe et conceſſiſſe et hac carta mea confirmaſſe Deo et eccleſie Sanᶜte Trinitatis et Sanᶜti ꟿichaelis de Scona et abbati et canonicis ibidem Deo ſervientibus et ſervituris in puram et perpetuam elemoſinam duas bothas meas cum ſolario ſuperpoſito in burgo de Perth in terra illa quam Willelmus pie memorie Rex Scottorum michi dedit pro homagio et ſervitio meo ſcilicet illas duas bothas que ſunt in fronte vici illins qui tendit de eccleſia ſanᶜti Johannis baptiſte verſus Caſtellum de Perth in orientali parte contra domum Andree filij Symonis videlicet illas duas bothas verſus aquilonem   Tenendas et habendas in perpetuum libere quiete plenarie ｅt honorifice Reddendo inde annuatim camere domini Regis Scotorum unam libram piperis ad feſtum Sanᶜti ꟿichaelis pro omni ſervitio et ꟿonachis de Cupro annuatim dimidiam petram cere ad purificationem beate marie nomine elemoſine   Et ut hec donatio mea rata ſit et incon-cuſſa preſentem paginam figillo meo roboravi   Et quia figillum meum

non eft autenticum ad petitionem meam figillum commune burgi de
Perth eft appofitum   Hiis teftibus Waltero de Neuthon et Henrico de
Abirnyt⸱ militibus Galfrido de Perth clerico domini Regis Henrico filio
Galfridi prepofito de Perth Ricardo de Laiceftyr Johanne filio Lene David
Jape Willelmo de Dunde Jacobo filio Jacobi filij hu&redi Willelmo
Sper Ricardo de Lenna et multis aliis.

Carta Orabille Say de donatione fua in territorio de Kyntulach.

87 Omnibus hoc fcriptum vifuris vel audituris   Orabilla foror et heres
domini Hugonis Say uxor quondam Reginaldi de Warennia eternam in
domino falutem   Noverit univerfitas veftra me in bona profperitate mea
et in libera viduitate conftitutam dediffe conceffiffe et hac prefenti carta
mea confirmaffe pro falute animee mee et antecefforum et fuccefforum
meorum Deo et ecclefie San&e Trinitatis et San&i Michaelis de Scon
et abbati et canonicis ibidem Deo fervientibus et in perpetuum fervituris unum toftum et croftum plenarium et integrum in territorio ville
de Kyntulacħ illa fcilicet que de di&o Hugone Say quondam tenuerunt et tres acras terre in prefato territorio de Kyntulacħ unam
fcilicet acram que jacet juxta illam acram quam prius tenuerunt de
prefato Hugone Say fratre meo fcilicet ·ex occidentali parte et alias
duas acras que jacent ex orientali parte vie procedentis de eadem
villa verfus molendinum   Tenend. et habend. fibi et fucceffioribus fuis
in perpetuum de me et heredibus meis in liberam puram et perpetuam elemofinam cum juftis pertinentiis et libertatibus ad eandem
terram fpe&antibus vel de jure fpe&are debentibus et cum communibus
ayfiamentis ejufdem ville adeo libere quiete plenarie et honorifice ficut
aliqua elemofina in toto Regno Scotie liberius quietius et honorificentius
tenetur et poffidetur   Et ut hec mea donatio perpetue firmitatis robur
optineat prefens fcriptum di&is abbati et canonicis figilli mei munimine
tradidi roboratum   Datum apud Scon Anno ɫc⸱ ꟙ° cc° quatragefimo

feptimo Teftibus domino Malifio Comite de Stratherin Roberto de Ber-
celay et aliis multis.

Carta Ricardi de Leyceftria burgenfis de Perth de botha in Perth.

88 Omnibus fancte matris ecclefie filiis prefens fcriptum vifuris vel audituris Ricardus de Leyceftria burgenfis de Perth eternam in domino falutem Noverit univerfitas veftra me pro falute anime mee dediffe et conceffiffe et hac prefenti carta mea confirmaffe Deo et beate Marie et
ecclefie beati Michaelis de Scona et canonicis ibidem Deo fervientibus
et fervituris unam botham in villa de Perth illam fcilicet quam quondam
emi de Kymm de Scona que fcilicet fita eft in angulo contingente mag-
nam viam aquilonarem de Perth et viam que de ea procedit verfus
ecclefiam Sancti Johannis baptifte in occidentali parte Tenendam et
habendam fibi in perpetuum libere et quiete inveniendo inde ad luminare
altaris beate Marie in ecclefia Sancti Johannis de Perth unum Cereum
perpetuum ita convenientem et honorabilem ficut idem Ricardus vel
aliquis burgenfis totius ville de Perth aliquem Cereum ad dictum luminare decentius et honorabilius invenit vel invenire confuevit quod fuper-
fuerit de firma dicte bothe five majus five minus expendatur in lumi-
nari altaris beate Marie in ecclefia de Scona Hiis teftibus Magiftro
Roberto de Layceftir confanguineo meo domino Helia decano et vicario
tunc temporis de Perth Henrico filio Galfridi Michaele filio Serlon
Willelmo de Dunde Johanne filio Lene Johanne Cokyn Alano Redberd
Symone de Kref Radulpho clerico tunc vicecomite de Perth et multis aliis.

Carta Ricardi de Layceftir de terra in Perth.

89 Omnibus hoc fcriptum vifuris vel audituris Ricardus de Layceftir burgenfis de Perth Salutem Sciatis me dediffe conceffiffe et hac carta
mea confirmaffe ecclefie fancte trinitatis et fancti Michaelis de Scona et

canonicis ibidem Deo feruientibus et feruituris in perpetuam elemofinam
Saluo feruicio domini Regis pro falute anime mee terram illam de Perth
fcilicet botham quam emi de Thoma filio Gilberti parui que eft ex occidentali parte terre Rogeri Furbarii in magno vico ex aquilonari parte et
terram aliam in eodem vico que fuit Roberti Gurlewald quam habui de
filio Roberti de Perth illam fcilicet terram quam dedi ad firmam
Symoni Taillur Iftas autem terras michi retineo in vita mea dabo
autem annuatim Deo et prediƈtis canonicis in fefto fanƈte trinitatis fex
denarios Poft mortem autem meam canonici prefatas terras perpetuo
habeant et poffideant Et in hujus donationis teftimonium huic fcripto
figillum meum et figillum comune de Perth apponi feci Terram
etiam illam quam Alanus de Galwaith domino Willelmo de Len et
michi conceffit in villa de Perth prefatis canonicis quietam clamo Hiis
teftibus domino Elia Decano de Perth Rogero de Dunyu clerico Henrico
filio Galfridi Johanne de Bello Johanne filio Lene Ofberto et Alano
Rufebarde Willelmo de Dunde Oichaele filio Serlonis Willelmo Tinc-
tore Johanne Cokyn Roberto de Perth Waltero et Roberto filiis fuis
Thoma filio Gilberti Parui et multis aliis.

Carta Johannis filii Davidis de Perth de una parcata terre.

90 Notum fit omnibus hoc fcriptum vifuris vel audituris quod ego Johannes
filius Dauid de Perth dedi et conceffi et quietam clamavi unam par-
catam terre que eft iuxta terram Baldrici de Cars fcilicet ex occidentali
parte Deo et ecclefie fanƈte trinitatis de Scona et Abbati et canonicis
ibidem Deo feruientibus et feruituris pro una petra cere quam pater
meus et mater mea eidem ecclefie in perpetuam elemofinam ad luminare
prefate ecclefie dederunt Et ut hec donatio mea fit rata et inconcuffa
in perpetuis temporibus feci comune figillum burgi noftri de Perth prefenti fcripto apponi coram hiis teftibus Henrico filio Galfridi avunculo

H

meo Symone de Camera Willelmo filio Yuel Jacobo filio Huchtredi
Willelmo Laueprud Dauid Yape Willelmo filio Serlonis Roberto filio
Fulconis Gilberto de Craig Henrico Baldo Aurifabro Willelmo de Lyn
et multis aliis.

Carta Thome filii Malcolmi de Lunden de ecclefia de Eych in Mar.

91 Univerfis fanѐe matris ecclefie filiis Thomas filius Malcolmi de Lunden
hoftiarius domini Regis falutem   Noverit univerfitas veftra me dediffe
et conceffiffe et hac mea carta confirmaffe Deo et fanѐe Marie et fanѐo
Michaeli et omnibus fanѐis et abbati et conventui de Scona ecclefiam
de Hachtis in Mar cum omnibus ad eam jufte pertinentibus in liberam
puram et perpetuam elemofinam pro falute anime mee et predecefforum
meorum   Quare volo ut prenominati abbas et conventus prefatam
ecclefiam teneant et poffideant de me et heredibus meis ita libere
quiete plenarie et honorifice ficut aliqua domus religionis in toto regno
Scottorum aliquam ecclefiam de aliquo barone liberius quietius plenarius tenet et honorificentius   Hiis teftibus

Permiffio debitorum religiofis de Scona ab Andrea reѐore de Inchethor ·

92 Omibȝ has litѐas uifuris ul audit²is Andr̄ reѐor Ecctie de Inchethor
Eѐnā in dño falt · Nouerit vniũfitas ura ꝏe in bona ꝓfpitate mea cōfti-
tutū ꝑ falute aīe mee ᴛ omīū añceffoꝗ meoꝗ ᴛ fucceffoꝗ remififfe viris
religiofis aƀbi ᴛ ꝑuntui de Scoñ omnia debita in q'bȝ g^ me tēpe deceffus
mei q°cumqᷓ titulo fuerint obligati · Qr̄ uolo ut fi poft deceffum meum
aliꝗd inftrumentū figillo fuo fignatū ul ᴛ nō fignatū dc̄os aƀbm ᴛ cōun-
tum cōtīgēs penes me īueniat² · illᷓ penitꝰ uiribȝ fit uacuū ᴛ de ceᵗo
ñllatenꝰ ualit²ū · In cꝰ rei teftimoniū ᵱfētes litѐas eifᷓ tᷓdidi patētes .
Tefᷓ · G · ctico de liƀacōe · Gē · clico · A · de ftᷓueᵵ ctico · R · de
balgaᵵᵵ ᴛ aliis ·

Carta Galfridi de liberatione clericus de terris in Clacmanan ꞇcⸯ.

93 Omnibus has litteras viſuris vel audituris Galfridus de liberatione
clericus domini regis ſalutem in domino   Noverit univerſitas veſtra me
dediſſe conceſſiſſe et hac carta mea confirmaſſe Deo et ſacriſtane de
Scona terras quas dominus Alexander Rex Scotie illuſtris michi in villis
de Clacmanan et de Dunkelden et de Scona et de Invernys donavit et
unam petram cere quam idem dominus rex michi dedit percipiendam
in burgo ſuo de Abirden de domo que fuit Roberti de Lunden in puram
et perpetuam elemoſinam ad ſuſtentationem duorum cereorum in perpetuum ad miſſam San␣te Marie in eccleſia de Scona pro ſalute anime
ejuſdem Regis Alexandri   In cujus rei teſtimonium preſens ſcriptum
ſigilli mei munimine roboravi   Valete in domino

Carta Willielmi Blundi de tofto in Scon ·

94 Omnibus xp̄i fidelib3 hoc ſcriptum viſuris vel audituris · Wꝍs Blundus
eꞇnam in dño Sa̅m · Noꝰit vniꝰſitas v̄ra de conſenſu Reginaldi heredis
mei ꞇ alioꝗ liberoꝗ meoꝗ diuine pietatis intuitu ꞇ ꝑ ſalute a̅ie mee ꞇ
añceſſoꝗ meoꝗ me dediſſe conceſſiſſe ꞇ hac carta mea confirmaſſe deo ꞇ
ecclie ſc̄e trinitatis de Scoñ · ꞇ Canōicis deo Ibidem in ꝑpetuū ꝰuientib3
ꞇ ꝰuituris in puram ꞇ ꝑpetuam elemoſinā vnū toftum in villa de Scoñ
q̄d eſt ꝓpinquius tofto Dauid de haya ex ꝑte aquilonali · Quod quidem
toftum illuſtris̄ dñs meus Alex̄ · Rex Scoꞇ · michi ꞇ heredib3 meis dedit ·
Tenendum ꞇ habend̄ de me ꞇ heredib3 meis adeo libere quiete · plene · ꞇ
honorifice ſic̄ carta dñi Regis michi inde confe␣ta plenius teſtatur ·
Quam quidem cartam dño Aꝧbi ꞇ Conuentui de Scoñ in ꝓſencia ven̄-
abilis p̄ris Galfr̄ Dunkeld̄ Ep̄i liberaui · In cuiꝰ rei teſtimoniū huic ſcripto
vna cū ſigillo eiuſdem Ep̄i ſigillū meū Appoſui · Teſꞇ · Dño Roꝧ Theſaur̄ ·

Dunkeld . CQagro Joħ de Evirlaẏ · petro de kergiħ · Reginaldꝗ filio meo · hugone Capellano · Simōe cłico 't aliis ·

Quieta clamatio Johannis clerici terre per Willielmum de Len date.

95 Omnibus Chrifti fidelibus hoc fcriptum vifuris vel audituris Johannes clericus filius CQathei Lorimarij de Perth falutem   Noverit univerfitas veftra quod cum mota effet controverfia in curia burgenfium de Perth inter me ex una parte et venerabilem virum dominum Robertum abbatem et conventum de Schona ex altera fuper quadam terra quam Willelmus bone memorie Rex Scotie Hugoni Lorimari et heredibus fuis pro fervitio fuo contulit et quam terram Willelmus de Len burgenfis de Perth per pecuniam fuam comparavit et abbati et conventui de Scona pro anima fua in perpetuum dedit controveɍfia in hnnc modum conquievit videlicet quod ego Johannes recognofcendo jus abbatis et conventus de Scona totam predictam terram et totum jus meum quod in dicta terra habui vel me habuiffe credidi Scilicet abbati et conventui pro me et heredibus meis per rectas divifas fuas fecundum quod in carta domini Willelmi Regis Scotie et domini Regis Alexandri et filij fui confirmationem plenius continetur quietam clamavi   Iftam vero quietam clamationem et juris recognitionem feci ego apud Pert in predicta terra coram burgenfibus ejufdem ville anno gratie ꝯ.°cc.°xl. quinto menfe Maij   Juramento corporaliter preftito pro me et heredibus meis ut dictum eft pro ifta quieta clamatione et juris recognitione fideliter obfervando   Et fi contingat quod ego vel aliquis heredum meorum contra predictam quietam clamationem temere contempto juramento venire temptaverit dictos abbatem et conventum Super predicta terra trahendo ad placita five in foro civili five ecclefiaftico in nulla curia in pofterum exaudietur ut ifta autem quieta clamatio rata et inconcuffa permaneat huic fcripto quia figillum notum non habeo

ad petitionem meam appofita funt hec figilla Scilicet figillum commune burgenfium de Perth et figillum domini Elie decani de Perth et
iftorum militum fcilicet domini Willelmi de Munthfichet vicecomitis
de Perth domini Walteri de Rothven domini Willelmi de Blar et
domini Willelmi Olifarth Hiis teftibus Johanne Cokyn prepofito de
Perth Michaele filio Serlonis Johanne de Bello Joanne filio Lene
Henrico de Birie Henrico de Bedeforth Willelmo de Gragin Thoma
Thirithec Laurencio filio Wyth judice de Perth Nicholao de Scarthe-
burg Michale de Scona Ricardo filio Maud et multis aliis.

Quieta clamatio cujufdam terre pro liberis Johannis Furbur.

96 Omnibus Chrifti fidelibus has literas vifuris vel audituris Matilda quondam uxor Johannis Furbur et omnes fratres et parentes tam dicti Johannis
quam mulieres et tota comuna de Perth Salutem in domino Noueritis
nos de comuni confilio parentum et amicorum noftrorum burgenfium et
totius comune de Perth quietum clamaffe pro liberis Johannis Furbur
de Perth abbati et canonicis de Scona totum jus quod ipfi liberi hahner-
unt vel habere potuerunt in terra unda et incendio vaftata quam fcilicet Johannes Furbur pater predictorum liberorum emerat de Gilberto
filio Vdard de Forfar et uxore fua Chriftina pro tribus marcis argenti
quas predicti abbas et canonici nobis ad opus predictorum liberorum
dederunt que terra videlicet adjudicata fuit ipfis canonicis in plena Curia
ob defectum folutionis unius marce quam ipfi canonici annuatim de
predicta terra perceperunt Et retro fuit per annos plures et licet
terram illam eifdem adjudicatam de jure comuni poffidere potuiffent
tamen ut eam pleno jure et pacifico in perpetuum prefediffent fupra
memoratam pecuniam liberis fupradictis ex habundanti dederunt Hec
eft igitur illa terra que jacet inter terram Amabille et terram arnaldi
niterius quoniam frons ejufdem terre ex longa poffeffione ipforum fuit

canonicorum Reddendo inde annuatim domino Regi duodecim denarios
et Alberto de Dunde quatuor folidos   In hujus igitur rei teftimonium
ad inftantiam noftram et amicorum noftrorum appofitum eft figillum
noftrum comune de Perth   Hiis teftibus domino Galfrido de liberatione magiftro Willelmo de Perth domino Willelmo de Nydyn clerico
domini regis magiftro Johanne de Ewerlay Mauricio clerico de Glenylif
magiftro Duncano clerico domini epifcopi fancti Andree dompno Drewe
capellano domino T de liberatione et multis aliis.   '

Quieta clamatio Willielmi filii Ketell tofti cujufdam in feudo tenti.

97 Sciant univerfi prefens fcriptum vifuris vel audituris quod Willelmus
filius Ketell de Perth et uxor fua Eda et filia fua Wymarc unico affenfu
poft multas querelas in capitulo fancti Andree deductas coacti per
chriftianitatem fuam quietam clamaverunt in perpetuum pro fe et tota
eorum fucceffione abbati et canonicis de Scona toftum illum in via
auftrali de Perth qui quondam fuit alani de ponte quem predictus Willelmus de prefatis abbate et canonicis in feodo tenuerat Set firmam
multo tempore detinuerat et quia filius prefati Willelmi et Ede uxoris
fue Robertus nomine abfens fuit et extra regnum invenerunt pro eo
predictis abbati et canonicis hos plegios fcilicet Symonem de Camera
Willelmum filium Johel Jacobum filium Ketell quod ipfe nunquam jus
aliquod in prefata terra clamaret   Et hii funt teftes coram quibus prefatus Willelmus et uxor fua Eda et filia eorum Wymarc iftam quietam
clamationem manibus fuis affidaverunt Dyonifius decanus de Forfar
magifter Johannes de Perth Henricus filius Galfridi Symon de Camera
Willelmus filius Johel Jacobus filius varedi Jacobus filius Ketel Henricus baldus aurifaber Willelmus de Len Willelmus filius Serl Ricardus
filius Andree Johannes filius David Ricardus nepos magiftri Johannis
Et ad majorem hujus teftimonii certitudinem appenderunt huic fcripto

prefatus Dyonifius decanus et magifter Johannes figilla fua Et predictus Henricus filius Galfridi aldermannus de Perth per confenfum aliorum burgenfium ad petitionem prenominati Willelmi filii Ketill figillum
comune de Perth appofuit.

Carta Walteri Cumyn fuper una petra cere.

98 Univerfis fan&e matris ecclefie filiis has litteras vifuris vel audituris
Walterus Cumyn filius Willelmi Cumyn falutem in domino Noverit
univerfitas veftra me dediffe et conceffiffe et hac prefenti carta mea
confirmaffe Deo et ecclefie San&e Trinitatis de Scona pro anima mea et
animabus antecefforum meorum in puram et perpetuam elemofinam
unam petram cere vel quatuor folidos de me et heredibus meis ad
feftum San&i ((Q))ichaelis annuatim percipiend. de Camera mea Hiis teftibus Roberto capellano domini Regis Henrico de Kynros patricio baru.

Carta Gilberti epifcopi Dunkeldenfis de ecclefia de Logy Mahed.

99 Gilbertus Dei gratia epifcopus Dunkeldenfis omnibus fan&e matris
ecclefie filiis et fidelibus litteras iftas vifuris vel audituris eternam in
domino falutem Noverit univerfitas veftra nos divine caritatis intuitu
et de communi affenfu et confenfu capituli noftri conceffiffe et hac
carta noftra confirmaffe ecclefie fan&e trinitatis de Scona et abbati et
canonicis ibidem Deo fervientibus et fervituris in perpetuum ecclefiam de
Logy Mahed in Athollia in proprios ufus fnos totaliter convertendam
cum omnibus capellis fuis et cum plenariis decimis beneficiis et re&itu-
dinibus obventionibus oblationibus et omnibus aliis ad eandem ecclefiam jufte pertinentibus et unum toftum in prefato Logyn cum communi paftura ficut in carta comitis Henrici deinde fa&a continetur
Tenendam fibi in perpetuum ita libere et quiete plenarie et honori-

fice ficut aliqua abbachia in regno Scotie aliquam ecclefiam liberius
quietius et honorificentius tenet vel poffidet   Salvis epifcopalibus
Teftibus capitulo Dunkeldenfi et multis aliis.

Carta Galfridi epifcopi Dunkeldenfis fuper Logy Mehed et Rothgartanan.

100 Univerfis fanɛe matris ecclefie filiis prefens fcriptum vifuris vel audituris Galfridus permiffione divina Dunkeldenfis epifcopus eternam in
domino falutem   Noverit univerfitas veftra nos ad plenum infpexiffe
plurimorum epifcoporum Dunkeldenfium predecefforum noftrorum con-
cefliones et confirmationes monafterio de Scona et canonicis ibidem
Deo fervientibus et fervituris in perpetuum faɛas fuper ecclefiis de
Logy Mehed in Athollia et de Rothgortanan in Starmun cum capellis
decimis terris poffeffionibus reɛitudinibus obventionibus oblationibus
et omnibus aliis ad eafdem ecclefias jufte pertinentibus in ufus fuos
proprios libere convertendis et infuper donationem Henrici comitis de
Athollia faɛam fuper uno tofto in eadem Logyn cum communi
paftura et cum de jure non poffemus nec vellemus eorum faɛo honefto
injufte contraire nec pias eorum collationes et confirmationes prediɛo
monafterio faɛas iufirmare   Nos eodem fpiritu pietatis duɛi quo et
illi de confenfu et affenfu capituli ecclefie Dunkeldenfis collationes et
conceffiones confirmationes prediɛo monafterio a prenominatis faɛas
ratas et gratas habentes concedimus et in perpetuum confirmamus
concedimus etiam abbati et canonicis prefati monafterij et eorum fuccefforibus in perpetuum ut prediɛas ecclefias fcilicet de Logy Mehed
et de Rogortenen totaliter in ufus fuos proprios convertant et ita libere
et quiete plenarie et honorifice teneant et poffideant ficut aliqua Ab-
hachia in regno Scotie aliquas ecclefias in proprios ufus converfas
liberius quietius, et honorificentius tenet et poffidet   Ita tamen quod
idem canonici ecclefiis.prediɛis per ydoneos capellanos vel fi maluerint

per proprios canonicos faciant deferviri Salvis epifcopalibus Preterea confirmamus eifdem terram illam in villa de Dunkelden. quam eis contulimus nobis a domino Alexandro rege collatam antequam effemus de gremio ecclefie Dunkeldenfis et antequam dictam villam Epifcopatui idem rex contuliffet Reddendo inde annuatim ecclefie Dunkeldenfi ad feftum affumptionis beate Marie virginis unam libram incenfi ad incenfandum corpus Chrifti in elevatione Teftibus

Bulla Honorii Pape de eximendo Abbate a Commiffionibus.

101 Honorius epifcopus fervus fervorum dei dilecto filio Abbati de Scona falutem et apoftolicam benedictionem A nobis humiliter poftulafti ut cum non habeas iurifperitiam et propter iudiciorum ftrepitum contingat fancte contemplationis in te otium impediri eximere te a commiffionum noftrarum follicitudine dignaremur Nos igitur tuis fupplicationibus annuentes devotioni tue auctoritate prefentium indulgemus ne per commiffiones noftras quas de cetero ad te contigerit impetrari non nifi de indulgentia hujufmodi mentionem fecerint procedere tenearis Nulli ergo omnino hominum liceat hanc paginam noftre conceffionis infringere vel ei aufu temerario contraire Si quis autem hoc attemptare prefumpferit indignationem omnipotentis dei et beatorum petri et pauli apoftolorum ejus fe noverit incurfurum Dat Reat xv kt Augufti Pontificatus noftrj anno nono.

Bulla Honorii Pape inhibitionis et confirmationis Ecclefie de Cherintun.

102 Honorius Epifcopus fervus fervorum Dei dilectis filiis abbati et conventui de Scona ordinis Sancti Auguftini falutem et apoftolicam benedictionem Cum a nobis petitur quod juftum eft et honeftum tam vigor equitatis quam ordo exigit rationis ut id per folicitudinem officij noftri

ad debitum perducatur effectum   Cum itaque ficut ex veftra infinuatione
didicimus bone memorie J. tt Sancti Stephani in Celio monte prefbiter
Cardinalis dum in partibus illis legationis officio fungeretur ecclefiam de
Cherintun quam habetis in propriis ufibus reparationi ecclefie veftre ac
edificiorum veftrorum vobis volentibus et petentibus deputavit nos veftris
precibus inclinati quod ab eodem legato prouide et canonice factum eft
auctoritate apoftolica confirmamus et prefentis fcripti patrocinio communimus   Diftrictius inhibentes ne quis a nobis de ortis virgultis et animalium nutrimentis decimas audeat extorquere . Nulli ergo omnino
hominum liceat hanc paginam noftre confirmationis et inhibitionis infringere vel ei aufu temerario contraire fi quis autem hoc attemptare
prefumpferit indignationem omnipotentis Dei et beatorum Petri et Pauli
apoftolorum ejus fe noverit incurfurum   Datum Reate quarto kł Januarij
Pontificatus noftri Anno decimo.

Bulla confirmationis Honorii Pape Tertij

103   Honorius epifcopus fervus fervorum Dei dilectis filiis abbati monafterij
fancte trinitatis de Scona ejufque fratribus tam prefentibus quam futuris
regularem vitam profeffis in perpetuum   Quotiens a nobis petitur quod
religioni et honeftati convenire dinofcitur animo nos decet libenti concedere ac petentium defideriis congruum fuffragium impertiri   Ea
propter dilecti in domino filii veftris juftis poftulationibus clementer
annuimus et prefatum monafterium fancte trinitatis de Scona in quo
divino eftis obfequio mancipati fub beati Petri et noftra protectione
fufcipimus et prefentis fcripti privilegio communimus   In primis
fiquidem ftatuentes ut ordo canonicus qui fecundum Deum et beati
Auguftini regulam in eodem loco inftitutus effe dinofcitur perpetuis
ibidem temporibus inviolabiliter obfervetur   Preterea quafcumque poffeffiones quecunque bona idem monafterium inprefentiarum jufte ac

canonice poffidet aut in futurum conceffione pontificum largitione regum vel principum oblatione fidelium feu aliis juftis modis preftante
domino poterit adipifci firma vobis veftrifque fuccefforibus et illibata
permaneant   In quibus hec propriis duximus exprimenda vocabulis
locum ipfum in quo prefatum monafterium fitum eft. cum omnibus
pertinentiis fuis ecclefiam de Cambufmichel cum pertinentiis fuis ecclefiam de Inuergouerin cum pertinentiis fuis ecclefiam de Lyf cum
pertinentiis fuis ecclefiam de Logy Dunde cum pertinentiis fuis ecclefiam de Lochoruer cum pertinentiis fuis ecclefiam de Kerinthon
cum pertinentiis fuis ecclefiam de Logy Mached cum capellis fuis
ecclefiam de Heyth cum pertinentiis fuis ecclefiam de Evein cum
capellis fuis ecclefiam de Kyldonach cum capellis et terris fuis de
Scona de Crag de Kynfauns et de Rath capellas cum pertinentiis fuis
Ex dono clare memorie Alexandri Regis Scotie villam Inverbos cum
fex carucatis terre villam de Benchorin cum tribus carucatis terre
Fotheros Kynthred Fyngafk Dufrothin Lyf Grudyn et Inuergowrin cum
terris et poffeffionibus fuis in Ednefburch in Strivelyn in Inuerkethyn in
Perth in Aberdon in Lynlifcu tofta cum pertinentiis fuis   Redditus duorum recium in aqua de They redditus unius retis in Forth apud Strivelyn
infulam de Lochtey cum pertinentiis fuis canum et confuetudines unius
navis in burgo de Perth curiam in Scona cum pertinentiis fuis   Ex
dono clare memorie David Regis Scottorum redditus triginta folidorum
in villa de Perth villam de Cambufmichell cum pertinentiis fuis de
Scona de Cupre de Foregrunde et de Strathardell redditus   Redditus molendinorum fuper Amun redditus de Forgrund ac alias poffeffiones cum pratis vineis terris nemoribus ufuagiis et pafcuis in bofco et
plano in aquis et molendinis in viis et femitis et omnibus aliis libertatibus et immunitatibus fuis   Sane novalium veftrorum que propriis
manibus aut fumptibus colitis vel de nutrimentis animalium veftrorum
nullus a vobis decimas exigere vel extorquere prefumat   Liceat quoque

vobis clericos vel laicos liberos et abfolutos e feculo fugientes ad con-
verfionem recipere ac eos abfque contradictione aliqua retinere Prohibemus infuper ut nulli fratrum veftrorum poft factam in monafterio
veftro profeffionem fas fit fine abbatis fui licencia de eodem loco nifi
arcioris religionis obtentu difcedere Difcedentem vero abfque communi
litterarum veftrarum cautione nullus audeat retinere Prohibemus
infuper ut infra fines parochie veftre nullus fine affenfu dyocefani epifcopi et veftro capellam feu oratorium conftituere audeat Salvis privilegiis pontificum Romanorum Sepulturam quoque ipfius loci liberam
effe decernimus ut eorum devotioni et extreme voluntati qui fe illic
fepeliri deliberaverint nifi forte excommunicati vel interdicti fint
nullus obfiftat Salva tamen jufticia illarum ecclefiarum a quibus mortuorum corpora affumuntur Decimas preterea et poffeffiones ad jus
ecclefiarum veftrarum fpectantes que a laicis detinentur redimendi
et legittime liberandi de manibus eorum et ad ecclefias ad quas pertinent revocandi libera fit vobis de noftra auctoritate facultas Obeunte
vero te nunc ejufdem loci abbate vel tuorum quolibet fuccefforum
nullus ibi qualibet furreptionis aftucia feu violentia preponatur nifi
quem fratres communi confenfu vel fratrum pars majoris et fanioris
confilij fecundum deum et beati Auguftini regulam providerint eligendum Paci quoque et tranquillitati veftre paterna in pofterum
follicitudine providere volentes auctoritate apoftolica prohibemus ut
infra claufuras locorum feu grangiarum veftrarum nullus rapinam feu
furtum facere ignem apponere fanguinem fundere hominem temere
capere vel interficere feu violentiam audeat exercere Preterea omnes
libertates et immunitates a predeceffioribus noftris Romanis pontificibus
ecclefie veftre conceffas necnon libertates et exemptiones fecularium
exactionum a Regibus et principibus vel aliis fidelibus rationabiliter vobis
indultas auctoritate apoftolica confirmamus et prefentis fcripti privilegio
communimus Decernimus ergo ut nulli omnino hominum liceat prefatum

monafterium temere perturbare aut eius poffeffiones auferre vel ablatas retinere minuere feu quibuflibet vexationibus fatigare fet omnia integra conferventur eorum pro quorum gubernatione ac fuftentatione concefla funt ufibus omnimodis profutura   Salva fedis apoftolice auctoritate et dyocefani epifcopi canonica juftitia Si qua igitur in futurum ecclefiaftica fecularifue perfona hanc noftre conftitutionis paginam fciens contra eam temere venire˙ temptaverit fecundo tertioue comonita nifi reatum fuum congrua fatiffactione correxerit poteftatis honorifque fui careat dignitate reamque fe divino judicio exiftere de perpetrata iniquitate cognofcat et a facratiffimo corpore ac fanguine dei et domini redemptoris noftri Jehefu Chrifti aliena fiat atque in extremo examine diftricte fubjaciat ultioni Cunctis autem eidem loco fua jura fervantibus fit pax domini noftri Jehefu Chrifti quatinus et hic fructum bone actionis percipiant et apud diftrictum Judicem premia eterne pacis inveniant   Amen Amen Amen

Ego Honorius catholice ecclefie Epifcopus.

Ego Guala Sancti Martini prefbiter Cardinalis Titulo equirij.

Ego Stephanus bafilice duodecim apoftolorum prefbiter cardinalis.

Ego Thomas Titulo Sancte Sabine prefbiter cardinalis.

Ego Hugo hoftienfis et velletrenfis Epifcopus.

Ego Conradus portuenfis et Sancte Ruffine Epifcopus.

Ego Guydo preneftienfis Epifcopus.

Ego Oct Sanctorum Sergij et Bacchi Diaconus cardinalis.

Ego Raynerius Sancte Marie in Cofmidin Diaconus cardinalis.

Ego Stephanus Sancti Adriani Diaconus cardinalis.

Datum Lateran. per manum magiftri Simbaldy auditoris litterarum contradictarum domini pape xvi° kl. Januarij indictione xv⁗ Incarnationis dominice Anno ℳ°   cc°   vicefimo fexto   Pontificatus vero domini Honorij pape tercij Anno undecimo.

Carta Gregorii Pape noni de protectione.

104 Gregorius Epifcopus fervus fervorum dei dilectis filiis fuis abbati et
conventui de Scona ordinis Sancti Auguftini Sancti Andree dyocefis
falutem et apoftolicam benedictionem Sacrofancta Romana ecclefia
devotos et humiles filios ex affuete pietatis officio propenfius diligere
confuevit et ne pravorum hominum moleftiis agitentur eos tanquam pia
mater fue protectionis munimine confovere   Ea propter dilecti in domino filij veftris inftis poftulationibus grato concurrentes affenfu perfonas veftras et locum in quo divino eftis obfequio mancipati cum omnibus bonis que inprefentiarum rationabiliter poffidet aut in futurum juftis
modis preftante divino domino poterit adipifci fub beati petri ac noftra
protectione fufcipimus fpecialiter autem de magna blara et parva blara
villas cum pertinentiis earundem poffeffiones ac alia bona veftra ficut ea
omnia jufte ac pacifice poffidetis vobis et per vos monafterio veftro
auctoritate apoftolica confirmamus et prefentis fcripti patrocinio communimus   Nulli ergo omnino hominum liceat hanc paginam noftre
protectionis et confirmationis infringere vel ei aufu temerario contraire
Si quis autem hoc attemptare prefumpferit indignationem omnipotentis
dei et beatorum petri et pauli apoftolorum ejus fe noverit incurfurum
Datum Viterbij vᵒ Idus Januarij pontificatus noftri anno nono.

Carta Innocentii Pape quarti · ne in curia feculari refpondeant ·

105 Innocentius eps̄ feruus feruoꝝ dei · Dilectis filiis · Abbati et ··priori de
Infula miffaꝝ dumblaneñ diōc · Salt et aplicam beñ · Deuotionis dilectoꝝ
filioꝝ · Abbis ⁊ conuentus de Scona ordinis fancti Auguftini fancti
Andree diōc · precibus benignum impertientes affenfum · eis auctoritate
littꝰaꝝ noftraꝝ duximus · indulgendum · ut fuper terris ⁊ aliis bonis

ecctie ipõɋ que ad forum eccłiaſticum pertinere noſcuntur · ad reſponden-
dum uel litigandum in curia ſeculari contra fori cłicalis priuilegiũm
Aliquaten� cõpelli nõ poſſint · Quocirca diſcretioni uře p apłica ſcripta
mandam� quatenus nõ permittatis diᵭos Abbatem ꝉ conuentum contra
conceſſionis nře tenorem ſuper hiis ab aliquibȝ indebite moleſtari · mol-
eſtatores hui�969modi per cenſuram eccłiaſticam appłłone poſtpoſita compeſcendo · Non obſtante ſi aliquibȝ a ſede apłica ſit indultum · qᵭ excommunicari ſuſpendi ˙uel iɴterdici non poſſint per litꝶas aplicas non
facientes plenam ꝉ expreſſam ac de uerbo ad uerbum de indulto hui�-
modi mentionem · Daꞇ Laterañ iij Noñ · Nouembꝶ Pontificatus nři Anno
vndecimo.

Carta Malcolmi pincerne Regis de duabus perticatis terre.

106 Uniuerſis ſanᵭe matris ecclefie filiis Ꝏalcolmus pincerna domini regis
ſalutem   Sciatis me dediſſe et conceſſiſſe et hac mea carta confirmaſſe
Deo et ecclefie Sanᵭi Ꝏichaelis de Scona et abbati et conventui ibidem
Deo ſervientibus et ſervituris duas perticatas terre mee quas habeo in
Perth in occidentali parte caſtelli ſcilicet illas perticatas que proximē ſunt
terre Willelmi Vnẏot Tenend. ſibi de me et heredibus meis in liberam
puram elemoſinam   Hiis teſtibus Willelmo perſona de L̈undyn Duncano
filio meo Eweno fratre Thome de Lundy · Waltero hoſtiario Petro
homine de Perth Thoma filio Nãꝶ Clemente dapifero et multis aliis.

Carta Alexandri Regis de piſcaria unius rotis ſuper aquam de Tay.

107 Alexander Dei gratia Rex Scottorum omnibus probis hominibus totius
terre ſue ſalutem　Sciatis nos ad honorem Dei et beate virginis matris
eius Beati Michaelis et omnium ſanctorum et pro ſalute anime mee Mer-
garete cohortis mee predilecto liberorum predeceſſorum et ſucceſſorum
meorum dediſſe conceſſiſſe et hac preſenti carta mea confirmaſſe in puram
et perpetuam elemoſinam religioſis viris abbati et conventui de Scona
Deo ſervientibus et ſervituris in perpetuum piſcariam unius retis in
piſcaria que vocatur gerny ſuper aquam de Tay que rete regis antea
vocabatur cum tali itinere ad eandem piſcariam et reditu ab eadem
quale rationabiliter ante habere conſueverunt　Tenend. et habend. dictis
abbati et conventui in perpetuum adeo libere quiete et honorifice ſicut
alie elemoſine mee de me libere et quiete iuſte tenentur et poſſidentur
Teſtibus

Confirmacio Alexandri Regis donacionis quam Rogerus de Quency Com.
Wynton fecit Johanni Sparetunt.

108 Alex̃ Dei gr̃a Rex Scott̃ · Omnib3 probis hominib3 tocius t̃re ſue
Salt̃m · Sciatis nos conceſſiſſe · t h͛c p͂ſenti carta nr̃a confirmaſſe dona-
c̃onem illam qᵉm Rog̃us de Q͛ncy Com̃ Wyntoñ conſtat̃ Scot̃ fecit Johi
Sparetunt burgenſi nr̃o de Pth̃ pro homagio t ſ͛vicio ſuo · de viginti t
quatuor ſolidis · · · · · · · · · · · · · in villa de Perth · videlic3 in capitali
meſſuagio in · · · · · · · · · Perth de decem ſolid̃ t · · · · · · · · · · · · · · ·
t conuentᵍ de Scoñ tenent · · · · · · · · · · · · · · · · · foro v̂ſus orientem
int̃ eccłiã · · · · · · · · · · · · · go tenet p cartam · · · · · · · · · · · · · octo
denar̃ · t in t̃ra que jacet coram capitali meſſuagio · · · · · · bular̃ v̂ſus
auſtr̃ qᵉm Witłs de Lenn dedit in maritagiũ cũ claricia filia ſua · de ſex

folid̃ 't o&o denař · Tenend̃ 't Habend̃ dc̃o Joh̃i Sparetunt 't h̃edib3 fuis de þdc̃o Rog̃o 't h̃edib3 fuis . ita libe · quiete · plenař · 't honorifice · ficut carta dc̃i Rog̃i þdc̃o Joh̃i exinde confe&a pleni9 jufte teftatur · Salvo 9vicio nr̃o · Teft . Walf̃o Cumyn Com̃ de Meneth · W · Com̃ de Marř · 't Hug̃ de Berkeleÿ Juft Laodoñ · ap̃d Perth · xvi° die O&obr · Anni Regni nr̃i decimo .

Carta Ricardi Epifcopi Dunkeldenfis de Logymahed.

109 Ricardus dei gracia ecclefie Dunkeldenfis Epifcopus Univerfis San&e Matris ecclefie filiis Salutem · Sciat univerfitas veftra nos conceffiffe et prefenti carta confirmaffe abbati de Scona et canonicis ibidem Deo fervientibus et fervituris in liberam puram et perpetuam elemofinam ecclefiam de Logy mehed in Athollia cum plenariis decimis et beneficiis et Re&itudinibus ad eandem ecclefiam jufte pertinentibus videlicet de Rath que eft capud comitatus et de toto thaynagio de Dulmouych · Et de toto thaynagio de ffandiuieuith et cum capellis iftis · kilkeuy · Dulfolunty · kelcaffy·kylmichel de Tulichmat et omnibus ad eafdem capellas pertinentibus et toftum unum in prefata Logy cum communi paftura ficut in carta comitis henrici deinde fa&a continetur prefatam infuper ecclefiam cum omnibus Re&itudinibus et pertinenciis fuis et capellis prenominatis et earum pertinenciis prefato abbati et canonicis in proprios ufus fnos concedimus et confirmamus Salvis per omnia Epifcopalibus noftris · Teftibus

Carta confirmationis Ricardi Epifcopi Dunkeldenfis

110 Univerfis fan&e matris Ecclefie filiis prefens fcriptum vifuris vel audituris · Ricardus permiffione divina Dunkeldenfis Epifcopus eternam in domino falutem · Noverit univerfitas veftra nos ad plenum infpexiffe

K

plurimorum Epifcoporum Dunkeldenfium predecefforum noftrorum Ricardi videlicet Johannis · Gilberti · Galfridi conceffiones et confirmationes
monafterio de Scona et canonicis ibidem deo fervientibus et fervituris in
perpetuum fa&as fuper ecclefiis de Logy mehed in Athollia et de Rogor-
teuen in Starmund cum capellis · decimis · terris · poffeffionibus Re&itu-
dinibus obventionibus · oblationibus et [&ᶜ· *ut fupra* N. 100,] in villa de
Dunkeld quam eis contulit bone memorie Galfridus Epifcopus predeceffor
nofter fibi a domino Alexandro Rege collatam antequam effet de gremio ecclefie Dunkeldenfis et antequam di&am villam Epifcopatui idem Rex contuliffet Reddendo inde annuatim ecclefie Dunkeldenfi ad feftum Affumptionis beate Marie virginis unam libram incenfi ad incenfandum corpus
Chrifti in elevatione · In cuiᵖ Rei teftiõm p̃fenti fcripto figillum nr̃m
una cū figillo capituli Dunkeldenfis fecimus apponi Daꝉ apud Infulam
Sc̃e colūbe in cᵉˢftino ciꬬum Anno gratie Ꞷᵒ · cc · fexagefimo tertio Tefte
capitulo ·

Carta Rogeri de Derby de annuo redditu

111 Omnibus fan&e matris ecclefie filiis ad quos prefens fcriptum per-
venerit · Rogerus de Derby canonicus ecclefie Dunkeldenfis falutem
eternam in domino · Noverit univerfitas veftra me in bona profperitate
mea conftitutum pro falute anime mee dediffe conceffiffe abbati et conventui de Scona totum illum annuum Redditum quem recipere con-
fuevi pro quodam tofto in villa de Dunkeldyn quod habui de dono dictorum abbatis et conventus / ac eofdem a&ornatus meos ad illum Redditum annuatim percipiendum ab affignatis meis di&um toftum tenentibus
in perpetuum conftituiffe ita fcilicet quod di&i abbas et conventus in
vita mea nullum fibi ius in di&o tofto vendicent nifi duos folidos annuos
et hofpitium in quo cum ibidem venerint valeant hofpitari fecundum
quod plenius continetur in Carta di&orum abbatis et conventus quam

de ipfis fuper hoc habeo · In cujus Rei teftimonium prefenti fcripto figillum meum appofui · Actum apud Sconam die Jovis proxima poft feftum beati barnabe apoftoli · Anno domini ꟼ° · cc° · l° · fecundo

Bulla Innocentii Pape de fori clericalis privilegio.

112 Innocentius Epifcopus fervus fervorum dei · dilectis filiis Abbati et priori de Infula miffarum Dumblanenfis dyocefis Salutem et apoftolicam benedictionem · dilectorum filiorum Abbatis et conventus de Scona ordinis Sancti Auguftini Sancti Andree dyocefis precibus benignum impertientes affenfum eis auctoritate literarum noftrarum duximus indulgendum ut fuper terris et aliis bonis ecclefie ipforum que ad forum ecclefiafticum pertinere nofcuntur ad refpondendum vel litigandum in curia feculari contra fori clericalis privilegium aliquatenus compelli non poffint Quocirca difcretioni veftre per apoftolica fcripta mandamus quatinus non permittatis dictos abbatem et conventum contra conceffionis noftre tenorem fuper hiis ab aliquibus indebite moleftari Moleftatores hujufmodi per cenfuram ecclefiafticam appellatione poftpofita compefcendo Non obftante fi aliquibus a fede apoftolica fit indultum quod excommunicari fufpendi vel interdici non poffint per litteras apoftolicas non facientes plenam et expreffam de verbo ad verbum de indulto hujufmodi mentionem Datum Lateran. iij Non. Novembris pontificatus noftri Anno undecimo.

Bulla Innocentii Pape.

113 Innocentius Epifcopus fervus fervorum dei dilectis filiis Abbati ecclefie Sancti Michaelis de Scona ejufque fratribus tam prefentibus quam futuris regularem vitam profeffis Inperpetuum. Religiofam vitam eligentibus apoftolicum convenit adeffe prefidium ne forte cuilibet temeri-

tatis incurfus aut eos a propofito revocet aut Robur quod .abfit facre
religionis infringat Ea propter dileɑi in domino filii veftris juftis
poftulationibus clementer annuimus et ecclefiam Sanɑi Michaelis de
Scona Sanɑi Andree dyocefis in quo divino mancipati eftis obfequio
fub beati Petri et noftra proteɑione fufcipimus et prefentis fcripti
privilegio communimus In primis fiquidem ftatuentes ut ordo canonicus qui fecundum deum et beati auguftini regulam in eadem ecclefia
inftitutus effe dinofcitur perpetuis ibidem temporibus inviolabiliter oh-
fervetur Preterea quafcumque poffeffiones quecumque bona eadem
ecclefia inprefentiarum jufte et canonice poffidet aut in futurum conceffione pontificum largitione Regum vel principum oblatione fidelium
feu aliis juftis modis preftante domino poterit adipifci firma vobis
veftrifque fuccefforibus et illibata permaneant In quibus hec propriis
duximus exprimenda vocabulis locum ipfum in quo prefata ecclefia
fita eft cum omnibus pertinentiis fuis cum pratis vineis terris nemoribus
ufuagiis et pafcuis in bofco et plano in aquis et molendinis in viis et
femitis et omnibus aliis libertatibus et immunitatibus fuis Sane noua-
lium veftrorum que propriis manibus aut fumptibus colitis de quibus
aliquis haɑenus non percepit five de veftrorum animalium nutrimentis
nullus a vobis decimas exigere vel extorquere prefumat Liceat quoque
vobis clericos vel laicos liberos et abfolutos e feculo fugientes ad con-
verfionem recipere et eos abfque contradiɑione aliqua retinere Prohibemus infuper ut nulli fratrum veftrorum poft faɑam in ecclefia veftra
profeffionem fas fit fine Abbatis fui licentia nifi arcioris religionis
obtentu de eodem loco difcedere Difcedentem vero abfque communi
litterarum veftrarum cautione nullus audeat retinere Cum autem
generale interdiɑum terre fuerit liceat vobis claufis Januis exclufis excommunicatis et interdiɑis non pulfatis campanis dummodo caufam non
dederitis interdiɑo fuppreffa voce divina officia celebrare Crifma vero
oleum fanɑum confecrationes altarium feu bafilicarum ordinationes

clericorum qui ad ordines fuerint promovendi a dyocefano fufcipietis
Epifcopo fi quidem catholicus fuerit et gratiam et communionem
facrofancte fedis Romane habuerit et ea vobis voluerit fine pravitate
qualibet exhibere   Prohibemus infuper ut infra fines parochie veftre
nullus fine affenfu dyocefani Epifcopi et veftro capellam feu oratorium
de novo conftruere audeat falvis privilegiis pontificum Romanorum
Ad hec novas et indebitas exactiones ab Archiepifcopis / Epifcopis
Archidiaconis feu decanis aliifque omnibus ecclefiafticis fecularibufve
perfonis a vobis omnibus fieri prohibemus Sepulturam quoque ipfius loci
liberam effe decernimus ut eorum devotioni et extreme voluntati qui
fe illic fepeliri deliberaverint nifi forte excommunicati vel interdicti fint
aut etiam publice ufurarij nullus obfiftat   Salua tamen iuftitia illarum
ecclefiarum a quibus mortuorum corpora affumuntur   Decimas preterea
et poffeffiones ad jus ecclefiarum veftrarum fpectantes que a laicis detinentur redimendi et legittime liberandi de manibus eorum et ad ecclefias
ad quas pertinent revocandi libera fit vobis de noftra auctoritate facultas
Obeuute vero te nunc ejufdem loci abbate vel tuorum quolibet fuccef-
farum nullus ibi qualibet furreptionis aftutia feu violentia preponatur
nifi quem fratres communi confenfu vel fratrum major pars confilij
fanioris fecundum deum et beati Auguftini Regulam providerint eligendum   Paci quoque et tranquillitati veftre paterna in pofterum follicitudine providere volentes auctoritate apoftolica prohibemus ut infra claufuras locorum feu grangiarum veftrarum nullus rapinam feu furtum
facere / ignem apponere fanguinem fundere · hominem temere capere
vel interficere feu violentiam audeat exercere Preterea omnes libertates
et immunitates a predeceffioribus noftris Romanis Pontificibus ecclefie
veftre conceffas necnon libertates et exemptiones fecularium exactionum
a Regibus et principibus et aliis fidelibus rationabiliter vobis indultas
auctoritate apoftolica confirmamus et prefentis fcripti privilegio communimus Decernimus ergo ut nulli omnino hominum liceat prefatam

ecclefiam temere perturbare aut ejus poffeffiones auferre vel ablatas retinere minuere feu quibuflibet vexationibus fatigare Set omnia integra conferventur eorum pro quorum gubernatione ac fuftentatione conceffa funt ufibus omnimodis profutura Salva fedis apoftolice auctoritate et Dyocefani Epifcopi canonica jufticia Si qua igitur in futurum ecclefi-aftica fecularifve perfona hanc noftre conftitutionis paginam fciens contra eam temere venire temptaverit fecundo tertiove commonita nifi Reatum fuum congrua fatiffactione correxerit poteftatis honorifque fui careat dignitate Reamque fe divino judicio exiftere de perpetrata iniquitate cognofcat et a facratiffimo corpore ac fanguine dei et domini Redemptoris noftri ihefu chrifti aliena fiat · atque in extremo examine diftricte fubjaciat ulcioni Cunctis autem eidem loco fua jura fervantibus fit pax domini noftri ihefu chrifti quatinus et hic fructum bone actionis percipiant et apud diftrictum Judicem premia eterne pacis inveniant Amen.

Ego Innocentius catholice Ecclefie Epifcopus.

Ego Stephanus Sce Marie transtiberim tituli Sci Calixti prefbiter cardinalis.

Ego frater Johannes tituli Sci Laurencij in luciñ prefbiter cardinalis.

Ego frater Hugo tituli Sce fabine prefbiter cardinalis.

Ego Raynaldus oftien. et velletren. Epus. Ego Stephanus preneftinus Epus. Ego Ricardus Sci Angeli diaconus cardinalis. Ego Octauianus Sce Marie in via lata diaconus cardinalis. Ego Petrus Sci Georgij ad velum Aureum diaconus cardinalis. Ego Johes Sci Nicholai in carcere Tulliano diaconus cardinalis. Ego Ottobonus Sci Adriani diaconus cardinalis. Dat. Lateran. per manum Guilli magiftri fcholarum parmen. Sce Romane ecclefie vicecancellarii Septimo kl. februarij indictione xij incarnacionis dominice ꝏ.cc.liij. pontificatus vero domini Innocentij pape quarti anno undecimo.

Bulla Innocentii Pape de relaxatione penitentiæ illorum qui ecclefiam de Scona anniverſario dedicationis ejus viſitarunt.

114 Innocentius Epiſcopus ſervus ſervorum dei dileƈtis filiis Abbati et conventui de Scona ordinis Sanƈti Auguſtini Sanƈti Andree diocefis ſalutem et apoſtolicam benediƈtionem Licet hiis de cuius munere venit ut ſibi a fidelibus ſuis digne ac laudabiliter ſerviatur de habundancia pietatis ſue que merita ſupplicum excedit et vota bene ſervientibus multa maiora retribuat quam valeant promereri nichilominus tamen deſiderantes Reddere domino populum acceptabilem fideles Chriſti ad complacendum ei quaſi quibuſdam illeƈtivis premiis indulgentiis videlicet et remiſſionibus invitamus ut reddantur exinde divine gracie aptiores Cupientes igitur ut ecclefia veſtra in honore Sanƈte Trinitatis et Sanƈti Michaelis prout aſſeritur dedicata congruis honoribus frequentetur · Omnibus vere penitentibus et confeſſis qui ecclefiam ipſam in anniverſario die dedicationis ipſius annis ſingulis venerabiliter viſitarint · omnipotentis dei miſericordia et beatorum petri et pauli apoſtolorum ejus auƈtoritate confiſi xl. dies de injunƈta ſibi penitentia miſericorditer relaxamus Datum laterañ iij noñ. novembris pontificatus noſtri undecimo.

Confirmatio Willielmi epiſcopi Sanƈti Andree de ecclefiis.

115 Univerſis Chriſti fidelibus hoc ſcriptum viſuris vel audituris Willelmus miſeratione divina Epiſcopus Sanƈti Andree ſalutem in domino ſempiternam · univerſitati notum facimus quod nos ſtatum monaſterij de Scona ex confluentia hoſpitum utpote in meditullio Regni ſiti miſerabiliter affliƈti et etiam ex ſumptibus fabrice ecclefie ejuſdem et aliis cauſis quam pluribus quaſi ad exinanitionem deduƈti compatientes et

predecefforum noftrorum veftigiis inherentes conceffiones et confirmationes a predecefforibus noftris eidem monafterio de Scona et canonicis
ibidem deo fervientibus in perpetuum factas Ratas habemus · et noftra
Epifcopali auctoritate prout inde et plenius facte funt et conceffe confirmamus . Volumus autem et concedimus quod omnes ecclefias et terras
eis a predecefforibus noftris in proprios ufus conceffas adeo libere teneant et poffideant ficut aliqua abbathia in regno fcotie aliqua conceffa
tenet vel poffidet fecundum formam conceffionum faluis nobis et fuccefforibus noftris Epifcopalibus Volumus etiam et concedimus eifdem
canonicis fecundum quod ipfis a predecefforibus noftris eft conceffum ut
ecclefiis fuis infra diocefim noftram conftitutis per ydoneos capellanos
in perpetuum poffint defervire et eofdem capellanos prout fibi viderint
expedire pro tempore retinere et amovere. Dum tamen idem capellani
nobis et fuccefforibus noftris vel noftris officialibus vel capitulo loci
fecundum diocefis confuetudinem prefententur In cujus Rei teftimonium prefenti fcripto figillum noftrum fecimus apponi Datum apud
carrale die jovis proximo ante feftum fancti Marci ewangelifti anno
gracie m°cc° fexagefimo fexto.

Carta venditionis Stephani de Melginche.

116 Univerfis has litteras vifuris vel audituris Stephanus de Melginche
falutem Noverit univerfitas veftra me pro magna neceffitate mea ven-
didiffe canonicis de Scona ad operationem ecclefie domum quam Gilcrift
tenuit cum tofto plenario et cum duabus acris in villa de balurfin fcilicet
et acram quam idem Gilcrift tenuit et aliam proximam ex occidentali
parte adjacentem pro duabus marcis argenti quas recepi ab eis Tenend.
fibi in perpetuum de me et heredibus meis tam libere · tam quiete · tam
plenarie ficut aliqua domus Religionis in toto Regno Scocie ex vendi-

tione alicujus militis aliquam terram liberius · quiecius · honorificencius
tenet et poffidet Reddendo annuatim michi et heredibus meis pro omni
fervicio et onere unam libram cimini ad feftum Sancti Johannis baptifte ·
Ego vero Stephanus et heredes mei dictam terram dictis canonicis contra omnes homines Warantizabimus · Habebunt etiam dicti canonici
liberum egreffum et ingreffum et communem pafturam in ejufdem ville
territorio et alia Eyfiamenta Si vero contingat quod ego et heredes mei
nominatis canonicis nominatam terram cum pertinentiis fuis Waranti-
zare non poterimus · per vifum legalium virorum et fidedignorum in
loco tam competenti et tam commodo in feudo noftro de Melginche ad
equivalentiam fepedicte terre pleniffimum dabimus efcambium · ut
autem hec venditio in pofterum rata permaneat prefens fcriptum figilli
mei munimine Roboravi Teftibus · Wallet avunculo meo · Johanne de
Aya et multis aliis non hic nominatis.

Capituli affenfus carte Willielmi Epifcopi Sancti Andree de Ecclefiis.

117 Omnibus Chrifti fidelibus prefens fcriptum vifuris vel audituris Prior
et Capitulum fanctiandree Salutem in domino fempiternam Noveritis
nos litteras venerabilis patris noftri domini Willelmi dei gratia epifcopi
noftri in hec verba infpexiffe Omnibus has litteras vifuris vel audituris
Willelmus miferatione divina Ecclefie Sanctiandree minifter humilis eternam in domino falutem · Noverit univerfitas veftra nos caritatis intuitu
conceffiffe et prefentis fcripti patrocinio confirmaffe in ufus proprios
Abbati et Canonicis de Scona omnes ecclefias quas habent in epifcopatu
fanctiandree in liberam et perpetuam elemofinam viz Ecclefiam de
Scona et ejufdem capellas Scilicet de Kynfawnys de Crag et de Rate
Ecclefiam de Lyff Ecclefiam de Invergoveryn et Ecclefiam de Logindunde Ecclefiam de Cambufmichel Ecclefiam de Lochorver Ecclefiam
de Keringtoun Has autem ecclefias cum capellis et omnibus pertinentiis

fuis a predecefforibus noftris eifdem caritative confirmatas•eis imperpetuum damus et confirmamus Licentiam quoque eis concedimus capellanos quofcunque cum voluerint ydoneos in ipfis ecclefiis retinere et
removere Salvis nobis et fuccefforibus noftris Epifcopalibus de omnibus
ecclefiis prefatis excepta canonica fua de Scona cum capellis fuis Quas
ab omni exactione et confuetudine epifcopali volumus et concedimus
effe exemptas Salvo tamen in omnibus jure archidiaconi fanctiandree Hiis
teftibus domino A. epifcopo Moravienfi magiftro Laurencio Archiepifcopo
fanctiandree Petro et Simone capellanis noftris Willelmo de golyn fenefcallo noftro Simone de rofiaco magiftro G. de leffewade Stephano de
hedun Willelmo de Poteria Johanne arcuret clericis noftris Ricardo de
lidel et multis aliis Nos igitur habito fuper hiis in pleno capitulo noftro
communi et diligenti tractatu confirmationes et conceffiones prenomi-
natas per eundem venerabilem patrem predictis canonicis factas appro-
bantes et ratas habentes ipfas fecundum formam conceffionis ipfius epifcopi noftri eifdem canonicis unanimi totius capituli noftri interveniente
affenfu imperpetuum confirmamus In cujus rei teftimonium prefens
fcriptum communi Sigillo capituli noftri et autentico fecimus roborari
Tefte capitulo noftro Datum vi Idus Februarii anno gratie $\mathcal{M}^o$ cc^{mo}
octogefimo tertio apud Sanctumandream.

Carta Johannis de Inchefyrith de tofto in villa de Inchefyrith.

118 Vniufis fce mat's ecce filijs has littas uifuris vel auditurif Johs de
Inchesyrith filius Duncani filij Jacobi de Pert falt · Nouit vniufitaf ura
me dediffe pceffiffe ꝸ hac pfenti carta mea pfirmaffe deo ꝸ ecce fce
Tnitatis de fchona ꝸ Abbi ꝸ canoicif ibidem do feruientibȝ ꝸ feruit²if ·
ꝑ aia mea ꝸ ꝑ aiabȝ anceffoꝛ ꝸ fucceffoꝛ meoꝛ · In libam purā ꝸ ppetuā
elemofinā vnū Toftum Integm ꝸ plenarium in villa de Inchfyrith id eft
in oriente ei⁹dem ville ppe ripam fluinis de They · ꝸ vnā acram terre

integ͛m ᵼ plenariā in vltima ꝑte de haluch Ꝟſus occidentem ꝓpinqᶦorem
acris cottarioꝫ · Tenendā ᵼ habendā de me ᵼ ħedibꝫ meiſ sᶦ ᵼ ſucceſſoribꝫ ſuis īppetuū · liƀe · Qᶦete · Plenarie · ᵼ Honorifice · cum liƀtatibꝫ
ỡibꝫ reᶜtitudībꝫ ᵼ aiſiañitis ad eandem ꝉram ꝑtinentibꝫ vel de iure ꝑtiñe
valentibꝫ cū liƀtate applicandi ibi cū batellis ſuis · ᵼ aliis eueᶜtiỡibꝫ
ſuis · ᵼ attᶜʰhendi ᵼ Extᶜʰhendi ea qᵉ eis neceſſaria fuerint ꝑ mediā ꝉram
meam ſine impediñito vel deſturbatiỡe · Cỡcedo ꞇ hỡi ſuo ī eodē Toſto
manenti vti liƀe ꝓmūi paſtura iꝑiᵽ ville cū ſex auerijs ᵼ ·duobꝫ eqᶦs ·
Qᶜ͛re uolo ut ꝑfati Aƀƀs ᵼ Canỡici hanc meā donatiỡem ᵼ ꝓceſſiỡem
teneant ᵼ poſſideant de me ᵼ ħedibꝫ meis imppetuū ita liƀe · Qᶦete ·
plenarie ᵼ honorifice · siᶜ aliqᶜ elemosina alicniᵽ militis ī toto Regno
ſcocie · liƀiᵽ · qᶦetiᵽ · plenariᵽ · ᵼ honorificēciᵽ · tenet² ᵼ poſſidetur ·
Ego uero ᵼ ħedes mei ꝑfatam donatiỡem ꝓᶜ oñíſ hỡies ᵼ feminaſ
eiſdē warantizabimᵽ imppetuū · Teſtibꝫ · Gilƀto de Haya · Joħe ᵼ
Wiꝉꝉo de Haya auunculiſ meis · Wiꝉꝉo de Blar · Riꞓ ꟷꝛaſculo · Riꞓ de
Balwerẏ ꟷꝛilitibꝫ · Dauid fꝛe meo · Riꞓ filio ꟷꝛatildis ſeneſcallo meo ·
ᵼ ꟷꝛultiſ aliis ·

Bulla Gregorῒ Pape decimi de jure patronatus eccleſie de Glenwym.

119 Gregorius Epiſcopus ſervus ſervorum dei dileᶜtis filiis Abbati et conventui monaſterῒj ſanᶜti Michaelis de Scona ordinis ſanᶜti Auguſtini
Sanᶜtiandree dioceſis Salutem et apoſtolicam benediᶜtionem · Cum a
nobis petitur quod juſtum eſt et honeſtum / tam vigor equitatis quam
ordo exigit rationis ut id per ſollicitudinem officῒj noſtri ad debitum
perducatur effeᶜtum · Sane exhibita nobis veſtra petitio continebat /
quod Johannes fraſer de glenwym clericus tunc patronus eccleſie ſanᶜti
Cuthberti loci ejuſdem Glaſguenſis dioceſis jus patronatus ejuſdem
eccleſie ad eum hereditario jure pertinens et quicquid juris ratione
ipſius hereditarii juris in eccleſia habebat eadem vobis et diᶜto monaſ-

terio pia et provida liberalitate conceffit prout in inftrumento publico
fuper hoc confecto plenius continetur   Nos itaque veftris fupplicationibus inclinati quod per eundem Johannem fuper hoc provide factum
eft Ratum habentes et gratum id auctoritate apoftolica confirmamus
et prefentis fcripti patrocinio communimus Tenorem ipfius Inftrumenti
de verbo ad verbum prefentibus litteris inferi facientes qui talis eft   In
nomine domini amen Anno domini ɱ°cc° feptuagefimo 2° Indictione
quintadecima fecundo kl · Augufti pontificatus domini Gregorii pape
decimi anno primo Noverint univerfi paginam infpecturi quod in prefentia mei Berardi notarii infrafcripti et teftium fubfcriptorum ad hoc
fpecialiter vocatorum et rogatorum Johannes frafer de Glewym clericus
Glafguenfis diocefis donavit dedit et conceffit Jus patronatus ecclefie
de Glewim ejufdem diocefis et quicquid juris temporalis et fpiritualis
ipfe et ejus predeceffores quibus in hac parte fucceffit obtinuerint
et habuerint et ipfe habet et obtinet cum omnibus juribus et pertinentiis fuis Religiofis viris Domino Nicholao Abbati et conventui
ɱonafterii fancte Michaelis de Scona ordinis fancti Auguftini Sanctiandree diocefis nomine ipfius monafterii et eidem monafterio fub hac
fimplicitate verborum   Ego Johannes frafer de glewym clericus glafguenfis diocefis incendens et affectans in temporalibus et fpiritualibus
que obtineo et obtinere debeo et ad me pertinent et pertinere poffunt
tam ratione perfone mee quam ratione illorum antecefforum meorum
quibus fucceffi et fuccedere debeo in hac parte in Ecclefia fancti
Cuthberti de glenwym Chriftum michi heredem fubftituere etiam me
vivente Jus patronatus et quicquid juris mei tam temporalis quam
fpiritualis effe poteft ut fuperius eft expreffum dono et concedo libere
et voluntarie Religiofis viris domino Nicholao Abbati et conventui
monafterii fanctimichaelis de Scona ordinis fancti Auguftini fancti
Andree diocefis nomine ipfius monafterii et eidem monafterio in re-
medium peccatorum meorum et illorum quibus in predictis fucceffi meo

de cetero amoto dominio et poteſtate in eos tranſlato ex nunc quiete et
pacifice poſſidenda   Siquis autem de genere meo contra hujuſmodi
piam et licitam donationem meam quoquomodo venire preſumpſerit vel
prediĉtos viros ſeu monaſterium ſuper prediĉtis turbaverit ſeu impetierit
malediĉtionem omnipotentis dei incurrat et penam dupli valoris pre-
diĉti juris patronatus eidem monaſterio ſoluere teneatur ab eo ſine
miſericord a exigendum necnon dampna et expenſas quas idem religioſi
viri et monaſterium fecerint ſeu ſuſtinuerint teneatur plenarie reſarcire
prediĉtis donatione ſeu donationibus nichilominus in ſuo robore duraturis In cujus rei teſtimonium et certitudinem pleniorem preſens
publicum inſtrumentum ſuper hujuſmodi donationibus per manus Berardi de carſio notarii infraſcripti exinde fieri feci et ſigilli mei appenſione
muniri Aĉtum apud urbem veterem in Camera ubi tunc hoſpitabatur
diĉtus Johannes preſentibus fratre henrico diĉto Child canonico ejuſdem
monaſterii magiſtro Roderico procuratore luceñ Et magiſtro henrico de
nothingham canonico cathaneñ Berardo de civitate penneñ notario ·
domino Ricardo de ſanĉto Egidio vicario eccleſie de Mediltoun lincolni-
enſis dioceſis Roberto de Eboraco clerico Johanne de Weſtwardon
teſtibus Et ego Berardus filius boni hominis de Carſio publicus impe-
riali auĉtoritate notarius ad prediĉta cum prediĉtis vocatus interfui et ea
omnia de mandato ipſius Johannis ſcripſi in publicam formam redegi
meoque ſigno ſignavi Rogatus   Nulli ergo omnino homini liceat hanc
paginam noſtre confirmationis infringere vel ei auſu temerario contraire
Siquis autem hoc attemptare preſumpſerit indignationem omnipotentis
dei et beatorum petri et pauli apoſtolorum ejus ſe noverit incurſurum
Datum apud urbem veterem noñ Auguſti pontificatus noſtri Anno
primo.

Bulla Gregorii Pape decimi.

120 Gregorius Epifcopus feruus feruorum dei Cariffimo in Chrifto filio illuftri Regi Scocie Salutem et apoftolicam benedi&ionem　Quanto majorem tibi dominus contulit poteftatem tanto fub potenti manu ejus
humiliorem te convenit exhibere diligenter ac follicite precavendo ne
Regni tui ecclefias et ecclefiafticas perfonas ipfe graves in aliquo vel
gravari ab aliis patiaris　Sane ad noftram noveris audientiam per-
veniffe quod tu ad ecclefiaftica jura quod te non decet Regias manus
extendens viros ecclefiafticos gaudere libertate debita non permittis ·
ipfos fuper terris poffeffionibus et aliis in puram elemofinam ecclefie
chrifti collatis · necnon fuper caufis dotalicij et ecclefiarum advoca-
tionibus refpondere in feculari judicio contra fan&iones canonicas com-
pellendo · ut igitur confcientie et fame tue falubriter confulas fereni-
tatem Regiam Rogamus monemus et hortamur attente quatinus fi eft
ita removens a te que funt reprehenfionis note fubje&a fuper premiffis
de cetero ab ecclefiarum et clericorum injuriis abftineas reverenter　Ita
quod abolita offenfa preterita diem gratie tu captes et nos manfue-
tudinem tuam debeamus in domino commendare　Datum Perufii x kl ·
Januarii pontificatus noftri anno fecundo.

Bulla Honorii Pape &c. illicite alienata revocentur.

121 Honorius Epifcopus fervus fervorum dei dile&o filio abbati monafterij
fan&e crucis de Edinburch San&i Andree dyocefis Salutem et apoftolicam benedi&ionem　Ad audientiam noftram pervenit quod tam dile&i
filij Abbas et conventus monafterij de Scona ordinis San&i Auguftini
San&i Andree dyocefis quam predeceffores eorum decimas domos terras
poffeffiones prata pafcua nemora molendina jura jurifdi&iones et quedam

alia bona ipſius monaſterij datis ſuper hoc litteris interpoſitis juramentis
factis Renunciationibus et penis adjectis in communem ipſius monaſterij leſionem nonnullis clericis et laicis aliquibus ad vitam quibuſdam
vero ad non modicum tempus et aliis perpetuo ad firmam vel ſub cenſu
annuo conceſſerunt quorum aliqui ſuper hiis literas confirmationis in
forma communi a ſede apoſtolica impetraſſe dicuntur   Quia vero noſtra
intereſt leſis monaſteriis ſubvenire diſcretioni tue per apoſtolica ſcripta
mandamus quatinus ea que de bonis ipſius monaſterij per conceſſiones
hujuſmodi alienata inveneris illicite vel diſtracta non obſtantibus literis
juramentis penis renunciationibus et confirmationibus ſupradictis ad
jus et proprietatem ejuſdem monaſterij legittime revocare procures
Contradictores per cenſuram eccleſiaſticam appellatione poſtpoſita compeſcendo   Teſtes autem qui fuerint nominati ſi ſe gratia odio vel timore
ſubtraxerint cenſura ſimili appellatione ceſſante compellas veritati teſtimonium perhibere   Datum Rome apud Sanctam Sabinam viij° kalend
Novembris pontificatus noſtri anno primo.

Confirmacio tofti Willielmi Blundi.

122 Omnibus xp̄i fidelib3 hoc scriptum viſuris vel audituris Wħs Blundus
et̄nam in dño Saɫm   Noūit vniūſitas vr̄a de conſenſu Reginaldi heredis
mei ꝶ alioꝶ liberoꝶ meoꝶ diuine pietatis intuitu ꝶ ꝑ salute aīe mee ꝶ
añceſſoꝶ meoꝶ me Dediſſe Conceſſiſſe ꝶ hac carta mea confirmaſſe Deo ꝶ
Eccɫie Sc̄e Trinitatis de Scoñ · ꝶ Canōicis Deo Ibidem in ꝓpetuū ꝯuientib3
ꝶ ꝯuituris in puram ꝶ ꝑpetuam elemoſinā vnū toftum in villa de   Scoñ
qᵈ eſt ꝑpinquius tofto Dauid de Haya ex ꝑte aquilonali · Quodquidem
toftum Illuſtris dñs meus Alex̄ · Rex Scotꞇ michi ꝶ heredib3 meis dedit ·
Tenendum ꝶ habend de me ꝶ heredib3 meis adeo libere quiete · plene · ꝶ
honorifice ſic̄ carta dñi Regis michi inde confecta plenius teſtatur · Quamquidem cartam dño Abƀi ꝶ Conuentui de Scoñ in ꝑſencia veñabilis pr̄is

Galťr Dunkelđ Ep̃i liberaui In cuiꝰ rei teſtimoniū huic scripto vna cū sigillo eiuſdem Ep̃i sigillum meū appoſui · Teſť Dño Roƀ Theſauř Dunkelđ . magr̃o Joħ de Evirlay Petro de Kergiłł Reginaldo filio meo · Hugone Capellano Simōe cłico ⁊ aliis ·

Carta Andree rectoris ecclefie de Inchethor.

123 Omib ꝫ has litťas uiſuriſ uł audit²iſ Andr̃ rector Eccłie de Inchethor Eťnā in dño ſalť · Nouerit vniūſitas uřa me in bona ꝓſpitate mea cōſtitutū ꝑ ſalute aīe mee ⁊ oīum añceſſoꝝ meoꝝ ⁊ ſucceſſoꝝ remiſiſſe viris religioſis aƀƀi ⁊ ꝯūntui de Scoñ omnia debita in q'bꝫ g^a me tēpe deceſſus mei q°cumq, titulo fuerīt obligati Qr̃ uolo ut ſi poſt deceſſum meum aliq^d inſtrumentū ſigillo ſuo ſignatū ul ⁊ nō ſignatū dc̄os aƀƀm ⁊ cōūntum cōtīgēs penes me īueniat² illđ penitꝰ uiribꝫ ſit uacuū ⁊ de ceťo nłłatenꝰ ualit²ū In cꝰ rei teſtimoniū p̃ſētes litťas eiſđ t^adidi patētes Teſt· G · cłico de Liƀacōe Gg̃· cłico A de ſt'ueł cłico R · de Balgałł ⁊ aliis ·

Jnftrumentum fuper amiffione cartarum ᵗc˙ ·

124 In Nomine Domini Amē · Anno Incarnacõis Eiufdem ɱ°cc·°· Nonog⁻
oᶜtauo ɱensˢ Augufti die decima septima · vndecima Indiccõe · Thoɱ̃
miferacõne diuina aꝒbs de fcoñ · in monafterio de fcoñ · ꝑ exᴑcitum regis
Anglie hoftiliter diftruᶜto · Ac ᵗ rupto ᵗ confraᶜto · tam in celaturis
ecᶜe · refeᶜtorij · dormitorij · clauftroᴢ · cameraᴢ · hoftiis · feneftris ·
altariū · armariolis · qᵃ in ciftis · ᵗ fcrineis · · · · · q̦ ᵗ ubicumq̦ · in
dᴄo monafterio inuētis confraᶜtis · ᵗ ferruris eaᴢ auulfis ᵗ afptatis · qꝺ
quidem fᴄm Ita horribile · et enormiter ꝑpetratum · Euidencia fᴄi fine
onere alterius ꝓbacõnis vnicuiq̦ intuenti · Ita manifeftum erat ᵗ
notoriū qꝺ nulla poffet tergiūfacõne celari ciftas in quibus tam carte ᵗ
mūimēta regum · bone memorie DD · ɱalcolmi · Willi · Alexandri ᵗ
alexandri · quondam regū Scocˢ qᵃ fᴄi andᵲ̃ · dunkeldenˢ̃ · abirdo-
nenˢ̃ · catenenˢ̃ · Eꝓoᴢ · Ac ᵗ̃ abbatum · prioᴢ · comitum barronū ·
militum · nec non ᵗ alioᴢ fidelium · tam fuꝓ collaᶜõnibus · ecᶜaᴢ ·
terraᴢ · poffõnum · feodoᴢ · tam elemofinatorū · qᵃ laicaliū qᵃ fuꝓ
ꝓmutacõnibus · tranfaccõnibus · compoficõnibus · diūfimode fᴄis · eidem
monafterio pia deuocõne · conceffe feu conceffa · erant depofite feu
depofita · refidentes feu refidencia · coram me notario infrafcᶦpto
ruptas · et confraᶜtas · exhibuit ᵗ oftēdit · Ac ᵗ̃ · figillis · eifdem cartis ·
ᵗ munimētis ibidem tunc exhibitis ᵗ oftenfis · prius appofita · ᵗ
apenfa · totalitᴑ fraᶜta · abftraᶜta · ᵗ afptata · licet hoc fᴄm mᶦ notario ᵗ
aliis conftabat euidenter · coram me notario legῑe ꝓbauit · ᴔe notariū
infrafcᶦptum inftanter ᵗ cum effᴄu interpellans · ut teftimoniū ꝓhibens
ueritati ꝑdᴄm fᴄm Ita enormitᴑ · ᵗ in dampnū monafterij fuꝓᵃdᴄi
ꝑpetratum · diuino pietatis intuitu · ᵗ in uirtute facramēti quo fedi
apoftolice fum aftriᶜtus · in puplicam formam redigerem · figniq̦ mei
appõne munirem · ut ꝑ meū inftᵣ̃m · ᵗ figni mei appoῑoem · ꝑdᴄi fᴄi ·

M

euidencia . aliis clareffere valeat in futurum · Sup⁗dc̄a licꝫ fc̄i euidencia ·
omnibꝫ notoria ꞇ manifefta · coram me notario Apđ fcoñ · p ꝑdēm
aƀƀem . oftenſa fūnt ꞇ ꝑphata · multis ꝑfentibꝫ · anno · mēfe · die · loco ·
ac indiccōe ꝑnotatis . depofite · feu · eft inꞇlineare fup⁗ in decima q᾽uta
linea ex c̈ta fcīa mei notarij · ꞇ ante confīgnacōem ·

Et Ego Robertus de garuald auc⁗te aꝓlica puplic⸱ Notarius ·
fupradc̄a rogatus ꞇ interpellatus · fc᾽pfi ꞇ puplicaui ac in puplicam
formam manu mea redegi fīgnoꝗ meo ꝑfueto fīgnaui ꞇ ad maiorem
rei euidenciam ꞇ ꝑbacōem pleniorem figilla dñoꝗ dei gr̄a abir-
donenſ̄ . roffenſ̄ Cateñēſ̄ Eꝑoꝗ abbatum de abirbrothoc ꞇ de
cupro · p᾽oꞃ fc̄i andꞃ · decani dunkeldenſ̄ · dñi Nichōi de haya
militis . decani xꝑianitatis de ꝑth ꞇ de Goůy huic inſꞇro puplico
fūt appenfa ·

Confirmacio Carte Walteri filii Alani a Willielmo de Rothuen terre
de Tubermor et pifcarie de Carnis ·

125 Omnibꝫ xꝑi fidelibꝫ ꝑfens fc᾽ptum vifuꞃ vꞇ audituꞃ · Wiƚƚs de
Rothenen dñs eiufdem · eꞇnam in dño falutem · Noůitis me Cartam
dñi Walꞇi filij Alani bone memorie pat᾽s mei deo ꞇ Eccꞇie Sc̄e Trinitatis ꞇ Sc̄i ꟿichaelis de Schona et Canōicis ibidem deo f⸱uientibꝫ · ꞇ
f⸱uituꞃ fc̄am ꞇ conceffam vidiffe audiuiffe · ꞇ ad plenū intellexiffe
cui⸱ tenor talis eft · Vniůfis Sc̄e ꟿat᾽s Eccꞇie filijs · Walꞇus filius Alani
Salutē · Noůit vniůfitas vr̄a me conceffiffe · ꞇ hac mea carta confirmaffe
deo ꞇ Eccꞇie Sc̄e Trinitatis ꞇ Sc̄i ꟿichaeƚ de Schoñ ꞇ Canōicis ibidem
deo f⸱uientibꝫ · ꞇ f⸱uituris totam ꞇram illam q⁗m Swan⸱ filius Thorẏ
auus meus eis dedit in Tubermure · p has diuifas fcilicet a fonte Regis
qui eft fup ftratam que venit de Perth ꞇ tendit in uillam ꝑfatam cū
tofto qđ fuit aurifabri ꞇ aliis toftis contiguis ꞇ adiacentibꝫ in orientali
pte ville · ꞇ fic vfꝗ ad quoddam concauū quod eft inꞇ ꝑfata tofta ꞇ

eccām · ᵵ ſic p concauū ꝰſus aquilonem vſꝗ ad uiam que uenit de ꝓfata
ecc̃a ᵵ tendit ũſus orientē uſꝗ in vadū de Lochelyn [Et ſᶜ p Lochelyn]
ũſus orientē ᵵ meridiem vſꝗ ad riuulū qᵗ deſcendit de ꝓfato fonte Reg̃ ·
cum qᵃdam ꞇrula ſupᵃ fontem ꝓfatum que iacet ex auſtᵃli pte ſtrate que
venit de pth uſꝗ ad nemᵍ de Aberdalgyn et sᵉ ꝰſus occidentē uſꝗ ad ꞇram
ecc̃e de Tuꝑm²e · Abbas vᵒ ᵵ canōici totū clamiū qđ habebant in ꞇra que
iacet ex aqᵗlonali pte vie que venit de ecc̃a ᵵ tendit ad ꝓfatū vadū de
Lochelyn ꝑ bono pacis qᵗetū mᵗ ᵵ ħredibus meis in ppetuū clamaverūt ·
Concedo auꞇ eis ᵵ hõibȝ eoꝶ ſup ꝓfatam ꞇram manentibȝ cōmunē paſtu-
ram ᵵ aẏſiam̃tū nemoris mei ᵵ ceᵗa cõia aẏſiamenta ad quecumꝗ neceſſe
habuerint ᷑ cū hõibȝ meis de Tuꝑmure in liꝑam puram ᵵ ppetuam
elemoſinam ꝑ aïa mea ᵵ õium añceſſoꝶ meoꝶ ᵵ ſucceſſoꝶ meoꝶ et õia
ꝓnotata cōcedo Deo ᵵ ꝓfatis canōicis ita liꝑe ᵵ qᵗete plenarie ᵵ honorifice · ſicut aliqᵗs baronū in toto Regno Scocᵒ aliqᵗbȝ Religiosᵒ · aliqᵃm
elemoſinam · liꝑius · qᵗetiᵍ pleniᵍ dare poteſt · vł concedere · Et ꝓᵗea
cōcedo eis piſcarias de karnes ſicut carta ꝓdc̃i aui mei teſtatur Hiis
teſtibȝ Gilꝑto comite de ſtᵃtherñ dño Roꝑto filio eiᵍ Rog̃o de ꟽortimeꝛ
Galfrido de Inũtunꝼlas vic̃ de pth · Dunecano fił ꟽoregrund · Reginaldo
de Warenñ · ꟽalisᵒ Seneſcallo Comitis · G · de ſtᵃtherñ · Ađ Olifard ·
Bricio pſoua de Crefᵒ · Ricᵒ · vnẏneth · Walᵗo filio Swani henꝛ fił Alani
fił Swani · Iſaac filio Samuel · ᵵ multis aliis · Et qꝛ ſigillū ꝓdc̃i qᵒndam
dñi Walᵗi pꝛis mei ꝓdc̃e carte appenſum p hoſtilē maleuolentiam ruptū
fraꝇū ᵵ penitᵍ fuit auulſum ᵵ aſportatū · Ego Wiɫɫs ꝓdᶜs de ꝓfilio
conſenſu et aſſenſu dñi Walᵗi filij mei ᵵ heredis mecū ꝓſentis qᵗ dc̃am
cartam ſimiɫr mecū vidit ᵵ audiuit ad honorē dei pietatis ᵵ karitatis
ïtuitu ꝑ ſalute aïe mee ᵵ õium añceſſoꝶ ᵵ ſucceſſoꝶ meoꝶ tenorē dc̃e
carte pꝛis mei ï õibȝ punꝇis ᵵ artic̃lis ſuis approbando ᵵ ratificando
dc̃am ꞇram cū toftis ꝓdc̃is p ſuas ꝓdc̃as diuiſas ᵵ piſcarias de karnes
ꝓfatas cū ptinenciis cõi paſtura ᵵ aẏſiam̃etis ꝓnotatis ï carta ꝓfata deo
ᵵ · ecc̃e Sc̃e tᵗnitatis ᵵ Sc̃i ꟽ)ichaeł ꝓdc̃e ᵵ · Aꝑbi ᵵ canōicis de Schoñ

ibiđm deo ſuientibȝ ꝉ in ppetuū ſuituris in liꞖam puram ⹂ꝉ ppetuam
elemoſinam . do . concedo · ac liꞖe q'ete plenarie ꝉ honorifice˙ pſenti
carta mea ī ppetuū confirmo · In cuiꝰ rei teſtimoniū pſenti carte ſigillū
meū vna cū ſigillo dc̄i dn̄i Walꞇi filij mei ꝉ heredis eſt appenſum ·
Teſtibȝ mag̃ro Roꞗto de Garuald publico Notario dn̄i p̃p° dn̄is Wiꞇto
vicaꝛ̃ de forgrund etheny̆ decano x'anitatis eiꝰdem · Galfrido · vicaꝛ̃ de
TuꞖmuꝛ̃ . Gilꞗto filio meo · Wiꞇlo de Harlau · Douenaldo de Creych
cꞇico Sy̆mone filio Ade Lening̃ ꝏaro · ꝏauricō̆ filio vchdredi ꝉ multis
aliis ·

Carta ꞇre de Buthyrgask ·

126 Omnibus has litꞇas viſuris vꝉ audituꝛ̃ · adam de buthyrgaſke filius ꝉ
heres gilberti de buthyrgaſke · ſaꞇm in dn̄o ſempiꞇnam · Novitis me ꝑ
me ꝉ heredibus meis nō vi vꝉ metu coac̄tus ſet ſpontanea voluntate
nimia inedia et impotencia redac̄tus omni juri quod in dc̄a ꞇra de
Buthyrgaſke aliquo tempore habui ſeu habere potui in ꝏanibus đnoꝗ
meoꝗ aꞗbis ꝉ conventꝰ de Scon꜠ penit꙳ inppetuū renunciaſſe ꝉ ꝑ fuſtem
ꝉ baculū in curia eoꝗdem coram multis ꝑ me ꝉ heredibus meis quibuſcūꝗ jus quod m' competebat in eadē ꝑ pſentes dediſſe vnde volo ꝉ fide
media fideliꞇ ꝑmitto · q ſi aliqua carta apud me de ceꞇo inveniatur de
pdc̄a ꞇra · nullius momenti cenſeatur vꝉ valoris · et hoc om̄ibꝰ q°rū
inꞇeſt tenore pſenciū ſignifico · In cujꝰ rei teſtimoniū pſn̄tibȝ ſigillum
meū appoſui · Set qɿ ſigillū meū minꝰ notū erat om̄ibȝ ſigꞇꞇa đnoꝗ
decani de goŭy ꝉ Wiꞇti Byſeth militis ad majorē rei evidenciam pſentibȝ
apponi ꝑcuraui · Daꞇ ap̃d ſchon̄ die Dn̄ica in feſto ſc̄e lucie virg̃ anno
gr̄e · m° · ccc° · quarto ·

Affedac⁻ ꝉre de Buthgaſk ·

127 Omnibȝ hoc ſcriptum viſuris vł audituris Walꝷus di&tus Byſeth · dn̄s
de loſſindrū sałm in dño · Nouͤitis me cartam religioſoꝗ viroꝗ Aꝶbis ꝉ
conuentꝰ de ſconᵃ apud me ꝉ heredes meos habere in hec verba · Vni-
uͤſis ſc̄e matris ecc̄e filiis clericis ꝉ laicis · Henricꝰ miſeracōne diuina
Abbas monaſꝷij de ſconᵃ ꝉ ei⁹dem loci conuentꝰ eꝷnam in dño Sałm ·
Sciant tam poſꝷi qᵃ moderni nos de cōmuni conſenſu ꝉ aſſenſu tocius
caꝑli nr̄i ꝉ p vtilitate monaſꝷij nr̄i ꝑdi&ti dediſſe · conceſſiſſe ꝉ ad feude-
firmam dimiſiſſe ac ꝑſenti carta nr̄a confirmaſſe · Walꝷo dc̄o byſeth · dño
de loſſindrū ꝉ heredibȝ ſuis totam ꝷram nr̄am in tenemento de butyrgaſk cū om̄ibȝ ſuis ptinenciïs · libertatibus · ayſiamentis · ꝉ liberis con-
ſuetudinibȝ dc̄e ꝷre vł nobis de dc̄a ꝷra ptinentibȝ vł aliquo iure ptinére
valentibȝ Tenendam ꝉ habendam eiſdem Walꝷo ꝉ heredibus ſuis iure
hereditario de nobis ꝉ ſucceſſoribȝ nr̄is imppetuū adeo libere ꝉ quiete
plenarie ꝉ honorifice · ſicuti gilbertꝰ dc̄us de butyrgaſk vł aliquis alius
tenens nr̄ de eadem ꝑdc̄am ꝷram de nobis ꝉ anteceſſoribȝ nr̄is · liberius
ſiue quiecius plenarius vł honorificencius aliquo tempe tenuit vł poſſedit ·
Reddendo inde annuatī nobis ꝉ ſucceſſoribus nr̄is iꝑe ꝉ heredes ſui ſup
eand̄ ꝷram ſex ſolidos ꝉ o&to denarios bouoꝗ ꝉ legalium ſꝷlingoꝗ ad duos
anni ꝷminos · videlicet medietatē ad feſtū pentecoſtes · ꝉ aliam medietatē ad feſtū ſc̄i martini in hyeme · p om̄i alio ſeruicō oñe exaccōne ſe&ta
demanda · ꝉ ope ſeruili · faciendo · tamē iꝑe ꝉ heredes ſui fidelitatē noꝶ
ꝉ ſucceſſoribȝ nr̄is p ꝑdc̄a ꝷra · Et ſi contingat q aliquod enorme
deli&tū tangens placitū vite ꝉ mēbroꝗ in di&ta ꝷra euenͤit · nos vł balini
nr̄i cū ſocietate dc̄i Walꝷi vł heredū ſuoꝗ vł baliuoꝗ eoꝗdē in dc̄a ꝷra
curiam tenebimꝰ vł tenebunt · ſup ꝑdc̄o deli&to tantumodo · et ſi aliqᵃ
eſcaeta ꝑdc̄o deli&to diſcuſſo emͤſerit · equa intͤ nos ꝉ ꝑdc̄m Walꝷum · ꝉ
heredes ſuos · fiat inde diuiſio ita q medietas illins eſcaete penes nos re-

maneat . ct alia medietas penes dc̄m Walͩum ᷐ heredes fuꝍs remaneat
imppetuū . Nos v° ᷐ fucceſſores nr̄i dc̄o Walͩo ᷐ heredibȝ suis ꝑdc̄am
ͩram cū ptinēciis . ᷐ libertatibȝ vt ꝑdc̄m eſt contᷓ ōm̄es hōinū filios ·
᷐ filias imppetuū Warandizabimꝰ acquietabimꝰ · ᷐ defendemꝰ · In huiꝰ
v° rei teſtimoniū ſigillū cōmune caꝑli nr̄i ꝑſenti carte appoſuimꝰ · Teſte
capͩo nr̄o ꝑdc̄o ᷐ ꝏultis aliis clericis ᷐ laicis · Ego gᷠ Walͩus ᷐ heredes
mei ꝑdc̄am cartam cū articͭis in eadē contentis ꝑdc̄o Abbi ᷐ conuētui ·
imppetuū conſeruabimꝰ illeſam · In cuiꝰ rei teſtimoniū ꝑſenti ſcripto
ſigillū meū appoſui · Daͭ apd ſcoñ die lune in craſtino ſc̄e Lucie virg᷎
᷐ ꝏᷓrtir̄ · Anno gr̄e ꝏ° · ccc° · quarto ·

Bulla Clementis Pape ·

128 Clemens Epiſcopus ſervus ſervorum dei dileẟis filiis Abbati et conventui monaſterii de Scona ordinis Sanẟi Auguſtini Sanẟi Andree
dyoceſis ſalutem et apoſtolicam benediẟionem · Devotionis veſtre precibus inclinati ut poſſeſſiones et alia bona mobilia et immobilia que per-
ſonas liberas fratrum veſtrorum ad monaſterium veſtrum mundi vanitate
Reliẟa convolantium et profeſſionem facientium in eodem ſi Reman-
ſiſſent in ſeculo jure ſucceſſionis vel quocunque juſto titulo contigiſſent
et que ipſi exiſtentes in ſeculo potuiſſent vobis libere Rogare petere
Recipere ac Retinere libere valeatis ſine juris prejudicio alieni auẟori-
tate vobis preſentium indulgemus   Nulli ergo omnino hominum liceat
hanc paginam noſtre conceſſionis infringere vel ei auſu temerario contraire   Si quis autem hoc attemptare preſumpſerit indignationem omnipotentis dei et beatorum Petri et Pauli apoſtolorum ejus ſe noverit incurſurum   Datum piẟauis viij Idus Februarij pontificatus noſtri Anno
tertio.

Carta Confirmationis Roberti Regis fuper Carta Malcolmi Regis.

129 Robertus dei gratia Rex Scottorum Omnibus probis hominibus totius
terre fue clericis et laicis falutem Sciatis nos infpexiffe et cum competenti deliberatione veraciter intellexiffe Cartam venerande memorie Domini Malcolmi dei gratia Regis Scottorum illuftris factam religiofis viris
Abbati et canonicis Monafterii fanctæ Trinitatis et Sancti Michaelis
Archangeli de Scona ibidem deo fervientibus et inperpetuum fervituris
non abolitam non cancellatam nec in aliqua fui parte viciatam in hec
verba [&c. ut fupra 5.] Quamquidem cartam in omnibus punctis et articulis circumftanciis et conditionibus fuis forma pariter et effectu Nos
divine caritatis intuitu et pro falute anime noftre ac pro falute animarum antecefforum et fuccefforum noftrorum Regum Scotie approbamus
ratificamus et eifdem religiofis et eorum fuccefforibus in liberam puram
et perpetuam elemofinam tenore prefentis carte noftre pro nobis et
heredibus noftris in perpetuum confirmamus Salva regni noftri defenfione Exceptis tamen claufulis illis fuprafcriptis que loquuntur de pel-
libus ovium et agnorum de coriis etiam fepe uncto fanguine et decima
panis domus Regis et Regine pro quibus elemofinis habent terras de Blar
in permutationem et recompenfationem Et excepta fimiliter claufula
illa fuprafcripta que loquitur de decima prebende brafei et cani coriorum et cafeorum de quatuor maneriis de Goveryn fcilicet de Scon de
Cuber de Forgrunde et Strathardoll quamdiu tantummodo thanagium
de Scon quod dicti religiofi jam habent ex conceffione noftra in manibus
ipforum perftiterit pro qua decima percipere confueverunt annuatim
feptem libras octo folidos et decem denarios fterlingorum per manus
Vicecomitis de Perth In cujus rei teftimonium prefenti carte noftre
figillum noftrum precipimus apponi Teftibus venerabilibus in Chrifto
patribus Willielmo Johanne Willielmo Mauricio et Gilberto Sancti An-

dree Glafgueufis Dunkeldenfis Dunblanenfis et Sodorenfis ecclefiarum
dei gratia epifcopis Bernardo abbate de Abirbrothoc Cancellario noftro
Malifio comite de Strathern Patricio de Dunbar comite Marchie
Hugone comite de Rofs Waltero Senefcallo Scotie Jacobo domino de
Duglas Gilberto de Haya Conftabulario noftro et Alexandro Frafer
Camerario noftro militibus Apud Sconam primo die Martii Anno regni
noftri vicefimo.

Carta Roberti Regis de decimis lucrorum et efcaetarum.

130   Robertus dei gratia Rex Scottorum Jufticiario ex parte boreali maris
Scocie et Vicecomiti de Perth ac ballivis fuis de Goveri qui pro tempore fuerint falutem Quia per bonam et fidelem affifam factam per
probos et fideles homines patrie coram Thoma Ranulphi comite Moravie
et domino vallis Annandie et Mannie Jufticiario noftro ex parte boreali
maris Scocie evidenter extitit compertum quod religiofi viri abbas et
conventus de Scona tempore bone memorie Domini Alexandri Regis
Scotie predecefforis noftri ultimo defuncti veftiti et fafiti fuerunt in
puram et perpetuam elemofinam de decimis omnium lucrorum et efcaetarum tam de placitis Jufticiarie in Goveri quam Vicecomitatus ejufdem Vobis mandamus et precipimus quatinus dictas decimas prefatis
religiofis et eorum fuccefforibus fingulis annis perfolvi faciatis inperpetuum Et quod in hoc appofueritis vobis in compotis veftris annuis plenius faciemus allocari In cujus rei teftimonium has literas noftras perpetuo duraturas predictis religiofis fieri fecimus patentes Apud Sconam
vicefimo fecundo die Novembris Anno regni noftri quarto decimo.

Carta Roberti Regis de toto thanagio de Scona.

131 Robertus Dei gratia Rex Scottorum Omnibus probis hominibus totius
terre fue tam clericis quam laicis falutem Sciatis nos pro falute anime
noftre et pro falute animarum omnium antecefforum et fuccefforum
noftrorum dediffe conceffiffe et hac prefenti Carta noftra confirmaffe deo
et beate Marie virgini et beato Michaeli Archangelo et Abbati et canonicis de Scona deo et beato Michaeli ibidem fervientibus et perpetuo
fervituris Totum thanagium de Scona cum omnibus iuftis pertinenciis fuis
per rectas metas et divifas fuas Tenend· et habend· eifdem canonicis et
eorum fuccefforibus de nobis et heredibus noftris in liberam puram et
perpetuam elemofinam in bofco et plano in pratis et pafcuis in moris
marefiis et petariis in viis et femitis in aquis ftagnis vivariis lacubus et
pifcationibus in molendinis et multuris in affartis et affartandis et venationibus et aucupationibus et in omnibus aliis libertatibus commoditatibus
et aifiamentis tam non nominatis quam nominatis ad dictum thanagium de
iure pertinentibus feu futuris temporibus pertinere valentibus adeo libere
et quiete plene et honorifice ficut aliqua elemofina in regno Scocie
liberius quietius plenius et honorificentius tenetur feu poffidetur Salva
defenfione regni noftri Volumufque et concedimus quod predicti abbas
et canonici habeant et teneant Curiam fuam de omnibus dictum
thanagium inhabitantibus ficut de aliis hominibus fuis curiam fuam
plenius tenent feu poffident In cuius rei teftimonium prefenti carte
noftre Sigillum noftrum fecimus apponi Teftibus venerabilibus patribus
dominis Henrico Abirdonenfi David Moravienfi et Nicholao Dumblan-
enfi dei gratia Epifcopis Domino Bernardo eadem gratia Abbate de
Abirbrothoc Cancellario noftro Willelmo Comite Roffenfi Malcolmo
comite de levenax Gilberto de haia Conftabulario noftro Scotie et
Roberto de Keth Marefcallo noftro Scotie militibus Apud Inchethor
feptimo die Aprilis Anno regni noftri feptimo.

N

Prohibitio Roberti Regis ne quis canonicos de Scona in commodo faciendo de thanagio de Scona impediat.

132 Robertus dei Gratia Rex Scottorum Omnibus probis hominibus totius terre fue falutem Quia religiofi viri Abbas et conventus de Scona habent de nobis thanagium de Scona ffirmiter prohibemus ne quis ipfos ad faciendum commodum fuum de dicto thanagio prout melius viderint fore faciendum Impedire prefumat contra tenorem Carte noftre eifdem inde confecte Datum Apud Strathurd xxij die marcij Anno Regni noftri decimo.

Carta Roberti Regis de donationibus antecefforum fuorum.

133 Robertus dei gratia Rex Scottorum Jufticiario fuo ex parte boreali aque de forth ac vicecomitibus de Perth et de Forfar et eorum ballivis qui pro tempore fuerint necnon et ceteris probis hominibus totius terre fue falutem Sciatis nos infpexiffe ac veraciter intellexiffe cartas Religioforum virorum Abbatis et conventus de Scona fuper omnibus terris tenementis et poffeffionibus eifdem conceffis per predeceffores noftros Reges Scotie per quas concepimus evidenter quod ipfi Religiofi omnes terras tenementa et poffeffiones predictas de jure tenere debeant adeo libere et quiete plenarie et honorifice in puram liberam et perpetuam elemofinam ficut ecclefia aliqua Regni noftri terras fuas tenementa et poffeffiones liberius quietius ac honorificentius poffidet five tenet Nos vero dictos Religiofos et eorum monafterium defendere et fovere corditer affectantes pro eo quod Reges regni ibidem dignitates fuas recipiunt et honores concedimus Ratificamus et confirmamus per prefentes eifdem Religiofis et eorum fucefforibus in liberam puram et perpetuam elemofinam omnes terras tenementa et poffeffiones predictas

necnon et omnes terras tenementa et poffeffiones quas habent ex donatione noftra in perpetuum　Quare firmiter prohibemus ne quis diĉtos
Religiofos aut homines fuos diĉtas terras feu tenementa inhabitantes in
aliquibus feĉtis prifis captionibus cariagiis feu aliis ferviciis quibufcunque
nos contingentibus contra hanc conceffionem noftram vexare feu gravare
prefumat　In cujus rei teftimonium prefentibus figillum noftrum precepimus apponi　Datum apud Sconam vicefimo nono die Decembris
Anno Regni noftri vicefimo.

De libtatib3 ficut abbes de Abbr̃ ᵗ Dunf⁰mlyn ·

134 Robtus dei gr̃a Rex Scottoᴚ ꞉ Jufticiarijs · vicecõitib3 · Prepõitis ᵗ eoᴚ
balliuis ad quos βfentes lr̃e pueñint salᵗm ꝏandamᵖ vobis ᵗ βcipimᵖ qᵃtinᵖ
pmittatis Religiofos viros Abbem et Conuētum de Sconᶜ · gaudere lib-
tatib3 fuis eis p nos cõceffis iuxᶜ tenorē lr̃aᴚ nr̃aᴚ quas inde habent /
sub magno figillo nr̃o adeo libe ᵗ quiete · ficut Religiofi viri Abbates et
Conuētus de Abirbᴚ et de Dunfermelẏn gaudent libtatib3 fuis / Ita q p
vr̃o defĕu amplius inde iuftam q̃rimoniā nõ audiamᵖ Datᵘ apud Alytĥ
vᵒ die Augᵖti Anno Regni nr̃i vicefimo p̄mo ·

Carta Roberti Regis de decimis lucrorum et efcaetarum ·

135 Robertus dei Gratia Rex Scottorum Jufticiario fuo ex boriali parte
aque de forth necnon vicecomiti et ballivis fuis de Perth qui pro tempore fuerint Salutem mandamus vobis et precipimus quatenus religiofis viris Abbati et conventui de Scon et eorum fucceffioribus fingulis
annis perfolvi faciatis in perpetuum decimas omnium lucrorum et efcae-
torum tam de placitis Jufticiarie quam de placitis vicecomitatus de goueri
De quibus habent Cartam noftram magno figillo noftro figillatam　Et
quod in hoc appofueritis nobis fingulis annis in compotis veftris faci-

emus plenius allocari In cuius rei teftimonium has litteras noftras patentes in perpetuum duraturas eifdem religiofis fecimus liberari Datum Apud Perth xiij° die Octobris Anno regni noftri Sexto decimo ·

Carta Roberti Regis de decima amerciamenti ad fabricam perfolvenda ecclefie de Scona ·

136 Robertus dei Gratia Rex Scottorum vicecomiti et ballivis fuis de Perth qui pro tempore fuerint falutem Quamvis quibufdam perfonis ex noftra gracia fpeciali Remiffionem quorundam fuorum amerciamentorum in quibus coram iufticiario noftro ex parte boriali maris fcocie necnon et vicecomite noftro de Perth multociens conceffimus volumus utique quod unufquifque qui coram aliquo noftrorum miniftrorum in vice-comitatu de Perth in aliquo noftro amerciamento inciderit et in eodem condempnatus fuerit quod illud amerciamentum per remiffum tantum quoad nos vim teneat   Et quod decima inde proveniens per vos levetur et fabrice ecclefie de Scona integraliter perfolvatur in perpetuum nulla alia allegatione impediente Tantum inde ne ab Abbate et conventu de Scona pro defectu veftro iuftam querimoniam non audiamus Datum Apud dunde xxix° die Novembris Anno regni noftri vicefimo primo ·

Preceptum Roberti Regis ne terre Religioforum de Scona nullatenus infra Balliam de forfar onerentur ·

137 Robertus dei Gratia Rex Scottorum vicecomiti et ballivis fuis de forfar falutem mandamus vobis et precipimus quatenus terras religioforum virorum abbatis et conventus de Scona quas tenent in puram et perpe-tuam elemofinam infra Balliam in aliquibus prifis capcionibus marto-rum equorum cariagij multonum focalium aut in Aliis ferviciis quibuf-cumque nos contingentibus nullatenus oneretis nifi quum alias terras

elemofinatas infra balliam veftram in premiffis contigerit onerari Ita quod pro veftro defectu inde querimoniam non audiamus Datum Apud cloueny xiiij° die Decembris Anno Regni noftri vicefimo ·

Carta Roberti Regis de renovandis cartis ab Anglis ablatis.

138 Robertus dei Gratia Rex Scottorum Bernardo Abbati de Abirbrothoc cancellario fuo Scotie falutem Quia veraciter intelleximus quod Anglici hoftiliter figilla quarundum cartarum dilectorum noftrorum virorum religioforum Abbatis et conventus de Scona nequiter Avulferunt et quafdam totaliter fecum Abftulerunt Vobis mandamus et precipimus quatenus fieri faciatis commiffionem de capella noftra in debita forma domino Mauricio dei gratia Dunblañ Epifcopo et vobis Ad examinandum videndum et declarandum cartas ipforum religioforum ac monimenta quas et que nunc habent Et fimiliter fuper cartis totaliter Afportatis per Inimicos ad cognofcendum fuper hiis et fecundum quod dictos religiofos hiis diebus veftitos et faifitos jufte et pacifice poteritis Invenire de terris redditibus poffeffionibus vel libertatibus cartas noftras fuper eifdem in debita forma capelle noftre dictis religiofis renovari faciatis Datum Apud Sconam tertio die Augufti Anno Regni noftri octavo decimo.

Carta Roberti Regis ne quis namos aut hominum Abbatis de Scona pro debito capiat.

139 Robertus dei Gratia Rex Scottorum omnibus probis hominibus fuis ad quos prefentes littere pervenerint Salutem Sciatis quod conceffimus religiofis viris Abbati et conventui de Scona quod nullus namos fuos aut hominum fuorum capiat pro aliquo debito in quibus ipfi religiofi tenentur vel pro plegiagio aliquo ufque ad terminum unius anni a data

prefentium plenarie complendi Quare firmiter prohibemus ne quis ipfos
infra dictum tempus contra hanc conceffionem noftram gravare aut
vexare prefumat fuper noftram plenariam foriffacturam Datum fub
figillo noftro privato Apud Camfkenel xii° die marcii Anno regni noftri
Sexto.

Carta Roberti Regis de decimis Molendinorum de Perth.

140 Robertus dei Gratia Rex Scottorum Alexandro fratri Camerario fuo
Scotie vel ejus locum tenenti falutem Mandamus vobis et precipimus
quatenus deferviri faciatis religiofis viris abbati et conventui de Scona
de decimis fuis omnium molendinorum noftrorum de Perth prout melius
eifdem aliquo tempore deferviebatur Et fi qui firmarii aliquid fibi de
dictis decimis appropriare feu retinere voluerint ipfos jufte compellatis
ad reftitutionem faciendam predictis religiofis Datum apud clony iiii°
die augufti Anno regni noftri xxi°.

Carta Roberti Regis de firmis de tenentibus levandis ·

141 Robtus dei grā Rex Scot˙ · Jufticiar˙ · vic˙ · ꝓpõitis et eoꝛ ballivis ad
quos ꝓfentes ȋre puen̅int Salᵗm · Ex q̄rimonia Religiofoꝛ viroꝛ Abbͭis
ᵼ Conuentus de Scona concepimꝰ / q̄ firmas quafdam de aliquibჳ tenen-
tibჳ fuis leuare nō poffūt · Quare vobis ꝓcipimꝰ et mandamꝰ qᵃtinꝰ
qᵃndocūqᛋ p dc̄os Religiofos fup hoc fůitis req'fiti fitis refpondentes ᵼ
auxiliantes ballivis fuis / ad compellendū ꝑ firmis antedc̄is · ita q̄ in
vr̄o defectu amplius inde iuftā querimoniā nō audiamꝰ · Datˀ apud Alytħ
vj° die Augufti · anno Regni nr̄i vicefimo primo ·

Carta Roberti Regis ut cuſtodiatur lacus de Blare ad opus Regis ·

142 Robertus Rex Scottorum vicecomiti et ballivis ſuis de perth Salutem Quia volumus quod lacus de blaᷓ infra balliam veſtram cuſtodiatur ad opus noſtrum proprium pro adventibus noſtris Apud Sconam Vobis mandamus et precipimus quatenus diᷤum Lacum taliter cuſtodiri faciatis quod nullus piſcari preſumat in eadem niſi tantummodo ad ûſum proprium religioſorum virorum abbatis et conventus de Scona Datum apud Clacmanan xxvi° die marcij Anno regni noſtri viceſimo primo ·

Rogatio Roberti Regis de lapicidio de Kynkarachi et Balcormoc ·

143 Robertus dei gratia rex Scottorum religioſis viris abbati et conventui de ſcona dileᷤis et fidelibus ſuis ſalutem Vos rogamus quatenus ad inſtantiam noſtram concedere velitis licentiam capiendi lapides in lapicidio veſtro de kynkarachi et balcormoc pro conſtruᷤione ecclefie de perth et pontium de perth et de Eryn Ita quod diᷤa licentia non cedat vobis in dampnum aut prejudicium Datum Apud glaſcu Quarto die Julii Anno Regni noſtri viceſimo tertio ·

Conventio inter Abbatem de Scona et Edmundum de Haya del Leys et
Willielmum filium ejus ·

144 Anno gr̃e · ᴁ° · CCC° · Duodecimo · ſſc̃a ẽ ℈uencõ hec inꝼ Religioſos ·
viros Dm̃ Thomã đi gr̃a Aƀƀem de Scon^ꞇ · ꞇ ei⁹đm loci cōuentū ex
vna pte · et Edmūdum de Haya del Leys · ꞇ Wiłłm filiū ei⁹ ex alꞇa
pte · videꞇȝ ꝗ dc̃i Aƀƀs ꞇ ℈uent⁹ cōceſſerūt · ꞇ ad f'mã dimiſerūt totã
ꞇram ſuã de Balgarvi cū om̃ibȝ ptinencijs ꞇ ſuis rectis diuiſis cū q'bȝ
Huſbandi eandē ꞇrã ad f'mã tenere ſolebāt · dc̃is Edmundo ꞇ Wiłło filio
ſuo ꞇ hr̃dibȝ dc̃i Wiłłi de corpe ſuo ꝓp'o legitime · dir^cte · immediate ·
linialiꞇ · ꞇ ñ ex laꞇe ꝑc°andis ꞇ deſcendentibȝ vſꝗ ad ꞇminū t'ginta
Annoꝛ ſƀſeꝗncium plene cōplendoꝛ Reddendo inde annuatim dc̃i Edmund⁹ · Wiłłs fili⁹ ſuns · ꞇ hr̃des dc̃i Wiłłi dc̃is Aƀƀi ꞇ ℈uentui p'mo Anno
duas ᴁ^ꞇrcas bonoꝛ ꞇ legaliū ſꞇlingoꝛ · videꞇȝ ᴍedietatē ad feſtū Pente-
choſtes · ꞇ aliã ᴍedietatē ad feſtū Sc̃i ᴍartini in hyeme · Sc̃do Anno ·
duas ᴁ^ꞇrc° ad ꞇminos ꝓnotatos · Tercõ Anno t°s ᴍarc° · Q^ꞇrto Anno
q^ꞇtuor ᴁ^ꞇrc° · Q'nto Anno⸴ q'nꝗ ᴁ^ꞇrc° · Sexto Anno · Sex ᴁ^ꞇrc° · ꝑ
Sex v° Annos īmediate ſeꝗnt° videꞇȝ vſꝗ ad finē duodecimi Anni q°libȝ
Anno ſoluent Sex ᴁ^ꞇrc° ad ꞇminos ꝓnotatos · ꝑ octo v° Annos īmediate
ſeꝗnt° videꞇȝ vſꝗ ad finē viceſimi Anni q°libȝ āno ſoluēt octo ᴁ^ꞇrc° · ꝑ
decē v° Annos īmediate ſeꝗntes videꞇȝ vſꝗ ad finē t'ceſimi Anni ſoluēt
q°libȝ Anno decē ᴁ^ꞇrc° bonoꝛ ꞇ legaliū ſꞇlingoꝛ ad ꞇminos ꝓnotat°
Termino int°it⁹ dc̃oꝛ Edmūdi ꞇ Wiłłi in dc̃am ꞇram incipiente ad feſtū
Pentechoſt° Anni Dñi · ᴁ' · ccc' · Duodecimi · Termīo p'me ſolucõis ſue
īcipiente ad feſtū Pentechoſt° Anni gr̃e · ᴁ' · ccc' · Tertijdecimi · P^ꝋdc̃i
v° Edmūd⁹ · Wiłłs · ꞇ hr̃đ dc̃i Wiłłi facient ſectã ad Curiã Aƀƀis ter in
Anno ad t'a placita capitalia · Huſbandi eoꝛ faciēt ſectã ad oĩa placita
dc̃i Aƀƀis tenēda inf^ꞇ Baroniã de Scon^ꞇ · Dc̃i ꞇ Edmūd⁹ · Wiłłs · ꞇ
heredes dc̃i Wiłłi cū oĩi gñe bladi c°ſcent° in dc̃a ꞇra de Balgarvi ꝗd

ꝏolēt ꝑ fuſtentacõe ſua ⁊ venient ad ꝏolendinū dc̃oꝝ Aƀƀis ⁊ cõuent⁹
de Kyncarroqᵘ · ⁊ ibi dabūt vicefimū qᵃrtū vas ad ꝏulturā ꝑ oƀⁱbȝ ·
faluo Jure ſeruienc̄ ꝏolendini · Hoīes v° huſbandi · ⁊ Cottarij eoꝝ ꝑfta-
būt fextū decimū vas de õi gñe bladi c̄ſcent̄ in dc̃a ꝉra de Balgarvi
ficut alij Huſbandi ⁊ natiui dc̃oꝝ Aƀƀis ⁊ ꝑuent⁹ · facient ⁊ tam iƥi qᵉ
tenent̄ ſui ad ꝑparacõem ⁊ fuſtentacõeⁿ dc̃i ꝏolendini in oƀⁱbȝ ficut
alij huſbandi faciūt in c̄cuitu · Dc̃i ⁊ Edmūd⁹ · Wiƚƚs · ⁊ hr̃d dc̃i Wiƚƚi
facient forinfecū ſuiciū dñi Regᵉ · qᵃnt̄ ad dc̃am ꝉram ptinet · Et
sꝑtinebūt oīa alia oña dc̃am ꝉram qᵃliꝉcūꝗ, tangencia vſꝗ, ad finē ꝉmini
ſui ꝑdc̃i · Dc̃i ⁊ Edmund⁹ · Wiƚƚs · hr̃d dc̃i Wiƚƚi · ac hoīes ſui
cõmorant̄ in dc̃a ꝉra de Balgarvi pcipient focale de cõmunj ad vſus
ꝑꝓos tm̃ · nᶜ inde vendent · dabūt · vꝉ aliq° alio m° alienabūt · nⁱ de
ꝉra ſua arabili · ꝗ liceat eis inde pcipe dare ⁊ vendere · Saluo dc̃is
Aƀƀi ⁊ ꝑuentui ⁊ eoꝝ fucceſſoribȝ in cõmuni paftura dc̃e ꝉre vſufru̐tu
ꝑ ſuis aĩalibȝ · In ꝏoris ⁊ ꝏarefeis ꝑ focali pcipiendo cū indiguerint ·
Si autē q̃rele ꝏinores ⁊ ñ gᵃues exorte fuerint inꝉ hoīes dc̃oꝝ Edmūdi
Wiƚƚi ⁊ hr̃dū dc̃i Wiƚƚi ⁊ inꝉ ſe decident² ⁊ corrigent² · Si autē ꝏaiores
fuerīt · ⁊ ad dominiū ptinent̄ ⁊ ad Curiā dñi Aƀƀis debent referuari ·
⁊ ibidm̃ iꝑte deꝉminari · Saluo in oƀⁱbȝ dc̃o dño Aƀƀi dominio ·
Dc̃i ⁊ Edmūd⁹ · Wiƚƚs · ⁊ hr̃d dc̃i Wiƚƚi · ad cõfiliū · ⁊ auxiliū dc̃oꝝ
Aƀƀis ⁊ cõuent⁹ cū reqᵘfiti fuerint · fine fimulacõe accedere debent ·
Et ſi cõtingat dñm nr̃m Regē donacõem dc̃e ꝉre a dc̃is Aƀƀe ⁊
cõuentu reuocare ⁊ dc̃i Edmūd⁹ · Wiƚƚs · hr̃des dc̃i Wiƚƚi · ac eoꝝ
huſbandi abſꝗ, fⁱma anni · ſui receſſus recedent · Dc̃i ⁊ Edmūd⁹ ·
Wiƚƚs · ac hr̃des dc̃i Wiƚƚi in dc̃a ꝉra de Balgarvi edificia ꝑ ſe ⁊
huſbandis ſuis cõſtrui faciēt cõpetencia · que in fine ꝉmini ſui sic
dimittēt edificata In cui⁹ rei teſtimoniū ꝑti hui⁹ fc̄pti in modū
Cyrogᵃfphi confe̐ti · penes ꝑdc̃os Edmundū · ⁊ Wiƚƚm refidenti ⁊
Sigillū cõmune Capꝉi de Sconᶜ eſt appenfū · ꝑti v° penes ꝑdc̃os Aƀƀem
⁊ cõuentū refidenti ⁊ Sigilla ꝑdc̃oꝝ Edmundi ⁊ Wiƚƚi funt appenfa ·

Litᵖa de oĉto foliđ · de ᴄⁿagᵃ Hurˑ ·

145. Vniuͤſis Sanĉte matris ecc̃e filiis cͭicis ᛏ laicis ᴄ(Dalifius Comes de Stᵃtheryn falutem · Sciant tam ꝑſentes qᵃm futuri me caritatis intuitu ᛏ pro aīabus p̃ris mei ᛏ matris mee · ᛏ pro aīabus anteceſſoꝗ ᛏ Succeſſoꝗ meoꝗ · dediſſe · conceſſiſſe ᛏ hac ꝑſenti Carta mea confirmaſſe Deo ᛏ b̄e ᴄ(Darie ᛏ ecc̃e Sc̃e Trinitatis ᛏ b̄i ᴄ(Dichaelis de Scona ᛏ canonicis ibidem Deo feruientib₃ ᛏ feruituris in ppetuū Oĉto folidos argenti annuatim pcipiendos in ꝑritorio de ᴄⁿagna Hure ad inueniendū panem et vinū in oblaĉc̃ne corpis xp̃i in dc̃a ecc̃a de Scon Tenendos fibi et fucceſſoribus fuis de me ᛏ heredibus meis · ita libͤe ᛏ quiete · pacifice ᛏ honorifice · in libͤam puram ᛏ ppetuam elemofinam ficut aliqua domͦ Religionis tenet aliquā elemofinam · libͤius quiecius ᛏ honorificencius ab aliqᵒ Comite in toto Regno Socie In cuiͦ Rei teſtimoniū hoc ꝑſens fc̃ͭptum Sigilli nr̄i inꝑſſione feci Roborari · Hiis teſtibus · Dño Walᵖo de Rothuen · dño Roᵹo de ᴄⁿegfen · ᴄⁿilitib₃ Johͤe de ᴄⁿorauia đno de Drūfergartˑ · Wiͮo de Crambeth · Symone de ᴄⁿaller · Thoma dc̃o mar ᛏ ᴄⁿultis aliis · Et ego ᴄⁿalifius Comes de Stᵃtherin hanc donaĉc̃nem p̃ris mei confirmo · et in fignū huiͦ confirmaĉc̃nis figillū meum appono ·

Carta Reginaldi Chen militis de ꝑra iuxta Crūboch ·

146. Omnib₃ hoc fc̃ͭptū vifurˑ vͭ auditurˑ · Reginaldus lecˑ Chen̄ miles falut in dño sempiᵖnam · Nouͤit vniuͤſitas vr̃a me ꝑ salute anime mee ᛏ p̃ris mei anteceſſoꝗ ᛏ succeſſoꝗ meoꝗ · Dediſſe · conceſſiſſe · ᛏ hac ꝑſenti carta mea confirmaſſe ī liberā purā ᛏ ppetuā elemofinā Deo ᛏ Ecc̃e Sc̃e t̃nita · · · ᛏ Sc̃i ᴄ(Dichaeͭ de Scona ᛏ Ab̄bi ᛏ Canonicis ibiđm Deo ᵍuientib₃ ᛏ inppetuū ᵍuiturˑ totā ꝑram meā ꝑpe riuulū de

Crumbocħ ex pte aq'lonali · · · · · · · Scon quā felicis recordacõnis
Aɫx ꝗ · · us Rex Scoc᷎ pat · · · · · · ·᷎ · dedit · Illam scilicȝ que iacet
contigua ex pte orientali ꞇre in qua fituatū fuit mańium bone me‑
morie Alex˩ bone memorie quondā Comitis de Buchan anteqᵃ idm
Comes fecit efcambiū cū Dño · · · re · · · · · ꝑ ꞇra in qua fituatū eft
mańium dõi Comitis ꝓpe Drūmẏog᷎ iuxta flumen de Taẏ · Tenenđ
ꞇ ħnđ ꝓdõis Aƀbi ꞇ Canonic᷎ inppetuū adeo liƀe · q'ete · plenarie ꞇ
integre ꞇ honorifice ⸴ Sicut illam de dño Rege pater meus tenuit
uɫ aliquis baro aliqᵃ ꞇram dare poꞇit ī regno Scocie In cuiꝰ rei tefti‑
moniū ꝓfenti Sc'pto ꞇ carte Sigillū meū appofui · Teftibȝ dñis · Roƀto ·
Petº de fangfos ꞇ Joħe filio hugonis ortolani capellanis · Roƀto dõo
lupello · Gilberto bel armiꝗis ꞇ mɫtis alijs ·

Bulla Clementis pape de protectione ·

147. Clemens eꝑs feruus feruoꝗ dei Dilectis filiis Abbati et conuentui ꝏnaf‑
terij de Scona ordinis fancti Auguftini Sanctiandree dioc Salꞇ et aplicam
beñ · Cum a nobis petitur quod iuftum eft et honeftum tam nigor equi‑
tatis quam ordo exigit rationis ut id per follicitudinem officij nꞃi ad
debitum perducatur effectū · Ea propter dilecti in domino filij uꞃis iuftis
poftulationibȝ grato concurrentes affenfu perfonas uꞃas et locum in quo
diuino eftis obfequio mancipati cum omnibȝ bonis que in prefentiaꝗ
rationabiliter poffidetis aut in futurum iuftis modis preftante domino
poteritis adipifci fub beati Petri et nꞃa protectione fufcipimus fpecialiter
autem decimas poffeffiones domos prata pafcua nemora pifcarias grangias
et alia bona uꞃa ficut ea omnia iufte et pacifice poffidetis nobis et per
uos eidem ꝏnafterio auctoritate aplica confirmamꝰ et prefentis fcripti
patrocinio cōmunimus falua in predictis decimis moderatione concilij
generalis · Nulli ergo omnino hominum liceat hanc paginam nꞃe protec‑
tionis et confirmationis infringere uɫ ei aufu temerario contraire · Siquis

autem hoc attemptare prefumpſerit indignationem omnipotentis dei et
beatoꝥ Petri et Pauli aptoꝥ eius ſe nouerit incurſurum · Daꬶ Piꞇtauis
viij Iꬷ februarii Pontificatus nr̄i Anno Tertio ·

In cauſa inter Priorem de May, ꞇcᵒ ·

148. Acꞇ corā noꞇ Andr̄ de Glaſſerth ꞇ Wiꞇꞇo ꝑpetuo vicar̄ ecꞇe de largauch
dn̄i offiꞇ cur̄ ſc̄i Andr̄ ꝓmiſſar̄ in ecꞇa pochī ciuitaꞇ Sꞇi Andr̄ die veñis
ꝓxᶜ poſt f ᵐ ſꞇi petri qꬷ dicit² ad nincꞇa anno gr̄e Ꟁᵒ · ccc° · ꝉꞇꞇꞇ decio ·
In ꞇa que v̆tit² inꝉ dn̄m Ꟁartinū p'orē de ꟿay aꞇꞇorē ex ꝑte vna pᶜꞇr
ꝓpentē ꞇ reliꬶ viros dn̄os Aꞇꞇm ꞇ ꝑuꞇū de ſconᶜ reos ex alꞇa p magr̄m
Rogᵘm de Wallunbrey ꝑcur̄ eoꝥ cōpentes · videlꝫ cū conſtarꝫ noꞇ ſcꬷm
retᵒaꞇꞇa dꞇos diē ꞇ locū fuiſſe p̄fixos dꞇis Aꞇꞇi ꞇ ꝑᵗᵘⁱ de Scon ᶜ ꝑti ree
ad ponenꬷ ꞇ ad ꝑbanꬷ qᶜrto cū solēpitate qᶜſꬷā excepcōes pemptorias
ſi qᶜs voluŭit ꝑbare · ꞇ ad tᶜdenꬷ artiꞇlos ſr̄ eiſꬷē · Q'bꝫ die ꞇ loco dꞇa ps
rea peciit a dꞇo dn̄o Ꟁartino aucᶜtem sui supioris · deinde exhibita qᶜdā
ꞇra Auꞇꞇoritatis cui꞉ copiā decᵒuim꞉ ꝑti ree p̄dꞇe fore tᶜdendā · Q'bꝫ sᶜ
aꞇꞇis · dꞇa ps rea tᶜdid' arˡᵒˢ ꞇ tᵉs teſtes ꝑduxit ſup eiſꬷ qᵒs cū ēent senes
ꞇ valitudinarij dꞇa ps cū iſꞇacia peciit adm'ti · dꞇa v ps aꞇꞇ'x ꝓpoſuit
in inꬷo q nꝫ arˡⁱ nꝫ teſtes ſr̄ eiſdē ēent adm'tendi p qᶜſꬷ rōes in iuꬷo
exhibitas p qᶜs cōcludere se dicebant qꬷ si ꝑbaſſent illos arˡᵒˢ ꞇ exᵒnes
nō valerꝫ eis aliq's · · · · · adm'ti ad ꝑhanꬷ de iure qꬷ ꝑbatū s' nō ꝑdēet ·
ꞇita inde lōga alꞇcacōe ſup dꞇis rōibꝫ decᵒuim꞉ copiā illaꝥ rōnū ꝑti ree
tᶜdendā inf ᶜ oꞇꞇo dies teſtes vᵒ a ꝑte rea ꝑduꞇtos decreuim꞉ fore adm'ten-
dos p̄miſſa vᵒ proteſtacōe ꝑtis aꞇꞇ'cis de dicēdo in teſtes ꞇ teſtifi · · · · · ꝗ
q dꞇa ꝑducꞇō nō cederet s' in p̄iudiciū n' qᶜteñ de iure debeat · Q'bꝫ vᵒ
teſtibꝫ ꝑduꞇtis iuratis ꞇ ī for ᶜ iur̄ exam̄tis p nos p̄fixim꞉ ꝑti ree diem
ꟿᵒcurij ꝑx̄ poſt f ᵐ bī ꟿichis archangꞇi loco qᵒ p'uꞇ ad reſpōdēꬷ dꞇis
rōibꝫ ꞇ ad p̄blicanꬷ atteſtacōes dꞇoꝥ teſtiū · ꞇ ad ulꞇi꞉ facienꬷ dꞇis diǫ
ꞇ loco qꬷ iur̄ fŭit ꞇ r̄onis ·

Carta Symonis abbatis Magiftro Andree de Striuelyn.

149. Omnibus hanc cartam vifuris vel audituris Symon dei gracia Abbas dé Scona et ejufdem loci conventus eternam in domino falutem Noverit uni_verfitas veftra nos de unanimi confenfu et affenfu totius capituli noftri affedaffe et ad firmam dimififfe magiftro Andree de Striuelyn pro tempore vite fue totam terram noftram de Girfmerand cum omnibus fuis rectis divifis commoditatibus et ayfiamentis ad dictam terram fpectantibus feu de jure fpectare valentibus a fefto fancti martini in yeme Anno gratie ꝏ° ccc° vicefimo fexto Solvend quolibet anno quinque marcas fterlin_gorum ad duos anni' terminos videlicet medietatem ad feftum Pente_coftes et aliam medietatem ad feftum fancti Martini in yeme et fic de anno in annum et de termino in terminum ufque ad terminum vite fue nifi quod abfit impotentia fua fupervenerit Et dictus magifter Andreas non affedabit dictam terram vel aliquam partem ejufdem alicni fe potentiori Set eandem terram cum pertinentiis pacifice poffidebit et inhabitabit Et idem magifter Andreas et homines fui dictam terram inhabitantes folvent molendino de kyncarauch fextum decimum vas de omni grano crefcente in eadem De bladis vero per ipfum magiftrum Andream venditis perfolvet molendinariis dicti molendini vicefimum vas et dictus magifter Andreas veniet ad tria placita capitalia dicti abbatis et con-ventus. Homines vero fui facient ad curiam domini Abbatis ficut ceteri hufbandi faciunt et falvo dominio dicto Abbati et conventui in omnibus In cujus Rei teftimonium Sigillum commune dicti capituli noftri de Scona eft appenfum.

Confirmatio Davidis Regis Carte Roberti Regis.

150. David dei gratia Rex Scottorum Omnibus probis hominibus totius

terre fue clericis et laicis falutem Sciatis nos cum diligenti deliberatione infpexiffe cartam domini patris noftri factam religiofis viris Abbati
et conventui monafterij de Scona non abolitam non cancellatam nec
in aliqua fui parte viciatam in hec verba Robertus dei gratia Rex
Scottorum jufticiario ex parte boreali aque de Forth ac vicecomitibus de
Perth et de Forfar et eorum ballivis qui pro tempore fuerint necnon et
ceteris probis hominibus totius terre fue falutem Sciatis nos infpexiffe ac
veraciter intellexiffe cartas religioforum virorum Abbatis et conventus de
Scona fuper omnibus terris tenementis et poffeffionibus eifdem conceffis
per predeceffores noftros Reges fcotie per quas concepimus evidenter
quod ipfi religiofi omnes terras tenementa et poffeffiones predictas de
iure tenere debeant adeo libere et quiete plenarie et honorifice in puram
liberam et perpetuam elemofinam ficut ecclefia aliqua regni noftri terras
fuas tenementa et poffeffiones liberius quiecius ac honorificencius poffidet
five tenet Nos vero dictos religiofos et eorum monafterium defendere et
fovere corditer affectantes pro eo quod reges Regni ibidem dignitates
fuas recipiunt et honores Concedimus ratificamus et confirmamus per prefentes eifdem religiofis et eorum fucceffforibus in liberam puram et perpetuam elemofinam omnes terras tenementa et poffeffiones predictas necnon
et omnes terras tenementa et poffeffiones quas habent ex donatione
noftra in perpetuum Quare firmiter prohibemus ne quis dictos religiofos aut homines fuos dictas terras feu tenementa inhabitantes in
aliquibus fectis prifis captionibus cariagiis feu aliis ferviciis quibufcunque
nos contingentibus contra hanc conceffionem noftram vexare feu gravare prefumat In cujus rei teftimonium prefentibus figillum noftrum
precepimus apponi Datum Apud Sconam xxix° die Decembris anno
regni noftri vicefimo tertio Quamquidem Cartam confirmationis in
omnibus punctis articulis conditionibus et circumftantiis fuis forma
pariter et effectu Nos divine caritatis intuitu et pro falute anime noftre
et pro falute animarum omnium antecefforum et fuccefforum noftrorum

ratificamus approbamus et tenore prefentis carte noftre pro nobis et heredibus noftris in perpetuum confirmamus In cujus rei teftimonium prefenti carte noftre figillum noftrum precepimus apponi Teftibus venerabilibus patribus dominis Willelmo Alexandro Rogero et Adam Glafguenfi Abirdonenfi Roffenfi et Brechinenfi ecclefiarum dei gratia Epifcopis Roberto fenefcallo Scotie nepote noftro patricio de Dunbar comite marchie Willelmo comite de Roffe Œauricio de Moravia confanguineis noftris Malcolmo Flemyng Willelmo de Dowglas et Thoma de Carnoco cancellario noftro militibus in pleno parliamento noftro tento Apud Sconam feptimo decimo die Septembris anno regni noftri tertio decimo.

Carta Davidis Regis confirmatoria thanagii de Scona.

151. David Dei gratia Rex Scottorum Omnibus probis hominibus totius terre fue falutem Sciatis nos infpexiffe ac veraciter intellexiffe cartam domini patris noftri factam religiofis viris Abbati et conventui monafterij de Scona non abolitam non cancellatam nec in aliqua fui parte viciatam in hec verba Robertus Dei gratia Rex Scottorum [&° ut fupra No. 131.] Quam quidem Cartam in omnibus punctis articulis conditionibus et circumftantiis fuis forma pariter et effectu Nos divine caritatis intuitu et pro falute anime noftre et pro falute animarum omnium anteceflorum et fucceflorum noftrorum ratificamus approbamus et tenore prefentis carte noftre pro nobis et heredibus noftris in perpetuum confirmamus In cujus rei teftimonium prefenti carte noftre figillum noftrum precepimus apponi Teftibus venerabilibus patribus dominis Willelmo Rogero Alexandro et Adam Glafguenfi Roffenfi Abirdonefi et Brechinenfi ecclefiarum Dei gratia Epifcopis Roberto fenefcallo Scotie nepote noftro Patricio de Dunbar comite Marchie Willelmo comite de Rofs confanguineo noftro Mauricio de Moravia

Malcolmo Flemyng Willelmo de Douglas et Thoma de Carnoco cancellario noſtro militibus in pleno parliamento noſtro tento Apud Sconam
xvij° die Septembris anno regni noſtri tertio decimo.   •

Confirmatio Davidis Regis de cindendo meremio.

152. David dei gracia Rex Scottorum Omnibȝ et ſingꝷis foreſtarijs nr̄is
foreſtarum nr̄aꝗ de Clony de Alycht et de Plat̄ ac aliaꝗ foreſtaꝗ nr̄aꝗ
p totū regnū nr̄m Salt̄m Sciatis ꝗ cū nos tam p inſpeccõem cuiuſ-
dam carte q°ndam ꝳalcolmi Regis Scottoꝗ illuſtris ꝑdeceſſoris nr̄i qᵃ,
cui°dam cõfirmacõis in forma maiori recolēde memorie q°ndam ꝓgeni-
toris nr̄i Religioſis viris et capellanis nr̄is Aƀƀi et conuentui moᵃꝷt̄ꝰij de
Scoñ fac̄taꝗ euident̄ concepimus ꝗ dc̄i Religioſi liƀam facultatem et
licenciam habere debeant in oı̄nibȝ foreſtis nr̄is et nemoribȝ tam in
illis que ꝑtinebant ad dc̄m q°ndā Regem ꟲalcolmum ꝑdeceſſorem
nr̄m tempe ſuo qᵃ ad nos tempibȝ modernis ſpᶜtantibȝ p totū Regnū
nr̄m ad cindendum m̄emiū in eiſdem tam ꝑ edificiis ſuis et hoı̄m ſuoꝗ
qᵃ clauſuris aı̄aliū eoꝗdem Nos vero nolentes iꝑoꝗ Religioſorum pꞌuilegia et liƀtates p ꝑdeceſſores nr̄os eis conceſß et cõfirmat̄ in aliquo
minꞇe ſed poci° ipās deuoci° augmentare et ꝗ dc̄a conceſſio et licencia
p ꝑdeceſſores nr̄os vt ꝑmꞌtit² fac̄t ꝑpetui roboris optineant firmitatem
conceſſim° eiſdem liƀam licenciam et facultatem cindendi m̄emiū vt
ꝑdicit² in foreſtis nr̄is de Clony Alycht et del plat̄ ac oı̄nibȝ aliis et ſingꝷis
foreſtis et nemoribȝ nr̄is p totū Regnū nr̄m pro iꝑoꝗ Religioſorum et
hoı̄m ſuoꝗ edificiis ac eoꝗdem religioſorum ꞇ hoı̄m ſuoꝗ aı̄alium clauſuris Ita ꝗ liƀe tam in iꝑis foreſtis nr̄is et nemoribȝ non noı̄atis qᵃ
ſupius nõiatis m̄emiū cindere valeant dc̄mꝗ m̄emiū p iꝑos religioſos
aut hoı̄es ſuos ciſſum vel cindendum quociens et qᵃndo neceſſe fūit abducere et cariare pro ſuis vſibȝ ſupᵃdc̄is Quare nobis et vr̄m cuilibet
diſtric̄te ꝑcipim° ꞇ mandam° qᵃtin° quocienſcūꝗ et qᵃndocūꝗ dc̄i re-

ligiofi vel eorum homīes ad foreſtas nr̃as vel nemora nr̃a vel eaɋ aut
eorum aliquā vel aliquod adueñint pro m̃emio ad edificia ſua et aīaliū
clauſuras acqʳrenđ nullā violenciam pt²bacõem gᵅuamen vel impedimētū
eis inferatis vel a vr̃is quomodolibȝ inferri pmittatis qˡn pro ſuis vſibȝ
ſupᵅdc̃is libe et abſɋ, impedim̃ito dc̃m m̃emiū cindere ciſſumɋ, cariare et
abduċe valeant quociens neceſſe fũit vt eſt dc̃m Et hoc ſub pena que
competit nullaten⁹ omittatis In cui⁹ rei teſtiõm p̃ſentibȝ vobis oſten-
dendis peneſɋ, p̃ſatos Religioſos ppetuo remanſur̃ Sigillū nr̃m p̃cepim⁹
apponi Apud pth qˡnto die Julij Anno Regni nr̃i Triceſimo qˡnto.

Confirmatio Davidis Regis de cindendo meremio.

153. David Dei gratia Rex Scottorum omnibus probis hominibus totius
terre ſue clericis et laicis ſalutem Sciatis quod cum nos tam per inſpec-
tionem cujuſdam carte quondam Malcolmi Regis Scottorum illuſtris
predeceſſoris noſtri quam cujuſdam confirmationis in forma majori recolende memorie quondam progenitoris noſtri religioſis viris et capellanis
noſtris abbati et conventui monaſterij de Scona faꝗarum evidenter con-
ceperimus quod diꝗi religioſi liberam facultatem et licentiam habere
debeant in omnibus foreſtis noſtris et nemoribus et tam in illis que per-
tinebant ad diꝗum quondam Regem Malcolmum predeceſſorem noſtrum
tempore ſuo quam ad nos temporibus modernis ſpeꝗantibus per totum
regnum noſtrum ad cindendum meremium in eiſdem tam pro edificiis
ſuis et hominum ſuorum quam clauſuris animalium eorundem Nos
vero nolentes ipſorum religioſorum privilegia et libertates per prede-
ceſſores noſtros eis conceſſa et confirmata in aliquo minuere ſet pocins
ipſas deuocius augmentare et quod diꝗa conceſſio et licencia per prede-
ceſſores noſtros ut premittitur faꝗe perpetui roboris obtineant firmitatem conceſſimus eiſdem liberam licenciam et facultatem cindendi meremium ut predicitur in foreſtis noſtris de Clony alicht et del plaɫ ac

omnibus aliis et fingulis foreftis et nemoribus noftris per totum regnum noftrum pro ipforum religioforum et hominum fuorum edificiis ac eorundem religioforum et hominum fuorum animalium claufuris. Ita quod libere tam in ipfis foreftis noftris et memoribus non nominatis quam fuperius nominatis meremium cindere valeant dictumque meremium per ipfos religiofos aut homines fuos ciffum vel cindendum quociens et quando neceffe fuerit abducere et cariare valeant pro fuis ufibus fupradictis Quare omnibus et fingulis foreftariis de clony alicht et del plat ac aliarum foreftarum noftrarum et nemorum quorumcunque diftricte precipimus et mandamus ne prefatos religiofos homines fnos vel fervientes quofcunque meremium in dictis foreftis noftris aut nemoribus cindendo vel ab inde quociens neceffe fuerit cariando et abducendo gravare moleftare vel aliqualiter impedire prefumant vel eorum prefumat aliquis fub pena que competit in hac parte In cuius rei teftimonium prefentibus penes prefatos Religiofos in perpetuum duraturis Sigillum noftrum precepimus apponi Apud perth quinto die Julij Anno regni noftri tricefimo primo.

Carta Regis Davidis de revocandis penfionibus in detrimentum monafterii conceffis.

154. David Dei Gratia rex Scottorum Venerabili in Chrifto patri Abbati de Scona et ejufdem loci conuentui falutem Concepimus autem ex relatione fidedignorum quod quedam annue penfiones perhendinationes ac alie preftationes per predeceffores veftros date funt et conceffe diverfis perfonis in magnum ac grave detrimentum monafterij veftri Ita quod redditus dicti monafterij veftri ad fuftentationem veftram et edificiorum reparationem ad quorum opus et ufum ex elemofina predecefforum noftrorum regum fcotie date fuerunt et conceffe fufficere non poffint hiis diebus unde declaratum eft et decretum per confilium noftrum in parlia-

mento noftro tento apud fconam vicefimo feptimo die menfis feptembris
ultimo preterito quod tales penfiones perhendinationes ac alie preftationes
tenere non debeant nec valeant fine confenfu et affenfu fundatorum et
ad nos merito pertineat providere ne elemofine predecefforum noftrorum
et noftre ad et in alios ufus quam ad et in illos pro quibus fuerunt conceffe et ordinate applicentur feu expendantur Mandamus vobis et
diftri&e precipimus quod alique tales penfiones perhendinationes feu
alie preftationes per vos aut predeceffores veftros fine expreffo confenfu
et affenfu noftro aliquibus perfonis date fint et conceffe illas penitus ex
nunc revocetis nec ipfas vel aliqua arreragia earundem ulterius perfolua-
tis feu de ipfis cuicumque refpondeatis quia ipfas ex decreto confilij
noftri penitus revocamus et revocatas renunciamus Et ficut noftram
indignationem euitare volueritis iftud facere nullatenus omittatis Datum fub figillo noftro in di&o parliamento noftro tento Apud Sconam
fecundo die menfis o&obris Anno Regni noftri tricefimo o&auo et domini Millefimo tricentefimo Sexagefimo feptimo.

Carta Regis Davidis de regalitatibus et libertatibus ·

155. Dauid dei gr̄a Rex Scottoꝗ Juftic̄ / vic̄ · ꝑpōitis / ꞇ eoꝗ balłis ˙cetisq̖
minift᷏s· nr̄is · ad˙ quos p̄ntes ꞇre puen̄int Saƚm Licet ex deliꞰatione
plañti cōi vtilitate penfata om̄s ꞇ finḡle r̄galitates ꞇ liꞰtates quibᵛ-
cumq̖ pfoñ de nono conceffe gñaƚr̄ fůint r̄uocate / vt fcilicꝣ ad nr̄a Ꝙuicia
cont᷏buant ꞇ conferuiant / ac oñа debita st̄eant cū vicinis · nō tñ extitit
ordīatū / nᶜ eft aut fuit nr̄i vel nr̄i confilii intēcio q᷏n antiꝙ r̄galitates et
Ꝓre p᷏uilegiate ab antiqᵒ fc̄dm ipaꝗ infeodacōnū tenorē fuis liꞰtatibꝫ
gaudeant / et in suis īmūitatibꝫ liꞰe integᵉ ꞇ q᷏ete pfiftant / Qᵃre voꝭ
f᷏miꞰ inhibemᵛ . Ne aliqᵃs Ꝓras huiufmodi p᷏uilegiatas seu in Regalitate tentas ab antiquo ꝓcipue q̃ sunt Religiofoꝗ viroꝗ AꞰbis et conuentᵛ
de Scona q᷏bꝫ fꝓali intencōe afficimᶻ ꞇ tenemᶻ / Ad q̃cumq̖ Ꝙnicia noꝭ

seu nr̄is m̄iſt's facienda seu on̄a subeunda cōpellatis · de quibȝ p infeo-
dacões antiqᶜs exon̄ate fuerunt / liƀe ꞇ īmunes Cuius Rei allegacōm debite ꞇ fidelit̄ facienda / eis p p̄utes iniūgim⁹ ꞇ p vos cū oportūit iniūgi
volum⁹ · sƀ peᵃ amiſſiōis oīm q̃ erga nos amitti potˀunt in cãu quo de
contᶜrio poſſit in poſˀtum edoceri dat̄ s̃b sectˀo sigillo nr̄o · Apud Dunde
/ vndecīo die menſ Decembr̄ · Año Regni nr̄i Quadrageſiō

Preceptum Regis Davidis de libertatibus et privilegiis abbatis et conventus ·

156. **D**avid dei gratia rex Scottorum vicecomitibus de Perth et de fforfar
ſalutem Quia voluntas noſtra intima extat atque intencio religioſos viros
Abbatem et conventum monaſterij de Scona in omnibus libertatibus et
franchiis ſibi per anteceſſores noſtros conceſſis iuſte manutenere fouere
cura regia et tueri. Vobis mandamus firmiter precipientes quatinus
memoratos Abbatem et conventum in omnibus libertatibus franchiis et
privilegiis ſuis iuſte manutenentes ipſos terras ſuas ſive homines in nullo
contra libertates predic̄tas franchias ſeu privilegia eiſdem per anteceſſores et progenitores noſtros conceſſas ſicut premittitur vexetis neque
gravetis nec ab aliis quatenus in vobis fuerit vexari aut gravari permittatis Datum apud monaſterium de Londoris xx° die auguſti Anno regni
noſtri quarto decimo.

Carta Regis Davidis de libertatibus ·

157. **D**auid dei gr̄a Rex Scottoꝛ vicecōitibȝ suis de Perth et de fforfar . et
eoꝛ Balliuis ac cetˀis quoꝛ intˀeſt qui ꝓ tēpe fūint Salutē Querimōiam Re-
ligioſoꝛ nr̄orū virorū Abbatis ꞇ cōuentus (Ꝏonaſt̄ii de Scona con-
cepim⁹ · q̃d p vicecōites nōnullos de perth et de fforfar qui ꝓ tēpe fuerint
tˀre poſſeſſiones ac hoīes sui in eiſdē quas in purā et ꝑpetuā elemoīam

tenēt · in prifis takkyis talliagiis cariagiis aủagiis / ac ceſis onerib3 iam
p aliqđiu / quociens lr̃as nr̃as aliquales eifdem vicecōitib3 Sc'pſ⸱erim⁹
geñales ⸱⁄ hucufq̷ g˟uē fuftinuerunt lefionem Et quia nō eft nr̃e intēcōis
di&os viros religiofos cont˟ liƀrtates ₚgēitoris nr̃i eifdē conceffas et p nos
·cōfir˟tas ₚ aliq˟li ᴐandato nr̃o geñali in aliquo moleftari nᵉ vexari voƀ
ꝉ cuilibet vr̃um dift'&e ᴐadam⁹ ꝉ ꝑcipim⁹ · q˟tin⁹ vifis lr̃is ₚgēitor̃ nr̃i
p vos con˟ tenorē earūdē de ceſo iꝓos aliq˟liſ vexar̃ neq˟q˟ ꝑfuatis .
nᵉ vexari pm'tatis pr̃fentib3 ꝉris nr̃is penes di&os r̃ligiofos viros r̃māfuris
Data sub figillo nr̃o p'uato apᵈ Perth vicefiō o&auo die ᴐenfif Januarij
Anno reg's nr̃i t'cefīo ſcio ·

Carta Regis Davidis de relevatione Monafterii de Scona ·

158. Dauid dei Gratia rex Scottorum Jufticiariis vicecomitibus prepofitis et
eorum ballivis ac ceteris vniuerfis tocius regni fui ad quos prefentes litere
pervenerint Salutem fciatis quod nos confiderata alienacione bonorum et
poffeffionum exilitate reddituum onere et oppreffione debitorum monafterij
de Scona Ad cuius releuacionem multiplici ex caufa tenemur laborare et
domino concedente laborare intendimus cum effe&u de gratia noftra fpeciali conceffimus et per prefentes concedimus quod de debitis quomodo-
cunque ha&enus contra&is Abbas aut conventus di&i monafterij nu'li
omnino refpondere teneantur ufque poft lapfum termini a data prefentium
Quare vobis omnibus et fingulis ad quos prefentes litere pervenerint firmiter inhibemus fuper noftram plenariam foriffä&uram ne vos feu aliqui
veftrum di&um monafterium Abbatem vel ejus officiales feu eorum terras aut fubditos pro debitis ha&enus contra&is moleftetis vel quomodolibet quantum in vobis eft moleftari permittatis Et fi contingat aliquas
literas premiffe noftre gracie et inhibitioni contrarias de noftra capella
emanaffe vel durante predi&o termino emanare vel fub figillo noftro
privato propter inadvertenciam feu occupationem concedi a nobis du- ·

rante predi&o termino Volumus illas nullius effe roboris vel momenti
per hanc autem noftram gratiam non intendimus derogare inri credito-
torum predicti monafterij quin tranfa&o predi&o termino poffint legittime convenire Abbatem et conventum predi&i monafterij fuper omnibus debitis que legittime probare poterunt fuiffe converfa in ufum et'
utilitatem illius monafterij Tefte meipfo Apud San&um Andream quarto
die menfis marcij Anno regni noftri decimo quarto ·

Confirmatio Regis Dauidis decimarum lucrorum et efcaetarum ·

159. Dauid dei Gratia rex Scottorum iufticiario ex parte boreali maris Scotie
et vicecomiti de perth ac balliuis fuis de gonery qui pro tempore fuerit
Salutem Quia infpeximus literas reverende memorie domini genitoris
noftri religiofis viris Abbati et conventui monafterij de Scona confe&as
continentes quod di&i religiofi temporibus bone memorie domini Alexandri regis fcocie predeceffioris noftri fuerunt veftiti et faifiti in liberam
puram et perpetuam elemofinam de decimis omnium lucrorum et efcaetarum tam de placitis iufticiarie de gouery quam vicecomitatus ejufdem
quas omnes decimas Abbati et conventui predi&is plenarie in perpetuum
perfoluere per litteras fuas predi&as　Memoratus dominus Genitor nofter Jufticiario vicecomiti et balliuis fuis parcium predi&arum fpecialiter
dedit in mandatis Volens eis in computis fuis annuis perpetualiter allocari omnes decimas predi&as prefatis religiofis perfolutas Nos prefati
domini genitoris noftri intentionem piam et conceffionem meritoriam
prefatis religiofis predi&i monafterij caritative fa&am in omnibus mann-
tenere et confirmare volentes ficut tenemur vobis firmiter precipimus et
mandamus quatenus omnes decimas predi&as prefatis religiofis et eorum
fucceffioribus fingulis annis perfolui faciatis in perpetuum Et quod in hoc
appofueritis nobis in fingulis compotis ueftris annuis plenius faciemus
allocari Et hoc nullatenus omittatis In cujus rei teftimonium has lit-

teras noftras fibi fieri fecimus patentes pro fuo perpetuo duraturas
Datum Apud perth xviij° die maij Anno regni noftri xiiij° ·

Carta Regis Dauidis de relevamine et revocatione terrarum ˙tcˀ ·

160. Venerabili patri in Chrifto Domino Willelmo dei gratia Epifcopo Sanctiandree David eadem gratia Rex Scottorum falutem in domino dominorum Quia diverfis et arduis negociis regni noftri de novo ingruentibus
in tantum impediti fumus quod circa relevamen et reuocationem terrarum indebite alienatarum et aliorum reddituum monafterij de Scona
fundati de anteceffor ibus noftris perfonaliter intereffe non valemus prout
in votis gerimus et defideramus de veftra immenfa difcretione et pru-
dencia firmiter confidentes poteftatem regiam in temporalibus ad revo-
candum indebite alienata et ad relevandum dictum monafterium in omnibus que ad regiam maieftatem pertinent vel ad ius patronatus vobis
committimus per prefentes Deprecantes et orantes per vifcera miferi-
cordie dei noftri quatenus ad relevamen et revocationem indebite alienat-
orum in fpiritualibus auctorite veftra et in temporalibus auctoritate
noftra fine quacunque fictione vel perfonarum acceptione intendere curetis
Ita ut deo auctore et veftro confilio pariter et auxilio fuffragantibus
dictum monafterium . ad debitum ftatum poffit reduci Iftam autem
conceffionem feu poteftatem noftram vobis conceffam et figillo noftro
privato figillatam per quamcunque litteram noftram fupervenientem volumus revocari In cuius rei teftimonium figillum noftrum privatum
prefentibus apponi mandavimus Datum apud falcland vᵗᵒ die menfis
marcij Anno Regni noftri Quarto decimo.

Carta Regis Dauidis de creditoribus Monafterii de Scona ·

161. David dei gratia Rex Scottorum Thome de Carnoco Militi cancellario

noſtro ſcotie Salutem Monſtravit nobis venerabilis in Cḫriſto pater
Adam de Carale Abbas monaſterij de Scona quod ipſum monaſterium
mole debitorum in tantum oneratur quod religioſis viris ibidem deo
ſervientibus de redditibus prefati monaſterij de eorum neceſſariis ſuffi-
cienter deſeruire non poteſt et cordi nobis eſt ut divinus cultus augeatur
Conſiderantes ſtatum predictorum religioſorum et eorum reddituum propter communem guerram diminutionem eiſdem dei gratia noſtra ſpeciali
et ex cauſa concedimus ut nemo eorum creditorum prefatos religioſos
ratione cuiuſcunque debiti perſonalis contracti in cauſa dicti monaſterij
uſque ad terminum unius anni a tempore date preſentium contra hanc
ſpecialem gratiam noſtram aliqualiter infeſtare preſumat Quare vobis
precipimus et mandamus quatenus Abbatem et religioſos prefatos habere faciatis litteras noſtras magno Sigillo noſtro munitas in debita
forma capelle noſtre ſuper hac noſtra ſpeciali conceſſione Et hoc non
omittatis Datum Apud Abirdeñ ultimo die Aprilis Anno Regni noſtri
xiiij° ·

Convencio inter Abbatem et Conventum de Scona et Robertum dc̄m
Lytil Super ecc̄am de Kyldonane ·

162. Hec eſt Conuencio fc̄a die ſabti p͞x poſt f͞m ſc̄i Barnabe apłi · Anno
gr̄e (꙰)° ccc° t'ceſimo ſc̄do int̓ Religioſos viros Dn̄m · S · Abbatem ꝶ
Conuentū de Scona ꝶ eiuſdem loci Conuentū ex parte vna · ꝶ Robertum
dc̄m Lẏtil · ꝶ Dauid fratrē ſuū de Sothirlandia ex parte alła · videlicȝ
q dc̄i Abbas ꝶ Conuentus ex vnanimi conſenſu ꝶ aſcenſu tocius capituli ſui conceſſerūt ꝶ ad firmam dimiſerūt eiſdem ecc̄am ſuam de Kyldonane cū ła de Borubol ꝶ cū õibus aliis iuſtis pertinenciis ad dc̄am
ecc̄am ptinētibus ꞇ vſꝗ ad ꝑminū duoꝝ annoꝝ plenarie complendoꝝ a die
confeccõis ꝑſenciū p qꟁtuordecem libr treſdecem ſolid ꝶ qꟁtuor denariis
ꝑ ɱanibus nob ſolut· ꞇ ꞇ in vſus ɱonaſtii nr̄i conuſis · Dc̄i vero Robtus

τ Dauid dc̄am ecc̄am conſtruent ſufficienᵗ cū lapidibus τ calce p qᵃtuor
ɱarcis eiſdem allocatis in dc̄a Smᵃ pᶜcnnie Et ſuſtinebūt ōia oꞃ̄a ordinaria dc̄am ecc̄am tangencia p dc̄os duos Annos cū auxilio dñi epc̄i ·
τ cū papali anni ꝑſentis · Dc̄i vero RoꝪtus τ Dauid vł eoꝗ ałᵗ quē ēe
contiꝫit ſuperſtitem habebūt vł habebit dc̄am ecc̄am p oꝯo Annos poſt
finem dc̄oꝗ duoꝗ annoꝗ Si inueꝫint vł inueꝫit ſufficientes τ noꝪ pla-
centes fideiuſſores · Soluenꝱ noꝪ annuatim ad.fm̄ Sc̄i ɱichaelis Archangeli infᵃ Abbathiam de Scona decem liꝫr fᵗlingoꝗ · Et ſi contingat /
ꝗ abſit dc̄os roꝪtum τ Dauid vł eoꝗ ałᵗum in ſolucōe dc̄e pᶜcnnie p
ꝗᵗndenam poſt fm̄ ꝑnotatū in toto vł in parte deficere · obligant ſe ad
peꝫam centū ſolidoꝗ ſoluenꝱ fabrice nꝰe de Scona · Et licebit dc̄is Religioſis intromᵗꝷe ſe de dc̄a ecc̄a ſua τ de ōibus fruꝯibȝ ſuis ſine aliqᵃ
contᵃdiccōe vł cauillacōe ꝑſenti conuencione irrita τ caſſat· · Dc̄i vero
RoꝪtus τ Dauid ōia oꞃ̄a ordinaria τ extᵃordinaria qᵃliꝷcūꝗ tangencia
ſuſtinebūt · preᵗ papalia τ contᵗbucōes Regias de nono emꝫgentes · In
Cuiꝰ Rei Teſtimoniū · parti huiꝰ indentur· penes ꝑdc̄os RoꝪtumꝹ τ
Dauid Remanent· Sigillū cōmune dc̄i Abbatis τ Conuentus eſt appenſū ·
Parti vero penes ꝑdc̄os Dñm Abbatem τ Conuentū Remanent·⸲ Sigillū
dc̄i Roberti eſt appenſū vna cū Sigillo Dñi Auguſtini capꝺi · Socii epc̄i
Brechnens· ·

Conventio inter Abbatem de Scona et Johannem de Rate ·

163. Hec eſt conuencio faꝯa inᵗ religioſos viros dñm Abbatem τ Conuentū
de ſcona ex parte vna τ Jꝱem de Rate patꝵe ex ałꝷa apud ſconam die
dñica px̄ poſt fm̄ ſc̄i Ambroſij Anno gꝵe ɱ° ccc° tᵗceſimo ſc̄do · videlicȝ
ꝗ dc̄i religioſi conceſſerūt ꝑfato Joꝵi de Rate p toto tempore vite ſue
quinꝗ ɱarcatas annui Redditus infra villam de pth · videlicȝ de ꝷra quā
Robertus dc̄s Joẏ tenet de dc̄o dño Abbate τ Conuentu in vico Sellatoꝗ
de pth · qᵃdraginta ſolidos · τ de ꝷra quā thomas dc̄us mꝫcer tenet de

Q

dc̄o dño Abbate ꞇ Conuentu in dc̄o vico viginti ſex ſolidos ꞇ octo
denarios annuatim ꝑcipiend̄ ꝑ fideli ſuicio ſuo labore ꞇ conſilio dc̄is
religios᷎ impens᷎ ꞇ impendend̄ cont᷎ ões alios ꝓt̔ dn̄m Gilb̄tum de Haya
ꝑ tempore vite ſue · Stabitꝗ dc̄s Johēs cū tempeſtiue fue᷎it req̔ſitus cū
dc̄is religioſis vbicūꝗ neceſſe fue᷎it in õib₃ cauſis querelis ꞁotis ſeu
ꞁouendis tam ſpiritualib₃ q᷎ temporalibus · Et habebit in aduentib₃
ſuis vnū gardropiū ꞇ duos garcões cū duob₃ equis ſūptibus dc̄oꝗ religioſoꝗ viroꝗ · Et dc̄i Gardropiu᷎ ꞇ g᷎cões deſeruient[2] vtpote famuli
dn̄i Abbat᷎ ꝑ ſtatu eoꝗdem · Et dc̄s Johes ꝑcipiet ꝑ dcis equis ſuis q᷎li-
bet nocte dīam bollam ꝓbende ꞇ foragiū ꝑut dec₃ a f° · oīum ſc̄oꝗ vſꝗ
ad nouam herham ꝓx̄ ſeqnt᷎ · ꝑ quib₃ ſic ſibi conceſſis Idem Johes
obligauit ſe iuramento preſtito dc̄is Religios᷎ ꞇ eoꝗ ꞁonaſt̔io ꝑut ꝓdi-
cit[2] in ꝓmiſſis fidelit̔ deſeruir᷎ · ꝗ ſi nō fecit · Et dc̄i Religios᷎ aliquod
dāpnū vł iacturam in defᷰtu ſuo inc[2]erūt vł ſuſtinue᷎int ꝗ abſit · Ele-
gent Abbas ꞇ Conuentus duos tres vł q᷎tuor fideles ꞇ nō ſuſpᷰtos Et ſi
inueniat[2] ꝑ ꝓdc̄os ꝗ dc̄s Johes ꝑ dc̄is dāpnis ꞇ iact[2]is ſit pᷢuandus ꞏ de
dc̄a penſione pᷢuabit[2] · Sin autem ſcd̄m viſū ꝓdc̄oꝗ emendabit alte ꞇ
baſſe · nullo ꝓponendo obſtante · In Cui᷎ Rei teſtimoniū parti hui᷎
indenture penes dc̄m Johem remanent᷎ Sigillū ꝗmune capituli dc̄oꝗ
Abbat᷎ ꞇ Conuentus eſt appens᷎ · parti vero penes ꝓdc̄os dn̄m Abbatem
ꞇ cōuentū remanent᷎ qꝛ dc̄s Johes Sigillū ꝓpᷢum nō habuit ſigillū dn̄i
Gilb̄ti de haya ꝗſtabular᷎ ſcocie ad inſtanciam dc̄i Johis eſt appens᷎ ·

Receptio Roberti de la Tang de quadam pecunie ſumma ·

164.   Pateat vniūſis ꝓſent᷎ lr̄as inſpectur᷎ · ꝗ · Ego Rob̄tus de la tang᷎ recepi
ꝑ man᷎ Religioſoꝗ viroꝗ Abbis ꞇ cōuent᷎ de Scon᷎ · viginti libras
ſterlīgoꝗ in quib₃ tenebantur Ade de la Arus᷎ ꝑ quoddam obligatoriū
de quib₃ viginti libris mᷢ tanq᷎ actornat᷎ dc̄i Ade ꞇ ſponſe ſue teneo me
bn̄ cōtent᷎ · ꞇ dc̄os Religioſos viros Abbatem ꞇ cōuentū quietos clamo

p ꝑſent· · In cui⁹ rei teſtimoniū quia sigiłłm meū eiſſ̄ min⁹ eſt auten_
ticū ? siłłm Joħis gył Burgens· de perht· vna cū siḡllo meo ꝑſentib꜕
apponi ꝑcuraui · Dat· apud pht· die lune ꝓx^α ante f^m purificacionis ƀe
Ꞝarie virginis · Anno gr̄e · Ꞝ° · ccc° t'ceſimo ꝑcio ·

Computatio Johannis Gille burgenſis de Perth ·

165. Pateat vniꝰſis ꝑſentes łras infpeꝗur· me Joħem gille Burgenſ de ptħ
cōputaſſe cū Religioſis viris dño aƀƀe de ſchon^α · ꞇ cōuentu de oꞜib꜕
ſuis Recept· a noƀ ꞇ ƒuientib꜕ nŕis noīe nŕo in denar· uł denariat· vſꝗ
diem confeccōis ꝑſent· q° die dc̄i Aƀbs ꞇ cōuēt⁹ tenebāt² noƀ ꞇ attornat·
nŕis in t'ginta quatuor libris · oꝙto soliđ · sex denar· ꞇ obboł de quib꜕
oꞜib꜕ Recept· in denar· uł denariat· iꝑos inppetuū quietos clamam⁹
dc̄a ſūma p°cunie t'gint^α quatuor libraꝗ oꝙto ſolidoꝗ sex denar· ꞇ oƀƀ
put continet² in obligatoria dc̄o die debit· In cui⁹ Rei teſtm̄ ꝑſentib꜕
sigiłł nŕm appoſuim⁹ · Dat· ap^d pth die veñis in feſto sc̄i columbe Aƀbis
Anno dñi Ꞝ° ccc T'ceſſimo quinto ·

Obligacio Chriſtiane rclicte Andree de Aynſtrothir ·

166. OꞜib꜕ hoc ſc'ptū viſur· vł auditur· Criſtana quōdā reliꝙta Andree de
Aynſtrothir· salt̄m in dño / Noꝰitis me ī mea pura viduitate teñi ꞇ
ƒ'miꞇ obligari dñe Ꞝariorie de ꝰreſlay q°ndā reliꝙte dñi Wiłłi de ꝰreſlay
in q'nq^αginta q'nꝗ solidis ꞇ q^αtuor denar· · cauſa cui⁹dā obligacōis
ꝑdc̄o dño Wiłło de ꝰreſlay p ꝑdc̄m Andreā dñm meū fꝙe de q^αdā ſūma
p°cunie sibi ꝑ manibus Ꞝutuata ꞇ dedita ſoluendis ꝑdꝙe dñe Ꞝariorio
ħedib꜕ suis suis affignatis vł suo ꝙto aꝙtornato has łŕas secū deferēti ad
ꞇ̄ios sƀſc'ptos · videlic꜕ x soliđ ad f^m · pētecoſt· anni dñi Ꞝ · ccc · xxxv
ꞇ x soliđ ad f^m · sc̄i Ꞝartini ꝓxim ſeꝗēt· ꞇ x soliđ ad f^m · pentecoſt·
Anni dñi Ꞝ · ccc · xxxvj ꞇ x soliđ ad f^m · sc̄i Ꞝartini ꝓximꝑ seꝗut· ꞇ ad

fᵐ · pētecoſt· Anni D ꝏ ccc · xxxvij x solid̄ et ad fᵐ · sc̄i ꝏartini ꝓxim̄ seq̄ut· v solid̄ ⁊ iiij denar· · Et sic de āno in ānū ⁊ t̄mīo in t̄minū quouſq, p̄dca sūma argēti plenarie fūit pſoluta vt p̄dc̄m eſt · Et ego vero p̄dc̄a c'ſtiana volo ⁊ cōcedo ⁊ fide media me obligo ꝑ me ⁊ om̄ibȝ aliis in iſto caſu loquētibȝ noīe meo in futurū q̄ si p̄dc̄a dñ̄a ꝏarioria de ffreſlay h̄edes sui vł sui aſſignati de p̄dc̄a sūma arḡnti ad t̄mīos p̄ſc'ptos nō sit pſoluta vł pſoluti vt p̄dc̄m eſt ∴ q cōuenc̄ō int̄ dñ̄m Wiłłm de ffreſlay ⁊ Andr̄ de Aynſtrothir dñ̄m meū de ix acris t̄re arabił [d̄r le eſchueſ?] de Aynſtrothir que vocant[2] de le Werland̄ fc̄a p̄dc̄e dñ̄e ꝏariorie h̄edibȝ suis ⁊ suis aſſignat· in sua p'ma virtute pmanet in poſterū ⁊ inconcuſſe · In Cuiꝰ Rei teſtimoniū p̄ſenti sc'pto sigillū meū ē appenſū vna cū sigillo laurēcii de Wystonᵃ hiis teſtib·· dño Johe ꝑpetuo vicario ecc̄e de kilreni · ꝏichael de kirkmichael Robto de bal-milgo · · · · · · · · · · Wiłło de Aynſtrothir ⁊ ꝏultis aliis ·

Conceſſio Thome de Perth de dimidia marca de terra in Perth ·

167. Omnibȝ hoc sc'ptū viſur· vł auditur· Thomas de pth dc̄us Bell· Canōic· Dunkeld̄ Salutm in dño · Nouitis me diuine caritatiſ intuitu ꝑ salute anime mee ⁊ animaꝝ omniū parentū meoꝝ ⁊ oium fideliū defūctoꝝ dediſſe conceſſiſſe ⁊ hoc p̄ſenti sc'pto confirmaſſe deo ⁊ monaſt̄io sc̄i ꝏichaeł de schoñ · ⁊ canōicis ibid̄ deo s̄uientibȝ ⁊ ī ꝑpetuū s̄uituris dimidiam marcam ſt̄lingoꝝ annuatim in purā ⁊ ꝑpetuā elemoſinam ꝑcipiendā in ꝑpetuū · de t̄ra illa in vico aque de ꝑth · que iacet ꝓxima ex ꝑte auſt'li t̄re dc̄oꝝ canōicoꝝ qᵃm Wiłłs de Balluſſẏ de dc̄is canōicis q°nd̄ tenuit in p̄dc̄o vico · quam quid̄ t̄ram dedi ꝏatildi filie Hñrici Wẏth ad ip̄am ꝏaritandam · videlicet qᵃdraginta denarios ad feſtum sc̄i ꝏartini in hẏeme · et qᵃdraginta denar· ad pentecoſt· Quare volo ⁊ con-cedo vt p̄dc̄i canōici p̄dc̄am dimidiā ꝏarcā de p̄dc̄a t̄ra annuatim . . . libe ⁊ quiete pacifice ⁊ integre in ꝑpetuū ꝑcipiant ⁊ poſſideant . sicuti

ego sepedc̃am dimiđ marcā de sepedc̃a · · · · · · ſtqᵅ illam ƥram ꝑdc̃e
ꞇatildi dedi aliq° tempe pcipe ꝑſueui seu aliq° iure dehui liƀius ꞇ que_
cius · In cuius rei teſti · · · · ſenti scᶧpto sigillū meū vna cū sigillo ꞇaꞡrı
sẏmōis dc̃i Bell nepotiſ mei apponi feci · ꞇ ad maiorē · · · · · · · · illū
auꝺenticū veñabilis pr̃is dñi Wiꝉꝉmi dei gr̃a Ep̃i sc̃i Andrᵒ · huic scᶧpto
apponi ꝑcuraui · Hiis teſti · · · · · · · · one ꝑdc̃o · Huꝺredo capꝉꝉo
ꝑſaguineo meo dño Criſtino de Inſula tūc vicecomite de ꝑth Johāne
· · · · · · · a de Inſula · Wiꝉꝉo blundo · patᶧcō furbarᵒ · tūc ꝑpōitis de
ꝑth · Sẏmọne kokyn tūc c · · · eiuſdē · · · · · · ·

Mandatum Auditorum de libertatibus Monaſterii .

168. Adam miſacōe dı̃a Ep̃s Brechinensᵒ ꞇ Alexander de Setoun dñs eiuſdem
auditores deputati ex pte dñi nr̃i Regᵒ ꞇ pliamenti ad audienđ ꞇ ƥmi-
nandū supplicacōnes ꞇ qᵒrelas que in pliam̃to nō fuerāt ƥminate / Vicᵒ
ꞇ baꝉꝉis suis de Perth Salꞇm · Querelā Religioſoꝣ viroꝣ Aƀƀis ꞇ Conuentus de Scona Recepimꝑ ꝑtinentem ꝗ cū liberi sint ꞇ immunes a seꝺis
curiaꝣ dñi nr̃i Regᵒ · priſis · talliagiis / cariagiis / ꞇ quibꝫcūꝗ aliis oñibꝫ
huiꝑmōi ꝑut noƀ monſtᵅrunt p cartā clare memorie dñi Roƀti dudū
Regᵒ Scotoꝣ genitoris dñi nr̃i Regᵒ nūc Regnantis / vos contᵅ huiꝑmōi
liƀtatis conceſſionē ꞇ donacōnem diſtᶧngitis eos ꞇ eoꝣ ƥras p huiꝑmōi
oñibꝫ cū occurrūt / Qᵅre voƀ mandamꝑ ex pte dñi nr̃i Regᵒ qᵅtᵒ contᵅ
eoꝣ infeodacōnem ip̃os sup huiꝑmōi seꝺis pᶧfis / talliagiis / cariagiis de
ceꞇo nō vexetis / Et quia intelleximꝑ ꝗ recepiſtis nup de hōibꝫ eoꝣ
viginti vnā ones / ꞇ sexaginta plauſtᵅtas focalis contᵅ eoꝣ liƀtates / voƀ
mandamꝑ si sit ita qᵅtᵒ de sic receptis ab eis ꞇ eoꝣ hōibꝫ cū ōi celeri-
tate qua fieri poꞇit satiſſieri debite faciatis quod in vr̃o ꝓx° compoto ex
pte dñi nr̃i Regᵒ erit debite allocatū / Et voƀ mandamꝑ qᵅtᵒ sup huiꝑ-
modi oñibꝫ dc̃os Religioſos de ceꞇo nō vexetis / Dat sub Sigiꝉꝉ nr̃is apud
perth · xx°iiijᵗᵒ die ꞇensᵒ Septembrᵒ Anno dñi ꞇ° · ccc° · xl° · pᶧmo ·

Carta compofitionis cum Margareta Blunde et Serlone filio ejus ·

169. Sciant prefentef ꝓt fut²i vniūfi haf littꝼaf vifuri uel audituri q̃d Wiłłs aꝋꝋf de scona ꝓt eiꟉdem loci cōuentꟉ cōpoficionem fꝋfcꝓptam fecerunt cum ꞓargareta que fuit foror Roꝋti blundi de pt · ꝓt serlone filio eiꟉdem ꞓargarete de ꝑrif quas idem RoꝋtꟉ blunduf dedit hofpitali Scĩ Joħif apłi de Scona ī ꝑpetuam elemofinā ꝑ falute anime fue ꝓt omniū fuoꝛ · fcil· · qd̃ ꝑfati abbas ꝓt canonici dederunt prefate ꞓargarete ꝓt serloni filio eiꟉ quatuor ꞓarcaf argenti pro omni querela que ꞓota fuit uł moueri ī fut²um poffit ꝑ eof uł ꝑ aliqꝗf aliof de parentela fua · Et īuenient prefate ꞓargaꝛte tota uita fua ui&um ꝓt veftitum fī̃ forori fue · Et ut hec cōpoficio rata imppetuū fit ꝓt īcōcuffaꝯ figillo cōmuni burgenfiū de pt ꝓt teftimonio eoꝛdem eft coroborata · Et hij ft teftef · D · decanꟉ de AngꟉ ꝓt ꞓagr̃ Joħef vicariꟉ ecctie de pt · Ric̃ · capellanꟉ de ponte · Heliaf ꝓt ioħef capellani · Simon de camera · henricꟉ · filiꟉ Galfꝗdi ꝓt GalfridꟉ filiꟉ eiꟉ · Wiłłs filiꟉ Joelif · ꝓt alex̃ filiꟉ eiꟉ · JacobꟉ filiꟉ huchtredi · ꝓt JacobꟉ filiꟉ eiꟉ · Wiłłs filiꟉ ferlonif · Ric̃ filiꟉ And꞊e Joħef filiꟉ lene · petꝛf filiꟉ dd̃ · RoꝋtꟉ filiꟉ fulconif · henricꟉ baude · Joħes de la batail · Simon filiꟉ Emme · GalfridꟉ redbert / ꝓt hofbern ꝓt alanꟉ fr̃es eiꟉ · Wiłłs de len · ꝓt Ric̃ fociuf eiꟉ · RoberꟉ de bofco · Wiłłs filiꟉ ketel · Benedc̃f filiꟉ iacob ·

Convencio inter Abbates de Dunfermelyn et de Scona super ecc̃am de Moulyn in Atholia ·

170. Prefens teftatur indentura q̃ Anno dñi ꞓ°ccc°xl primo die veñis ꝑx° ante afcencōnem domini religiofi viri Abbates et Conuentus monaftꝓioꝛ de Dunfꝛmelẏn ꝓt de Scona ita cōuenerūt q̃ omnia munimenta ꝓt inftꝛmēta tangencia ecc̃am de moulẏn in Atholia inuenta in poffeffione vtꝗufꝗ

monaſterii ad þſens eſſent sigillis eoꝗ sigillata ꞇ clauſa ꞇ in cuſtodia dñi p'oris ſc̄i Andr˄ dimiſſa Ita tamē q þdc̄s dñs p'or c̄unimenta þnoīata neut' pti deliberet sine cōſenſu alꞇins ptis · Et si qua alia c̄unimenta tangencia dc̄am ecc̄iam de ceꞇo inueniant² voluerīt dc̄i abbates ꞇ conuen_ tuꝰ ꝗ includāt² cū aliis ꞇ in cuſtodia dc̄i dñi p'oris dim'tant² quouſꝗ þdc̄i abbates ꞇ conuentꝰ q'd sup hiis agendū eſſet plenius delibandum · In cuiꝰ rei teſtiōm pti huiꝰ in futuro remanenti penes abbatem ꞇ cōuentū de dūffmelyn sigillū dñi Symonis pmiſſione dīa Abbatis de Scona ē appenſū Et pti in futuro remanenti penes Abbatē ꞇ conuētum de Scona Sigillū dñi Alx̄i dei gr̄a Abbatis de dūffmelyn ē appenſū Data apud dūffmelyn Anno ꞇ die supᵃdc̄is ·

Receptio per Thomam de Cellar de quadam pecunie ſumma ·

171. **P**ateat vniuꝰſis Nos thomam de Cellar˄ ꞇ patriciū fayrhar˄ burgens˄ de pth recepiſſe p manus veñabiꞇ pat's · dñi ade dei gr̄a abbatis c̄onaſ- ꞇij de Scona q'nꝗ libras ꞇ vndecim solidos ſterlingoꝗ in ptem ſolucōis xl: q'nꝗ libraꝗ ꞇ vndecim ſoliđ in quibȝ dic̄tum c̄onaſꞇium de Sconᵃ · xp̄iane dic̄te hwythe Relic̄te quondam thome bel burgens˄ de pth p ſuas litꞇas patentes extitit obligatū · De cuiꝰ pecunie recepc̄one tenemꝰ nos bñ pacatos / ꞇ þdic̄tū abbatem ꞇ conuētū de Scona · de deliba c̄õne dic̄te pecunie · clamamꝰ quietos · ꞇ penes quoſcūꝗ ꝼuabimꝰ indēpnes · In cuiꝰ rei teſtimoniū þſentibȝ ſigilla noſtra ſūt appenſa · Dat˄ apᵈ pth die veneris px̄ᵃ poſt feſtū ſc̄i andr˄ ap̄li anno dñi c̄o · cccᵐo · qᵃdrag˄ q'nto ·

Carta Johannis Mercer de terra in vico Sellatorum de Perth ·

172. **A**nno ab incarnacione dñi c̄o · cccº · q'nquageſimo tercio · decimo die menſis ffebruarij apud monaſꞇiū de Scona fac̄ta fuit hec conuencio inꞇ

Religiofos viros dños Willm dei gр̄a abbatem monaſt̄ii de Scoиa et eiufdem loci conuentū ex pte vna⸴ ꞇ Johem m͞ᵖcer burgenſem de pert·
Andream filiū suū ꞇ heredes dc̄i Andree ex pte altera Videlicet q dc̄i
abbas ꞇ conuentus ex vnanimi confenfu ꞇ aſſenfu tocius capituli sui
conceſſerunt ꞇ ad firmam dimiſerunt prefato Johi Andr· filio suo ꞇ
heredibus dc̄i Andree totam terram suam Jacentem in vico Sellatoᴣ de
pert· ex pte orientali eiuſdem vici quam de eis tenuit qᵒndam thomas
m͞ᵖcer paꞇ eiuſdem Johis m͞ᵖcer inꞇ ꞇrā dñi Regis ex pte auſtᵉli ex pte
vna ꞇ ꞇrā quam de eisd̄ tenuit qᵒndam Roьtus Jop burgenfis de pт· ex
pte boreali ex pte alꞇa · primo videlicet anno pro durabili conſtᵘᾱione
in eadem ꞇra conſtruenda · Secundo anno soluend̄ tres solidos ꞇ quatuor
denarios sꞇlingoᴣ · Tercio anno sex solidos ꞇ oᾱo denarios sꞇlingoᴣ
Quarto anno decem solidos sꞇlingoᴣ · Quinto anno treſdecim solidos ꞇ
quatuor denarios sꞇlingoᴣ · Sexto anno sexdecim solidos ꞇ oᾱo denarios
sꞇlingoᴣ Septimo anno viginti solidos sꞇlingoᴣ · Oᾱano anno viginti
tres solidos et quatuor denarios sꞇlingoᴣ · nono anno viginti sex solidos
ꞇ oᾱo denarios sꞇlingoᴣ ꞇ quolibet anno exinde inppetuū viginti sex
solidos ꞇ oᾱo denarios sꞇlingoᴣ Et si contingat dc̄os Johem Andream
filiū suū ꞇ heredes eiꝰdē Andree infᵉ nonū annū dc̄am ꞇram in forma
ꝓnotata non edificaſſe⸴ Idem Johes Andreas filius suus ꞇ heredes dc̄i
Andree eis ꞇ succeſſoribus suis sex libras sꞇlingoᴣ honoᴣ ꞇ legaliū noĩe
pene sine aliquali remiſſione decimo anno pſoluēt · In cuiꝰ rei teſtimoniū
pti huiꝰ indenture penes ꝓdc̄os Johem m͞ᵖcer Andream filiū suū ꞇ heredes dc̄i Andr· remanenti sigillum cōmune capituli dc̄oᴣ religiofoᴣ eſt
appenfū · parti ṽ penes ꝓdc̄os religiofos remanenti sigillū ꝓdc̄i Johis
m͞ᵖcer eſt appenfū ·

Confirmacio Pape Innocentii Sexti cartarum Roberti et David Regum
Scottorum Thanagii de Scona ·

173. Innocentius Epiſcopus Servus fervorum dei dileᾱis filiis Abbati et con-

ventui monafterij de Scona ordinis fancti Auguftini diocefis Sanctiandree in Scocia falutem et apoftolicam benedictionem Cum a nobis
petitur quod iuftum eft et honeftum tam vigor equitatis quam ordo
exigit rationis ut id per folicitudinem officij noftri ad debitum perducatur effectum Sane petitio pro parte veftra nobis exhibita continebat
Quod olim clare memorie Robertus Rex fcottorum in honorem beate
marie virginis et beati michaelis archangeli et pro fua et anteceſſorum
fuorum animarum falute locum thaynagium nuncupatum de Scona
diocefis Sanctiandree in Scocia cum omnibus juribus et pertinentiis fuis
vobis et dicto veftro monafterio in puram et perpetuam elemofinam
conceffit et donavit Et deinde cariffimus in chrifto filius nofter Dauid
Rex Scottorum Illuftris eidem Roberti filius et fucceſſor conceffionem
et donationem hujufmodi eifdem rationibus approbavit et etiam confirmavit prout in ipfius David Regis patentibus litteris inde confectis ejus
figillo munitis quarum tenorem de verbo ad verbum prefentibus inferi
fecimus plenius continentur Quare pro parte veftra fuit nobis humiliter
fupplicatum ut conceffioni donationi approbationi et confirmationi predictis apoftolice firmitatis Robur adicere dignaremur Nos itaque hujufmodi veftris in hac parte fupplicationibus inclinati conceffionem donationem approbationem et confirmationem predictas ratas habentes et
gratas illas auctoritate apoftolica ex certa fcientia confirmamus et prefentis fcripti patrocinio communimus Tenor autem dictarum litterarum
talis eft · Dauid dei gratia [&c. ut in No. 81,] Nulli ergo omnino hominum
liceat hanc paginam noftre confirmationis infringere vel ei aufu temerario contraire Si quis autem hoc attemptare prefumpferit Indignationem
omnipotentis dei et beatorum petri et pauli apoftolorum ejus fe noverit
incurfurum Datum apud Villam novam Aninion diocefis quarto kalendas
Septembris Pontificatus noftri Anno primo ·

R

Preceptum Wilelmi Epifcopi San&i Andree de ecclefia de Blar

174. Wilelmus miferatione divina Epifcopus San&iandree perpetuo vicario de perth decano noftro chriftianitatis de Gowry Salutem in domino Quia Ecclefiam de Blare ad provifionem et collationem noftram mero jure pertinentem poft ceffionem vel deceffum domini Johannis Lyell nunc re&oris ejufdem religiofis viris Abbati de Scona et Conventui ejufdem dedimus et conceffimus ac caritatis intuitu per prefentes conferimus ipfis religiofis in proprios ufus perpetuo tranfferendam ipfofque per annli noftri traditionem eidem Abbati fa&am prefencialiter inveftivimus de eadem Vobis in virtute obedientie precipiendo mandamus quatenus prefatum dominum Abbatem per fe vel procuratorem fuum nomine et ex parte fua et di&orum religioforum in di&am ecclefiam inftituatis ac in corporalem poffeffionem ejufdem cum omnibus fnis juribus et per- tinentiis inducatis   Ita quod cedente vel decedente prefato domino Johanne prefati religiofi di&am ecclefiam habeant et obtineant ipfamque cum omnibus fuis juribus et pertinentiis in proprios ufus ut premittitur quiete perpetuo poffideant pleno jure In fignum hujufmodi inftitutionis traditeque per vos poffeffionis ipfis religiofis Sigillum officij veftri pre- fentibus apponatis penes religiofos viros perpetuo remanfuris   In cujus rei teftimonium has litteras noftras figillo noftro fignatas vobis mittimus patentes   Datum apud San&um andream xij° die menfis februarij Anno domini ꝯ° ccc° quinquagefimo fexto

Conceffio Wilielmi Epifcopi San&i Andree ecclefie parochialis de Blar

175. Univerfis fan&e matris ecclefie filiis prefentes literas vifuris vel andi- turis Willelmus de Laundellis miferatione divina fan&iandree Epifcopus eternam in domino falutem Noveritis quod nos pro devotionis affe&u

et zelo religionis ferventer accenſi cujus commodum et honorem ſemper ampliare ſtudemus in domino ut religioſi mundo mortui quietius deo vivant et in vocatione qua vocati ſunt cum gratiarum aƈtione liberius permanere valeant Conſiderata permaxime temporis varietate contraria et locorum diſtantia que religioſis frequenter difficilis eſſe conſuevit et nociva habito ſuper hoc diligenti traƈtatu et ſaniori conſilio adhibitoque rationabiliter pietatis ſtudio de conſilio conſenſu et aſſenſu capituli noſtri Sanctiandree pro ſalute anime noſtre ſucceſſorum noſtrorum dedimus conceſſimus ac etiam libere pure et ſimpliciter per preſentes donamus et concedimus ac auƈtoritate pontificali perpetualiter deputamus anneƈtimus et unimus Religioſis viris Abbati de Scona ordinis Sanƈti Auguſtini noſtre dioceſis Sanctiandree ac Canonicis vitam regularem profeſſis ibidem deo ſervientibus et imperpetuum ſervituris Eccleſiam parochialem de blar infra decanatum de Gowry cum omnibus ſuis fruƈtibus obventionibus decimis majoribus et minoribus ac pertinenciis univerſis prefatis religioſis in proprios uſus in prefati monaſterij et ſuam utilitatem plenarie perpetuo convertendam   Ita quod cedente vel decedente domino Johanne Lyell nunc reƈtore ejuſdem prefati religioſi diƈtam eccleſiam ac ſtatum et corporalem poſſeſſionem eiᵽdem per ſe et auƈtoritate propria abſque cujuſcunque alterius aſſignatione vel traditione libere intrent et nanciſcantur habeant et obtineant ipſamque quiete teneant et perpetuo poſſideant ſicut aliquam eccleſiam infra epiſcopatum noſtrum quietius et liberius poſſident ſeu poſſidere conſueverant in ipſorum uſus proprios et prefati monaſterij utilitatem ut premittitur plenarie tranſferendam Salvis tamen penſione centum ſolidorum monaſterio de Cambuſkeneth de diƈta eccleſia debita et oneribus ordinariis conſuetis tam epiſcopalibus quam archidiaconalibus ſuis terminis ſicut fieri conſuevit plenarie perſolvendis ˙ Et quod eidem eccleſie per unum capellanum ydoneum ſicut et aliis eccleſiis ſuis in divinis officiis debite faciant deſerviri Volumus etiam et ordinamus quod eccleſia de kerington noſtre dioceſis

quam nunc prefati religiofi poffident cum ftatum et poffeffionem corporalem prefate ecclefie de blar obtinuerint difpofitioni provifioni et collationi noftre et fuccefforum noftrorum libere remaneat ac pleno jure femper pertineat in futurum Renunciato penitus per prefatos religiofos omni
jure quod ipfis competebat vel competere potuit in eadem   Et ut hec
noftra prefens annexatio conceffio et donacio prefatis religiofis fadta futuris perpetuis temporibus firma et inconcuffa permaneat Sigillum noftrum
autenticum una cum Sigillo communi capituli noftri prefentibus eft appenfum Datum apud Sanctumandream xij° die menfis februarij Anno
domini ɷ° ccc° lvj^{to}

Carta Willelmi Epifcopi Sandi Andree de ecclefia de Blar ·

176. Univerfis ad quos prefentes littere pervenerint Willelmus miferatione
divina Epifcopus fandtiandree eternam in domino falutem ex Religioforum virorum Abbatis et conventus monafterij de Scona ordinis fandi
Auguftini noftre diocefis infinuatione nobis nuper innotuit quod ecclefie
de kerintoñ in partibus laudonie didte noftre diocefis conftituta quam
didti Religiofi a multis retroadtis temporibus in proprios ufus et monafterij fui predidti utilitatem tenuerint prout adhuc tenent quamvis in
redditibus fatis abundet ejus tamen utilitas propter viarum difcrimina
et locorum diftantiam in fui commodum de facili converti non poteft ／
quodque ecclefia de blaᵲ diocefis noftre predidte cuius collatio provifio
et omnimoda difpofitio ad nos pleno jure pertinere dinofcitur ／ licet in
redditibus admodum fit exilis ／ plus tamen utilitatis propter vicinitatem
eis et monafterio fuo afferret fi de didtis ecclefiis permutationem con-
tingeret celebrari prefertim ex eo quod ecclefia de blare predidta in
territorio ipfis Religiofis ratione dominij temporalis fubjedto confiftit
Quare nobis didti religiofi fupplicarunt quatinus didte permutationi
faciende noftrum confenfum et audtoritatem impendere dignaremur.

Nos igitur attendentes ex permutatione premiffa nullum eminere difpendium / eorum petitionbus annuentes de confenfu et affenfu capituli
noftri habito fuper hoc frequenti et diligenti tractatu communicatoque
peritorum confilio per modum qui fequitur · duximus ordinandum vȝ .
quod dicti Abbas et conventus habeant et poffideant ecclefiam dictam de blare quam ipfis ex nunc libere pure et fimpliciter concedimus annectimus et unimus titulo permutationis cum omnibus fuis
fructibus obventionibus decimis majoribus et minoribus ac pertinentiis
univerfis in proprios ufus in prefati monafterij et fuam utilitatem
plenarie perpetuo convertendum / Itaque cedente vel decedente domino
Johanne Lyell nunc Rectore ejufdem prefati Religiofi dictam ecclefiam
ac ftatum et corporalem poffeffionem ejufdem per fe et auctoritate propria abfque cujufcumque alterius affignatione vel traditione / libere
intrent et nancifcantur / quam adeo libere et quiete teneant et poffideant
ficut aliquam ecclefiam infra Epifcopatum noftrum quiecius liberius
poffident feu poffidere confueverant · Salvis tamen penfione centum
folidorum monafterio de Cambufkynel de dicta ecclefia ab olim debita et
oneribus ordinariis confuetis tam Epifcopalibus quam Archidiaconalibus
fuis terminis ficut fieri confuevit plenarie perfolvendis et quod eidem
ecclefie per unum capellanum ydoneum feu vicarium perpetuum ad
penfionem decem mercarum in divinis debite faciant deferviri . Volumus
et ordinamus quod ecclefia de kerintoñ predicta poftquam prefati religiofi ftatum corporalem et pacificam poffeffionem prefate ecclefie de
blař obtinuerint / quam extunc dimittere tenebantur / ratione permutationis predicte difpofitioni provifioni et collationi noftre et fuccefforum
noftrorum libere remaneat et pleno jure femper pertineat in futurum
Renunciato penitus per prefatos Religiofos omni juri quod ipfis competebat vel competere potuit in eadem · Et ut hec noftra prefens
annexatio conceffio et ordinatio prefatis Religiofis facta futuris perpetuis
temporibus firma et Inconcuffa permaneat figillum noftrum ancten-

ticum unacum figillo comuni capituli noftri predicti prefeptibus eft
appenfum Datum in eodem capitulo xij die menfis februarij Anno
domini ℳ⁾ᵐᵒ cccᵐᵒ quinquagefimo fexto.

Indentura Johannis Ɱercer de terra de Kyncarrouchy

177. Hec Indentura teftat² q̃ vicefimo Scͦdo die ɱenfis Apᵗlis Anno ab in-
carnacōe xp̃i ɱillͦio · cccᵐᵒ · Lᵒ viijᵘᵒ · Apud Sconam inͭ Religiofos viros
dñm Willͪm dei gᵉᶜcia Aƀƀem moᵉꝛtͭij de Scon ⁊ eiufdͫm loci Conuentū
ex pte vna et Johͫm ɱᵖcerͬ Burgenꝫ de Perth ex pte alͭᵖa facta fuit hec
Conuencͦͦ Videlicꝫ q̃ dc̃i Aƀƀs ⁊ Conuentᵖ dederunt ⁊ conceffunt ex
vnanimi affenfu ⁊ confenfu Capli fui p̃dc̃o Johͥ ɱercerͬ ⁊ vni heredi fuo
legitimo totā ꝉram fuam de Kyncarrouchý cū omͥibꝫ rectis metis ⁊
diuifis fuis cōmoditatibꝫ ⁊ aẏfiamentis et ceꝉˡis ptinencijs ad p̃dc̃am
ꝉram fpectantibꝫ feu fpectarͬ valentibꝫ / molendino excepto / cū quatuor
acris dc̃ͦ molendͥͦo annexis et paftura ꝑ quatuor vaccis Primis videlicꝫ
decē Annis ꝑ fideli ꝰuicͦͦ fuo / confilio / Auxilio ⁊ labore / p̃dc̃is Religiofis tempeͬ impetᵉcͦͦis Ecclͥie de blare factis · et ꝑ conftᵉccͦͦe edificͦͦꝛ ·
in dc̃a ꝉra conftruenđ Et poft lapfum dc̃oꝛ decem annoꝛ quolibꝫ anno
ꝑ toto tempeͬ vite p̃dc̃i Johͥs et heredis fui supᵉdc̃i ꝑ q̃ᵗnquaginta tᵗbꝫ
folidͬ ⁊ quatuor denarijs bonoꝛ ftᵖlingoꝛ · p̃dc̃is religiofis ⁊ eoꝛ fucceſ-
foribꝫ ad fefta Pentecoftͬ ⁊ Sc̃i mᵉrtini in ẏeme / p equales porcͦes
pfoluenđ / Et p̃dc̃us Johes ⁊ heres funs / adeo liberͬ molent blada fua
ꝑꝑᵗa ad p̃dc̃m molendinū de Kẏncarrouchẏ / sicut dc̃us dñs Aƀƀs ibidͫm
molerͬ confueuit / Et tenentes eoꝛ · si qui fuerͥt molent blada fua
ibidͫm / ad vicefimū qᵉrtū vas / Et p̃dc̃us Johes ⁊ heres funs facient tres
sectas / aut noͥe fuo fieri facient Curijs dc̃oꝛ Religiofoꝛ · infra Gourẏ sƀ
ẏlefͬ tenenđ / Tm̃ ꝑ omͥ alio feculari ꝰuicͦͦ / exaccͦe et demanda duplica-
cͦe firme ⁊ omͥibꝫ alijs oñibꝫ / que de dc̃a ꝉra exigi potͬunt / vꝉ requiri /
Sꝫ nͦ licebit dc̃o Johͥ feu eiᵖ heredi dc̃am ꝉrā de kẏncarrouchẏ alicni

alti fe potencōri affedar⁻ n¹ de Confenfu dčoᶎ abbis ᶎ Conuent⁹ Et
sepedči Johes ᶎ heres funs obligant fe sepedčis Religiofis in eoᶎ con_
filio auxiliò ᶎ labore quociens fuerint requifiti Et p̄dči Dn̄s abbs ᶎ Con_
uent⁹ totā p̄dčam ᵽram de Kẏncarrouchẏ cū ᵽtinenc⁻ p̄noīato Johi ᶎ
heredi fuo ᵽ toto tempe vite eoᶎdm ᵽ p̄dča firma tm̄ exfoluend̄ / cont⁻
om̄es hoīes ᶎ feminas Warantizabunt acquietabūt et defendent In cui⁹
rei teftiōm pti hui⁹ indentur⁻ penes p̄dčm Johm remanent⁻ / Sigillū
Cōmune dčoᶎ Religiofoᶎ eft appenß · pti v° penes dčos Religiofos re_
manent⁻ Sigillū p̄dči Johis eft appenfum ·

Confirmacio carte Malifii comitis de Strathern ·

178. Vniūfis Sče ᴔat's eccHie filijs Ad quoᶎ noticiā p̄ntes īre puenint Johs
pmiffione diuina ecctie Dunkeldeñ ᴔinift̄ hūilis et̄nā in Dn̄o Salutē ·
Noūitis nos quādam cartā Sigillo ᴔalifij quondā Cōitis de Strathern
Sig⁻tam nō cancellatam / nō rafam / nō abolitam / nō int̄liniatā nec in
aliqua sui ᵽte viciatā formā subfc¹ptā continētē infpexiffe Vniūfis Sče
ᴔat's ecctie filijs ctricis ᶎ laẏcis ᴔalẏfius Comes de St⁻thern · Saltm
Sciant tā p̄ntes q⁻ futur⁻ me caritatis intuitu et ᵽ aīab₃ · pat's mei ᶎ
mat's mee · et ᵽ aīab₃ añcefforū ᶎ Succeffoᶎ meoᶎ dediffe conceffiffe et
hac p̄nti carta mea cōfirmaffe · deo ᶎ be marie / et ecctie Sče t'nitatis ·
ᶎ bi ᴔichtis de Scona et Canonicis ibidem Deo seruientib₃ · ᶎ ꝶuituris
inppetuū Octo solidos argēti ānuatī ᵽcipiēdos · in territorio de ᴔagna
Hure · ad inueniendū panē ᶎ vinū in oblacione corpis xp̄ti in dča ecctia
de Scoñ Tenendos sibi ᶎ succefforib₃ suis de me ᶎ ħredib₃ meis ita
libre quiete pacifice ᶎ honorifice · in libram puram et ᵽpetuā elemofinā
Sicnt aliqua domus ꝶligionis tenet aliquā elemofinā librius quiecius ᶎ ho_
norificencius ab aliquo cōite · in toto regno Scocie · In cuius ꝶi teftiōi_
um Hoc p̄ns sc¹ptū Sigilli nꝶi inpreffione feci roborari Hiis Teftib₃
Dn̄o Walt̄o de Rothuen · / Dn̄o Roḡro de ᴔecfen · ᴔilitib₃ · / Johe de

Ϭorauia Dño de Drvmᵽgard · / Wiꝉꝉo de Crambreth / Sẏmoñ de Ϭaler /
Thoma diꝗo Ϭar˚ ꝶ ϭultis alijs Et ego Ϭaliſius Comes Sᵅthern · hanc
donacõem patˢ mei confirmo / et in Signū huius cõfirmacõis Sigillū
meū appono · In huius r̄i teſtimoniū Sigillū nr̄m p̄nti Carte apponi
fecimꝯ Apud Perth Sextodecīo die Ϭenſis Apᶦlis · Anno Domini Ϭiꝉꝉo
Tᶜcenteſimo Sexageſimo ·

Conuencio inter Monaſterium de Scona et Alanum de Erſkyn ·

179. Pr̄ſens indentura teſtat² qꝺ die ſabꝶi ꝓx° añ feſtū annūciacõis ꝶe ϭar˚
vᶦgı̄s Anno doᶦ ϭ° tᶜcēteſimo sexageīo pᶦmo in capꝶlo de Scona congᵍgat˚
ad hoc ϭaioř ꝶ fanioř pte capꝶli eiuſdē ϭonaſꝶij hı̄to s̄r hoc pᶦus diligēti
tᵅꝗatu cū canoᶜ˙ õibȝ p̄ntibȝ ꝶ aliis de cõſilio eoꝗꝺ ad hoc ſꝓaliꝶ vocatꝶ
ꝶ examinatꝶ concordatū eſt finalř inꝶ Wiꝉꝉm dei gᵅcia abꝺtem ϭoñ et
eiuſdē loci cõuētū ibidē vnanimiꝶ ex pte vna · et Alañ de Erſkyn dñm
de Inchϭᵅrtin cõřřemꝗ, dꝗi capꝶli ex alꝶa Ita vidtȝ qꝺ dꝗs Alanꝯ · cū
dꝗis dño Abꝶte ꝶ cõuētu deſᶦuiēdo eis p qᶦnqᶜnniū integᵐ · Incipiēdo
ϭiniſtᵅbit die dõinica ꝓxᵉ pꝯ fm̄ ſꝗi Patᶦcij Anno doᶦ ϭiꝉꝉo ꝶcꝶ · sᵅdꝗo
vidtȝ veniēdo ad eoꝗ cõſilia quociēs ꝶ vᶦ placuerit eiſdē ꝑmunitꝯ et dabit
eiſdē fidꝶe suū cõſiliū · et eoꝗ cõſiliū celabit r̄ras / rᵉdditꝯ / ꝶ poſſeſſões /
libꝶtates / ꝶ pᶦuilegia sua / cãs ꝶ quer̄las suas ac homiū suoꝗ vᶦlibet
vētilatas ꝓ viribȝ suis ꝓtegēdo ꝶ defendēdo ꝑcᶻando · ad vꝶilitatē ϭonaſꝶij / et ad õia agiꝶlia ꝓ vꝶitate ϭonaſꝶij vᶦcūȝ locoꝗ laborādo · de ſūptibȝ
dꝗi ϭonaſꝶij ñcᵅiis Habeat inſup dꝗs Alanꝯ p ꝑ̄ſentes · geñalē poteſtatē
eoꝗꝺ et adminiſtᵅcõem ſꝓalē · suꝓ dāpnis · ꝶ iniurijs sᶦ ꝶ suis tam inꝼᵅ
ϭonaſꝶiū qᵅꝶrcūȝ illatas · qᵅ exᵅ cognoſcēdi · · et eadē corrigēdi · iuxᵅ
viſum baꝶi ꝶ cõſilij eoꝗ ſꝓalis sᶦ deputat˚ · Et dꝗi abbas ꝶ cõuētꝯ daꝶt
dꝗo Alano singꝶis annis dꝗoꝗ qᶦnȝ ānoꝗ tantū centū solidos ſꝶlingoꝗ ad
r̄ios ſꝗi ϭᵅrtı̄ ꝶ pentecoſt˚ sᶦ soluēꝺ · sñ difficꝶtate qᵅlibet · Et ad iſtā
cõuēcõem ꝶn ꝶ fidꝶr ꝶ integᵅr in õibȝ pūꝗis ꝶ articꝶis suis tenēꝺ · ꝶ

p̄implēđ p̄ vt̄ilitate ꝰonaſt̃ij · p̄ut p̃ſc'p̃t eſt · sñ fraude dolo · ve excepcōe
qᵃt̃rcūʒ p̄ponēđ ⫶ alan⁹ corpale p̃ſtitit iuramētū · ta&is p ip̄m sac̃ſc̃is
ewang̃liis ibiđ · Et ad ꝏaiorē h⁹ rei euidēciā et ſec²itatē ꝏaiorē tam
sigillū captt̃i dc̄i ꝏonaſt̃ij · qᵃ alani p̃memorati alt̃i p̄ti · h⁹ indēture
alt̃natī eſt appēſum die loco t̃ anno sᵃdc̄is ·

Visitatio et Statuta Willielmi Episcopi Sancti Andree ·

180. **Ad** ꝏemoriā r̃ducim⁹ q̃ nos Witt̃s dī g̃ra Ep̃s sc̄i Andr˙ in vlt̃ia viſi̲
tacōe nr̃a apᵈ ꝏoñ de Scona fc̃a viceſ̃io die Januar˙ cū ꝓtinuacōe diey
Anno g̃re ꝏitt̃o t'cēteſ̃io sexageīo q'nto tā in diminucōe cult⁹ diuini t̃
r̃gt̃ar˙ obſuācie · qᵃ in aliis ſ̃m ſtatuta r̃gt̃aria faciendis / defc̃s varios
cōpim⁹ · quos ex cura paſtorat̃ officij nob̃ tᵃdita iuxᵃ vireſ nr̃as corrig̃e
cupiⁱᵉˢ ⫶ tenor˙ p̃nciū sane duxim⁹ ſtatuēdū In p'mis q̃ dīna officia tā
matutīe qᵃ hor̃ r̃lig° t̃ veſpe nō ꝓfū&orie id ē n°ligēt̃ ⫶ nō c²ſim t̃
p̄pat̃ / sʒ diſtī&e t̃ deuote cantēt² t̃ dicāt² / ſcđm q antiq't⁹ faciebāt in
horis debitis sc̄i p̃res / t̃ q̃ ad ip̃as horas pulſet² modis t̃ tēporibʒ
cōſuetis Itē q̃ sit̃nciū in locis debitis · vidt̃ʒ in ecct̃ia in clauſtro in
dor̃itorio t̃ ī r̃fe&orio ſ̃m ſtatuta ordīs obſeruet² / t̃ q̃ in r̃fe&orio t̃
capitt̃o legat² de sr̃a sc'ptur˙ modis t̃ hor̃ debitis t̃ cōſuetis · Itē q̃
ꝏinor̃s t̃ iuniores in obſuacōe r̃gt̃e mōitis t̃ mandatis senioy obediēt̃
pareāt t̃ intēdāt / ac ip̃os ſtudeāt in ôi hūilit˙ reduceri · Abbas p'or
t̃ sēiores seuitate debita eos corripiāt t̃ ptᵃctent · Et cū ſcandalū
vt̃ minimū contra gᵃm ortū fuerit ſtatī in ip̃o p'ncipio Abbas t̃ p'or de
ño inq'rāt t̃ corrigāt ne vt̃ int̃ ip̃os fomes diſcordie radicetur vt̃ infamie
seu scandali scintilla tenuis in ſlāmā tᵃnſeat deſtru&iuā quoy n°ligēciā
p̄uire volum⁹ t̃ intendim⁹ ac't̃ in hoc caſn Itē canōici iuuenes adminiſ-
tᵃcões t̃ntes exᵃ monaſt̃ium nō eq'tēt cū lenis opiðibʒ seruientibʒ quas
ip̃i volūit elig̃e ⫶ sʒ p abb̃em t̃ p'ore honeſti et nō suſp°ti deputēt² q'cū
ip̃is eq'tēt t̃ qᵃcūq̃, hora redierīt q'ntūcūq̃, tarda dormitoriū int°nt / et

8

cū fr̄ibȝ dormitēt in cōmuni / et ad matutīas cōtinue s^{z}gāt n^{i} ꝑ infirmi^{te} fu͛int impediti Per villas autē de Scona vł de perth nō vagēt^{z} n^{c} ibi taƀrnas vł bothas sƀint^{e}nt n^{i} fu͛it ex cā rōnaƀli ⁊ neceſſaria et de suoꝝ sr̄iorū licencia ſp̄ali Itē ꝗ cano^{ci} nō teneāt ad lectos suos arma seu baclos n^{c} cū armis eq^{i}tēt eciā defenſiuis · Et cū iuniores a sēioribȝ r̄ꝓ-hēdūt^{z} de suis exceſſibȝ ∴ ip̄i eos de delictis ꝓdictis cōſimilibȝ maioribȝ vł mīoribȝ nō r̄darguāt n^{c} int͛ se iuniores · · · · · fratrem vel canōicū de culpis ꝓt͛itis ꝓſumat vł audeat exprobrare · · · · · · · · · . penis que ꝑ maioribȝ culpis ſcd̄m regulā · · · · · · · · · · · · · · · ad pūicōem ꝓcedr̄e / aƀƀti ⁊ p^{i}ori in · · · · · · · · · · · · · · · · · · hiis sc^{i}ptis Itē q cano^{ci} singłi in suis g^{a}dibȝ suo aƀƀi honorē exhibeāt et eoꝝ corc̄oē hūilit͛ r̄cipiāt / ac int͛ se caritatē ⁊ dileccōem mutuā nut^{i}re ſtudeāt et a cōuiciis ⁊ litibȝ in ōibȝ abſtīer^{e} Abbas v^{o} cū cōſilio sui ꝯuētꝰ / seu maioris ⁊ sanioris ptis eiuſdē et alioꝝ fr̄um laycoꝝ sui captli quos ad hoc neceſſitas du͛xit euocandos t͛ras ⁊ poſſeſſiōes ōes sui monaſt͛ii ꝑ^{t} melius expedir^{e} vidr̄et^{z} n^{c} cōſang^{i}neis suis vł affinibȝ ꝑ leuiori foro q^{a} poſſet aliis ſtudeat aſſedar^{e} ac culturā snā g^{a}ngie de Clone ⁊ aliis locis manutēre faciat ⁊ pfici iux^{a} facultates et de hiis ⁊ de ōibȝ aliis de q^{i}bȝ cōpotū reddēdū fu͛it saltē semel in .āno ad c͛tū tēpꝰ cor^{e} suo cōſilio ⁊ aliis a noƀ ad hoc de cet͛o deputandis curet r̄ddr̄e rōem seqꝫ ꝓdc̄us abbas in ꝓſe-cucōe r̄dditu͛u a ſuo monaſt͛io detētoꝝ ac in piſcaria salmonū et in clauſura sui monaſt͛ij et in r̄pacōe edificioꝝ ruinā mināciū ⁊ in aliis vniu͛ſis iux^{a} bonā diſcr̄cōem faciendis mor^{e} solito r̄ddat soliciorē et ꝓmciorē ·

Preceptum Domino Andree de Kynros ·

181. Wilłs ꝏiſac⸱ dīa Abb ·
ſpᶜtur⸱ Salᵗm in dño ·
h° in capᵗlo nᵲo diliᵗ tᵃᵗatu de vna · · · · · · · · · · · · · · · · · ·
de kyldonā dyocꝰ cathañ vna cū ᵽra nᵲa de borowbułł cū pt · · · · · ·
reddiᵇᵘˢ ꞇ obueᵇᵘˢ ad dc̃am eccᵃm ñc ſpᶜtaᵇᵘˢ seu aliq° iuᵲ vꞇ ꝓſue · · · ·
ſpᶜtaᵲ vaᵇᵘˢ tam nō noīatꝰ qᵃ noīatꝰ dilᵭo cōcaᵒ nᵲo dño Andᵲ de
kynros p · · · · · ordīs sꞇi Aug⸱ ꝑfeſſo · ꞇ rite ꞇ canoᶜˢ ad ŏes suos orⁿᵉˢ
ꝓmoto · viro bōe ꝓûſac⸱ · ꞇ honeſto nō suſpēs / nᶜ exᵗᵒ / nᶜ aliqᵃ labe seu
vicio ꝓut nᵲa pceꝑ cogᵒ ᵲſpſo · ad dīa celebᵃnꝺ eūꝗ, licēciauimꝰ vſꝗ, ad
ᵽm̃ decē ānoꝗ ꝓplete · ᵽio intᵒitꝰ sui inciᵗᵉ in fō sc̃oꝗ apłłoꝗ philipꝑ ꞇ
Jacob Anno ꞇ c⸱ septuag⸱ j° Ita qꝺ expletꝰ dc̃is tꞌbꝫ pꞌm̃ ānis ab ingᵃꞌſſu
suo sᵃdc̃o In dc̃is tꞌbꝫ ānis px̄ˢ ſeqᶜnᵇᵘˢ · idē cōcaᶜꝰ soluet ꝏñ nᵲo añdc̃o
ad vtiliᵗᵉ eiꝰdē q°libet āno · xlᵃ s̄ ad fᵐ sc̃i Ꟊicꞔlis Arcꞔ · et sex lib
Qᵃm qꞌdē sumᵃ pecũie Nos dc̃i Abb ꞇ ꝓꞌꝰ dñoe p̄o catꞔ in ſubſidiū ꝓ
dc̃a eccᵃ β̄ māiᵇᵘˢ ꝑſolui fecimꝰ in fłādr⸱ Et dc̃s cōcaᶜꝰ ſuſtiᵇⁱᵗ ŏia oña ·
ordiᵃⁱᵃ ꞇ exᵃordiⁿᵃ īti a tēpe ītiᵒtꝰ sui in eaꝺ eccᵃ añdc̃o uſꝗ, ad exitū
suū añdc̃m qᵃliꞇcūꝫ ꝓtigꞔꞇ In cꝰ ᵲi teſtioᵐ · · · · · · · · · · · · · · · ·

Viſitacio Domini Willielmi epiſcopi Sanᵭi Andree ·

182. Willm̃s miſacōne dīa Epũs Scĩ andree : Veñabili in xᵽo ᵽri dño abbti
de Scona · ac Priori ꞇ conũetui eiuſdē ſalutē cū bñꝺ dīa : Circa viſitacōnē
Ꟊoᵃꞙꞓij vᵲi ꝓ nos faᵭā ibidē : viceſīō ᵽcio die menß oᵭobrꝰ Anno dñi
Ꟊ° · cccᵒ · lxᵒ · nono · ꝓut ſequitur duximꝰ ordiānꝺ · primo q dīnū ſuiciū
ᵽficiatur in ecc̃ia ꝓtinue ꞇ denote horis debitꝰ ꞇ ꝓſuetꝰ · noᵭurnis pariꞇ
ꞇ diurnis · ꞇ q tā Prior qᵃ alij obedienciarij in officiis ꝓſtituti · in
matuꞇis miſłs ꞇ aliis horis intꞇſint · niſi ᵲōnabili c̃ā fuerint impediti ·

Iŧm q̃ ões canõici pɓri · quociẽs cõmode poťūt celebrent miſſas ſuas · ꞇ
ſi q̓s vltᶜ t̓duū · omiſerit celebrare · mox p abɓtem vŧ p̓orē inq̓rat² de cā
quare tā diu ceſſat a miſſa · Iŧm q debitū ſilenciū congruis horis ꞇ locis ·
ꞇ alie regŧares obſuancie licite ꞇ ℔ſuete iugiter obſuentur Iŧm q dñs
abbas reddat r̃onē ꞇ cõpotū infra ſex ſeptīanas ℔x° iā futur⸱ · de
officio Ƭrerarij a tēpe quo ſe intromiſit · ꞇ ꝗ infra idē tēpus ões alij
obedienciarij de ſnis officiis reddant cõpota ſua · ℔ut alias eſt ℔ſuetū ·
Iŧm q abbas ℔mittat officiū Ƭrerarij alicni canõico · ſi q̓s eoꝗ videatur
ſufficiens ad ilŧd officiū . ſupptand̃ · ſin autē ꝗ ſibi adiūgat vnū canõicū
ac ip̃m inſtruat ꞇ informet · de hiis ꝗ ſp̓tant ad ilŧd officiū · ita ꝗ ip̃e
abbas aliqualiť releuet² ab onere · ꞇ circa curā ꞇ regimen ip̃i℔ ꞔoᶜſ̃ťij
liberius attendere poťit ꞇ vacare · Iŧm · q vni pſone nõ cõmittātur pŧra
officia cū vix aliq̓s ſufficiat ad vnū debite guɓnand̃ · ꞇ ℔cipue ꝗ officiū
granetarij deputet² vni qui vacet ℔tinue circa ilŧd · Iŧm ꝗ ordīet² de
fabrica ꞇ repacõne eccĩe ꞇ edificioꝗ ꞇ q artifices ꞇ oparij ad hoc neceſ-
ſarij conducant² · Iŧm ꝗ infra clauſurā ꞔoᶜſ̃ťij mŧres de ceťo nõ
morentur ℔tinue ℔pť ſcandalū euitand̃ · ꞇ ℔cipue ꝗ amoueant² et
elongent² ab infirmitorio ꞇ camã ꞔinutoꝗ · ita ꝗ infirmi poſſint hr̃e re-
ceptacŧm ꞇ canõici ſine ſuſpicõne mali recacõnes ſolitas · ac ſua ſolacia
debita ꞇ conſueta / Premiſſam v̂o ordīacõnē nr̃am in oñib₃ pū⁊is
℔ſc̓ptꞇ · ad augmētū cultℊ dīni · ꞇ melioracõnē ſtatℊ vr̃i ꞇ ip̃iℊ ꞔoᶜſ̃ťij ·
p vos dños abɓtem p̓orē ꞇ cõuētū ℔di⁊⸱ volumℊ adīpleri · ac ſub penis
canõicis mandamℊ ꞇ ℔cipimℊ firmiť obſuari · has lĩas nr̃as in ℔xᶜ
viſitacõe nr̃a noɓ ī poſťū p̃ntantes · A⁊⸱ ꞇ datꞏ ſub ſigillo nr̃o die loco
ꞇ anno ſupiℊ noĩatis.

Carta Roberti Regis de summa de firmis de Perth percipienda.

183. Robertus Dei gratia Rex Scottorum omnibus probis hominibus fnis ad quos prefentes litere pervenerint falutem Sciatis quod per diligentem examinationem et infpexionem rotulorum noftrorum et noftri regiftri fa&am de mandato noftro per auditores compotorum noftrorum in noftro fcaccario et per alias evidentias quas etiam videri et examinari fecimus nobis evidenter innotuit quod religiofi viri Abbas et conventus Monaf- terij de Scona perceperunt antiquitus ac percipere debuerunt et debent annuatim pro antiqua elemofina predeceſſorum noftrorum Regum Scoto- rum de firmis burgi noftri de Perth quinque libras tres folidos et quatuor denarios fterlingorum Quare Camerario noftro qui pro tempore fuerit ac etiam prepofitis et ballivis di&i burgi noftri de Perth qui pro tempore fuerit Damns tenore prefentium firmiter in mandatis quod di&is reli- giofis prefatas quinque libras tres folidos et quatuor denarios fterlingorum annis fingulis de firmis di&i burgi ad duos anni terminos fine qualibet difficultate perfolvat Quam fummam pecunie fibi in compotis fnis annuis de firmis di&i burgi reddendis Volumus et precipimus pro nobis et noftris heredibus per prefentes plenius allocari In cujus rei teftimonium has literas fibi fieri fecimus patentes Apud Perth vicefimo die februarij Anno regni noftri fecundo.

Carta Roberti Regis de fecundis decimis de Rate et de Kynfaunys.

184. Robertus Dei gratia Rex Scottorum vicecomiti et ballivis fuis de Perth falutem Quia rotulis computorum noftrorum de mandato noftro vifis et diligenter infpe&is nobis conftat ad plenum quod tam tempore recolende memorie domini Roberti avi noftri quam domini David Avunculi noftri Regum Scottorum illuftrium predeceſſorum noftrorum religiofi viri Ab-

bas et conventus Abbachie de Scona fuerunt in poſſeſſione paçifica per-
cipiendi ſecundas decimas de firmis terrarum de Rate et de kynfaunys
infra Balliam veſtram etiam eo tempore quo diᷓe terre ad firmam
bladorum ſicut eo quo ad denariorum firmam fuerant aſſedate Vobis
mandamus et precipimus quatenus juſte et indilate compellatis diᷓas
terras et libere tenentes earundem ad ſatiſſaciendum diᷓis religioſis
de diᷓis ſecundis decimis de toto tempore tranſaᷓo quo ſcilicet ab
ipſarum ſolutione ceſſatum fuerat et ſimiliter de terminis et temporibus
jam futuris Ita quod pro veſtro defeᷓtu non oporteat diᷓos religioſos
ſuper hoc ulteꝛius ad nos recurrere conquerendo In cujus rei teſtimonium
has noſtras litteras vobis mittimus patentes Data apud Edinburgh
viijᵒ die menſis Maij   Anno Regni noſtri ſecundo.

Bulla Gregorii pape de permutatione eccleſie de Kerinton cum eccleſia
de Blare.

185. Gregorius Epiſcopus ſervus ſervorum dei ad perpetuam rei memoriam
hiis que in favorem et utilitatem ſub ſacre religionis domino famulantium
pie ac favorabiliter faᷓa ſunt / ut illibata conſiſtant libenter adicimus
apoſtolici muniminis firmitatem ſane petitio pro parte dileᷓorum filiorum
abbatis et conventus monaſterii de Scona ordinis ſanᷓi Auguſtini Sanᷓi
Andree dioceſis nobis nuper exhibita continebat quod olim pro parte
ipſorum abbatis et conventus venerabili fratri noſtro Epiſcopo Sanᷓi-
andree expoſito quod eccleſia parochialis de Kerintoun diᷓe dioceſis quam
prefati abbas et conventus a multis retro temporibus in proprios uſus
canonice tenuerant a prefato monaſterio multum diſtabat / et quod quamvis in redditibus ſatis habundaret ejus tamen utilitas propter hujuſmodi
diſtantiam et viarum diſcrimina in eorundem Abbatis et conventus commodum de facili converti non poterat   Et quod parochialis eccleſia de
blare prefate dioceſis / cujus collatio proviſio et omnimoda diſpoſitio ad

dictum Epifcopum pleno jure pertinebat / et que eidem monafterio vicina erat fi de ipfis ecclefiis permutatio invicem fieret / licet eadem ecclefia de blare in redditibus admodum exilis effet plus dictis abbati et conventui de utilitate afferret cum etiam Ecclefia ipfa in territorio dicti monafterij confifteret ac humiliter fupplicato ut permutationem hujufmodi facere dignaretur Idem Epifcopus premiffo diligenti tractatu et frequenti cum dilectis filiis capitulo ecclefie fue Sanctiandree communicatoque peritorum confilio de dictorum capituli confilio et affenfu predictamque ecclefiam de blare cum omnibus fructibus juribus oblationibus decimis et pertinentiis univerfis prefatis abbati et conventui conceffit annexuit et univit Ita quod cedente vel decedente Rectore dicte ecclefie de blare qui tunc erat liceret eifdem abbati et conventui auctoritate propria corporalem poffeffionem dicte ecclefie de blare libere intrare et nancifci Salvis tamen portione centum folidorum dilectis filiis abbati et conventui monafterij de Cambufkynel ordinis et diocefis predictorum ratione dicte ecclefie de blare ab olim debita et oneribus ordinariis confuetis tam Epifcopalibus quam archidiaconalibus fnis terminis prout fieri confueverat plenarie perfolvendis Et quod idem Abbas et Conventus monafterij de Scona eidem ecclefie de blare per vicarium perpetuum qui pro portione decem mercas Sterlingorum annis fingulis perciperet facerent deferviri / ac voluit idem Epifcopus quod dicti Abbas et conventus monafterij de Scona quam primum poffeffionem pacificam dicte ecclefie de blare effent affecuti prefatam ecclefiam de kerintoun quam idem Epifcopus ex tunc vacare decrevit et ad collationem fuam et fuccefforum fuorum remanere voluit Dimittere tenerentur / prout in patentibus litteris inde confectis eorundem epifcopi et capituli figillis munitis quorum tenorem de verbo ad verbum prefentibus inferi fecimus plenius continetur Quare pro parte dictorum Abbatis et conventus monafterij de Scona qui ut afferunt poffeffionem dicte ecclefie de blare vigore unionis et annexionis hujufmodi funt affecuti et prefatam ecclefiam de kerintoun dimiferunt

nobis fuit humiliter fupplicatum ut premiffis omnibus per dictum epifcopum ut premittitur factis / Robur confirmationis adicere cum fupple-
tione defectuum / fi qui in eis intervenerint de benignitate apoftolica
dignaremur / Nos igitur confideratione etiam cariffimi in Chrifto filij
noftri Roberti Regis Scotie illuftris qui in ipfo Monafterio de Scona
in quo predeceffores fui Reges Scotie coronari confueverunt / extitit coro-
natus nobis fuper hoc humiliter fupplicantis hujufmodi Regis Ac dictorum Abbatis et conventus in hac parte fupplicationibus inclinati conceffionem annexionem et unionem predictas ratas habentes et gratas
illas auctoritate apoftolica ex certa fcientia tenore prefentium confirmamus et prefentis fcripti patrocinio communimus fupplentes omnem
defectum fi quis forfan intervenerit in eifdem Volumus autem quod fi
congrua portio pro perpetuo vicario in dicta ecclefia de blare inftituto et
inantea inftituendo affignata non eft affignetur / ex qua idem vicarius
poffit congrue fuftentari Epifcopalia et archidiaconalia jura perfolvere
et alia ei incumbentia onera fupportare tenor autem dictarum litterarum
talis eft / [ut fupra 176] Nulli ergo omnino hominum liceat hanc
paginam noftre confirmationis fuppletionis et voluntatis infringere vel ei
aufu temerario contraire Si quis autem hoc attemptare prefumpferit
Indignationem omnipotentis Dei et beatorum Petri et Pauli Apoftolorum
ejus fe noverit incurfurum Datum Auinioñ xv kł februarii / pontificatus
noftri anno tertio ꝛc.

Refignacio de Cambufmychel.

186. Pateat vniũfis p ꝑfentes ꝏe ꞷariotam de Buthirgafk˙ relictā qᵒndā Ade
de Bothirgafk feciffe / conftituiffe ꞇ p ꝑfentes ordīaffe dilc̄os meos tḥomā
de Walchope subvic̄ de Perth ꞇ Wiłłm de qwhithofum burgenß de
Perth meos ꝓcuratores actornatos ꞇ nūc̄os ſꝑales ꞇ eoꝗ quemlibet in
folidū ad refiguādū pure ꞇ fimpłr p fuftum ꞇ bacłm ac p has meas pa-

tentes furfum reddendū in manus Religiofoꝗ viroꝗ đnoꝗ Abɓis ꞇ Conuētus ꞣonaꟾꝓij de Scona ões ꞇ fingꞠas ꟾras meas de Camyfmychel
Oꞣcolane ꞇ Nethircolane cū ptinēc· in doīo de Scona infra vicec· de
Perth ac ꝑ me ꞇ heđ meis q'etū clamandū oīͧe ius ꞇ iuris clameū que
m' aut heređ meis quocūꝗ titꞠo iuris ꞇ reꝉi in dꝯis ꟾris cū pt· compeꞠe
poꝓūt quomͦlt in fut²um Ita q poꟾt refignacõem ꝓdꝯam vt ꝓdꞃ Ego nec
heredes mei aliquod ius vꞇ clameū reꝉi in dꝯis ꟾris cū pt· futuris tempibus quomͦlt poꝓimꝯ vendicare ac ad oͥa ꞇ fingꞠa facienđ ꝗ c'ca dꝯaꝗ
ꟾraꝗ refignacõem neccᶜⁱia fꞟint fiue oportuna · vꞇ Egomet conꟾtituens faꝉe
poffem fi ꝓfonaꞇr inꞇeffem Ratū ꞇ gratū habent· ꞇ ꞃitur· totū ꞇ quicq'd
ꝓdꝯi ꝑcuratores mei fiue eoꝗ alꞇ nomīe meo duꞟint vꞇ duꞟit faciendū in
ꝓmiꟾſ ꞇ quoꞇt ꝓmiffoꝗ Eciam fi talia ēent ꝗ mandatū exigerent ꟾpale In
cuiꝯ rei teſtiõm sigillū meū vna cū sigillo Andꞃe de Bothirgaꟾke fiꞠij
mei ꞇ heređ in euidencius teſtiõm ꝓmiffoꝗ prefentibꝫ sunt appenfa apud
Abyrden decīo quarto die ffebꞃ Anno dñi miꞃꞃmo trecentefimo septuage-
fimo nono ·

Carta Michaelis epifcopi Dunkeldenfis super vicariam penfionariam
dēcem marcarum ecclefie de Rogortoun ·

187.　ꟿicahel mifaꝯone dina Eꝓs dunkeldeñ difcreto viro dño Andꞃe vmfraẏ
Cantori eccīe nꞃe dunkeldeñ sꞇꞃm cum bñdicꝯōne dīna · · · · vicariā penfionariā decem marcaꝗ Ecꝯie de Rogortven de jure et de faꝉo vacantem
ꞇ ad nꞃm collacõm jure ordinario fpeꝉantē difcreto viro domino petro
de Lyffe canōico moᶜrꟾꝓij de Scona ꝑ aɓbem et conuentū eiufdem moᶜf-
ꝓij noɓ ad eandem ꝓntato caritatis intuitu Contulimus ꞇ iꝓm dñm petrū
anulo nꞃo inueſtiuimus de eadem · Vobis g' mandamus ꞇ in virtute sꝯe
ᵒbediencie firmiter precipimus qᶜtīꝯ viꟾ ꝓntibꝫ Ecꝯiam de Rogortven pre-
dꝯam ꝓfonaꞇr adeatis ꞇ iꝓm dñm petrū in vicariā penfionariā x marcaꝗ
inſtituatis supradꝯam . et in corporalē poffeffionē eiufdem cum ꞃnis pti-

nēciis vniuerß inducatis · induꝗ̃q, defendatis · Conᵃdiꝗores ꝛᵒ · ⁊ re-
helles ſi qui fuꞮt p oĩimodam cenſuram ecꞓiaſticā a ius compeſcendo
In cui⁹ teſtiõm rei p̄ntib₃ sigill · · oꝗ appoᶜtis penes ip̄m inſtitutū ꝑpetuo
remanſur̃ quib₃ sigillū nr̃m apponi fecimus · · · · · kelden xxiijᶜⁱᵒ die oꝗobris Anno domini ꝏilleīo cccᵐᵒ lxxᵐᵒ quarto ·

Carta confirmationis Regis Roberti tertii carte Regis Roberti primi `tc⁻`.

188. Robertus dei Gracia Rex Scottorum Tercius Omnibus probis hominibus tocius terre fue clericis et laicis Salutem Sciatis nos infpexiffe ac
diligenti et matura deliberatione confilij noftri plenius intellexiffe quan-
dam cartam confirmatoriam recolendiffime memorie domini Roberti
dei gratia Rex Scottorum Illuftriffimi primi factam religiofis viris Abbati
et canonicis Monafterij Sancte trinitatis et fancti michaelis archangeli
de Scona ibidem deo fervientibus et fervituris imperpetuum non rafam
non abolitam non cancellatam nec in aliqua fui parte vitiatam in hiis
verbis [ut fupra 129.] Quamquidem cartam confirmatoriam in omnibus punctis articulis circumftantiis et conditionibus fuis forma pariter
et effectu Nos divine caritatis intuitu et pro falute anime noftre et pro
falute animarum antecefforum et fucceftorum noftrorum Regum Scotie
Ratificamus approbamus et dictis religiofis ac eorum fucceftoribus in
liberam puram et perpetuam elemofinam tenore prefentis carte noftre
pro nobis et heredibus noftris in perpetuum confirmamus Salva tamen
regni noftri defenfione prout in eadem carta confirmatoria clarins eft expreffum / In cuius rei teftimonium prefenti carte confirmationis noftre
noftrum magnum figillum apponi precepimus Teftibus venerabilibus in
Chrifto patribus Waltero et Matheo dei gratia Sanctiandree et Glafguenfis ecclefiarum Epifcopis · Roberto comite de fyff et de Menteth
fratre noftro cariffimo · Archebaldo comite de douglas et domino Gal-
widie / Jacobo de douglas domino de dalketh · thoma de Erfkyn confanguineis noftris dilectis militibus et Alexandro de cokburne de langtoune Cuftode magni figilli noftri · Apud Renfrw duodecimo die Maij
Anno Regni Noftri fecundo ·

Carta Regis Roberti de jure patronatus ecclefie fan&i Egidii ·

189. Robertus dei gratia Rex Scottorum omnibus probis hominibus totius
terre fue clericis et laicis falutem Sciatis quod inter cetera monafteria
regni noftri ad COonafterium de Scona ordinis San&i Auguftini San&ian-
dree dyocefis in principali fede regni noftri fundatum noftrum diligenter
intuitum dirigentes confideravimus quod idem monafterium temporibus
un&ionis et coronationis noftre et fimiliter temporibus progenitorum
noftrorum necnon per multas et frequentes congregationes grandes et
populofas quas pro regni negotiis ibidem fieri oportet prout eft fieri
confuetum in fuis edificiis multa fuftinet incommoda et onera gravia
expenfarum Volentes igitur eidem monafterio de aliquo relevamine
providere ad honorem dei omnipotentis et augmentum cultus divini in
eodem monafterio futuris temporibus ampliandi et pro anima pie et
excellentis memorie domini progenitoris noftri quiefcentis ibidem Jus
patronatus Ecclefie San&i Egidij de Edinburgh ac omne et totum Jus
quod nos vel predeceffores noftri in ipfa ecclefia habuimus vel aliquando
habuerunt una cum terris et poffeffionibus ac aliis pertinentiis quibufcumque ad candem ecclefiam fpe&antibus vel fpe&are valentibus in
futurum canonicis in di&o monafterio deo fervientibus et inperpetuum
fervituris Confenciente ad hoc Reverendo in Chrifto patre Waltero dei
gratia Epifcopo San&iandree concedimus et perfe&a donatione largimur
Salvo femper jure cujuflibet alterius ecclefie vel perfone · Et ad finem
quod Abbas monafterij predi&i nomine fui monafterij predi&i in poffeffione plenaria juris hujufmodi conftitueretur Volumus et conftituimus
tenore prefentium ac concedimus quod magifter Jacobus lyonne nunc
vicarius ecclefie antedi&e de cetero Abbati de Scona tanquam fuo
patrono in omnibus pareat et intendat Et fuper hoc requifivimus prefatum reverendum patrem Epifcopum fan&iandree quatenus prenomi-

natum magiftrum Jacobum tanquam prefentatum ipfius Abbatis admit-
teret et in pofterum reputaret quibus omnibus idem epifcopus auctorita-
tem prebuit et confenfum In cujus rei teftimonium prefenti carte noftre
noftrum precepimus apponi Sigillum Teftibus venerabilibus in Chrifto
patribus Waltero et Matheo Sanctiandree et Glafguensis Ecclefiarum
epifcopis roberto comite de fyf et de menteth fratre noftro cariffimo
Archibaldo comite de Douglas domino de galvidia Jacobo de douglas
domino de Dalketh Thoma de Erfkyn confanguineis noftris dilectis
militibus et Alexandro de Cokburne de langtoune cuftode magni Sigilli
noftri Apud Edinburgh decimo quinto die menfis decembris Anno
gracie millefimo trecentefimo nonogefimo Tertio Et regni noftri quarto ·

Confenfus Walteri epifcopi Sanctiandree de jure patronatus ecclefie
Sancti Egidii ·

190.　Univerfis Sancte matris ecclefie filiis ad quorum notitiam prefentes
littere pervenerint Walterus permiffione divina Epifcopus Sanctiandree
Salutem in omnium Salvatore Univerfitati veftre facimus effe notum
quod. cum fereniffimus princeps et dominus nofter dominus ·robertus
dei gratia rex Scottorum tertius illuftriffimus motus pro caritatis intuitu Jus patronatus ecclefie parochialis Sancti Egidii de Edinburgh
noftre diocefis non folum voto proprio verum etiam ex fana fui deliberatione confilii ad quod interfuimus licet, exiles noftrum ad id affenfum
prebentes fimiliter et confenfum monafterio de Scona dicte noftre diocefis et Canonicis ibidem deo fervientibus et in perpetuum fervituris fancti
ordinis Auguftini mera quoque devotione duxerit concedendum fecundum quod per Cartam dicti domini noftri regis patere liquidius vidimus
et teftari Nos ruinam dicti monafterii et indigentiam in quampluribus
cognofcentes nolentes id quod ad dei et facrofancte ecclefie cultum dedit
minuere vel quomodolibet impediri ymmo potins conceffiones hujufmodi

quatenus ad nos fpectat eatenus adminiculo fovere poffibili .cupientes prelibatam ecclefiam Sancti Egidii cum omnibus et fingulis redditibus terris poffeffionibus proventibus fructibus obventionibus decimis majoribus et minoribus Juribus et pertinentiis univerfis ejufdem prefato monafterio de Scona et canonicis ibidem deo fervientibus et imperpetuum fervituris contemplatione dei et fancte ecclefie de confenfu et affenfu capituli noftri Sanctiandree propter hoc fpecialiter congregati conjunximus anneximus et univimus ac tenore prefentis carte noftre conjungimus annectimus et unimus Ita quod fi et cum contigerit Dominum Jacobum Lyonne nunc vicarium dicte ecclefie Sancti Egidii eidem cedere vel ab ea decedere tunc cedat ipfa ecclefia in ufus proprios fepedicti monafterii et canonicorum ad fabricam ecclefie ejufdem perficiendam reftaurandam et imperpetuum fuftentandam adeo libere et quiete durabiliter integre et pacifice in omnibus et per omnia ficut Aliqua ecclefia infra epifcopatum noftrum liberius quietius durabilius integrius et pacificentius poffidetur feu poffidere fuerit confuetum Et quod eodem cafu liceat eifdem canonicis per fe vel alium poffeffionem ecclefie memorate intrare et eam tenere fua propria auctoritate cum omnibus juribus et pertinentiis ficut fuperius eft expreffum · Salva penfione perpetua quadraginta quinque mercarum monete Scotie ufualis vicario dicte ecclefie qui pro tempore fuerit poft ceffum vel deceffum dicti domini Jacobi de redditibus ejufdem ecclefie pro fua fuftentatione reddenda et per eundem vicarium annis fingulis acceptanda Et juribus epifcopalibus et Archidiaconalibus per dictum Vicarium de ipfa penfione annuatim folvendis In cujus rei teftimonium Sigillum noftrum Autenticum et Sigillum commune dicti capituli noftri prefenti carte noftre funt appenfa Apud Sanctumandream tertio die menfis Maii Anno domini millefimo ccc^{mo} nonogefimo quinto ·

Bulla Benedicti Pape de jure patronatus ecclefie Sancti Egidii .

191. Benedictus Epifcopus Servus Servorum dei Ad perpetuam rei memoriam Hiis que pro utilitate monafteriorum et aliorum locorum eccle-
fiafticorum et perfonarum inibi fub regulari habitu domino famulantium
provide facta funt ut illibata confiftant libenter adicimus apoftolici
muniminis firmitatem Exhibita fiquidem nobis pro parte dilectorum
filiorum Abbatis et Conuentus Monafterij de Scona ordinis Sancti
Auguftini Sanctiandree diocefis petitio continebat quod nuper Cariffimus
in Chrifto filius nofter Robertus Rex Scottorum illuftris attendens quod
monafterium ipfum quod quafi in medio Regni fcocie confiftit et in quo
Reges Scottorum qui fuerunt pro tempore coronari confueuerunt Ac
corpus clare memorie Roberti ipfius regis progenitoris inhumatum exiftit Propter magnas et diverfas magnatum et Nobilium dicti Regni
congregationes que frequenter in ipfo monafterio pro magnis et arduis
dicti regni negotiis tractandis hactenus facte fuerunt et folent fieri
multa fuftinuit et cotidie fuftinere oportet Incommoda et gravia onera
expenfarum Ac volens propterea eidem monafterio de aliquo fubven-
tionis auxilio providere Jus patronatus parochialis ecclefie Sancti Egidij
de Edinburgh predicte diocefis quod ad ipfum Regem tunc pertinebat
cum omnibus terris poffeffionibus ac juribus et pertinentiis ejufdem
dicto monafterio ac canonicis ibidem fervientibus et perpetuo fervituris
conceffit Quodque poftmodum venerabilis frater nofter Walterus epifcopus Sanctiandree qui etiam conceffioni hujufmodi interfuerat et ad
eam fuum prebuerat affenfum perpendens Incommoda et onera fupra-
dicta Ecclefiam ipfam eidem monafterio de confenfu dilectorum filiorum
capituli ecclefie Sanctiandree Annexuit et univit prout in inde confectis
prefatorum regis et Epifcopi et capituli figillis fignatis litteris quarum
tenores de verbo ad verbum prefentibus inferi fecimus plenius conti-

netur Quare pro parte dictorum Abbatis et Conventus nobis-fuit humiliter fupplicatum ut conceffioni annexioni et unioni hujufmodi Robur
confirmationis adicere et defectns fi qui forfan intervenerint In premiffis
fupplere de benignitate apoftolica dignaremur Nos igitur conceffionem
annexionem et unionem hujufmodi ratas habentes et gratas illas apoftolica auctoritate ex certa fcientia confirmamus et prefentis fcripti patrocinio communimus Supplentes omnes defectns fiqui forfan intervenerint
in eifdem Ac volentes quod fi aliqui fuper provifionibus fibi faciendis de
parochialibus ecclefiis aut aliis beneficiis ecclefiafticis in illis partibus
speciales vel generales Apoftolice fedis vel legatorum ejus litteras
impetrarint etiam fi per eas ad Inhibitionem refervationem et decretum
vel alias quomodolibet fit proceffum prefate littere et proceffus habiti
per eafdem et quecumque inde fecuta ad ecclefiam prefatam nullatenus fe extendant Tenores vero litterarum regis et epifcopi ac capituli
predictorum tales funt [ut fupra 189, 190.] · Nulli ergo omnino hominum
liceat hanc paginam noftre confirmationis communitionis fuppletionis et
voluntatis infringere vel ei aufu temerario contraire Si quis autem hoc
attemptare prefumpferit indignationem omnipotentis dei et beatorum
petri et pauli apoftolorum ejus fe noverit incurfurum Datum Avinioñ
ij id : feptembris Pontificatus noftri Anno primo ·

Bulla Benedicti Pape de mitra et annulo et aliis pontificalibus Infigniis ·

192. Benedictus Epifcopus fervus fervorum dei dilectis filiis Alexandro
Abbati et conventui monafterii de Scona ordinis Sancti Auguftini Sanctiandree diocefis Salutem et apoftolicam benedictionem expofcit devotionis veftre finceritas et Religionis promeretur honeftas ut tam vos
quos fpeciali dilectione profequimur quam monafterium veftrum con-
dignis honoribus attollamus Hinc eft quod nos veftris in hac parte fupplicationibus inclinati ut tu fili Abbas ut fucceffores tui dicti monafterii

Abbates qui pro tempore fuerint mitra anulo et aliis potificalibus insigniis libere possitis uti Et quod in dicto monasterio et prioratibus eidem monasterio subjectis ac parochialibus et aliis ecclesiis ad vos quamvis pleno jure non subsint pertinentibus Benedictionem solennem super populum post missarum vesperorum et matutinorum solemnia dummodo in benedictione hujusmodi aliquis antistes seu sedis apostolice legatus presens non fuerit elargiri possitis felicis recordationis Alexandri pape quarti predecessoris nostri que incipit Abbates et aliis quibuscumque constitutionibus apostolicis in contrarium editis nequaquam obstantibus vobis et eisdem successoribus Auctoritate apostolica de speciali gratia tenore presentium indulgemus Nulli ergo omnino hominum liceat hanc paginam nostre concessionis infringere vel ei ausu temerario contraire Si quis autem hoc attemptare presumpserit Indignationem omnipotentis dei et beatorum petri et pauli Apostolorum ejus se noverit incursurum datum Avinion ij. id. Septembris pontificatus nostri Anno primo ·

Carta Walteri Episcopi Sancti Andree de ecclesiis et capellis .

193. Universis sancte matris ecclesie filiis ad quorum notitiam presentes, littere pervenerint · Walterus miseratione divina Episcopus Sanctiandree salutem in omnium Salvatore Noveritis nos cum consensu et assensu capituli nostri sanctiandree concessisse et presentis scripti patrocinio confirmasse in usus proprios Abbati et canonicis de Scona ordinis sancti Augustini nostre diocesis ibidem deo servientibus et inperpetuum servituris omnes ecclesias quas habent in episcopatu nostro sanctiandree in liberam puram et perpetuam elemosinam · viz · Ecclesiam de Scona et ejusdem capellas de kinfawnis de Crag et de Rath ecclesiam de lyff ecclesiam de Invergoury ecclesiam de logydunde ecclesiam de Cambusmichel · Ecclesiam de Kilspindy / Ecclesiam de blare Has autem ecclesias cum capellis et omnibus pertinenciis suis a predecessoribus

U

fuis confirmatas Damns eis et confirmamus licentiam quoqye eis concedimus capellanos cum voluerint quofcumque ydoneos in ipfis ecclefiis
retinere et removere Saluis nobis et fuccefforibus noftris epifcopalibus
de omnibus ecclefiis predictis annuatim Reddendis · Excepta canonica
fua de Scona · et capellis ad eam pertinentibus quas ab omni fervicio
exactione demanda et confuetudine epifcopali volumus et concedimus
effe exemptas · In cujus rei teftimonium Sigillum noftrum auctenticum
et Sigillum commune dicti capituli noftri prefentibus funt appenfa Apud
Sanctum andream decimo die menfis Junij Anno domini millefimo trecentefimo nonogefimo quinto ·

Bulla confirmationis Benedicti pape de ecclefiis et capellis ·

194. Benedictus Epifcopus Servus Servorum dei ad perpetuam rei memoriam fincere devotionis affectus quem dilecti filii Abbas et conventus
monafterii de Scona ordinis Sancti Auguftini Sanctiandree diocefis ad
nos et Romanam gerunt ecclefiam necnon facre religionis honeftas in
qua domino exhibent famulatum promerentur ut eorum petitionibus
quantum cum deo poffimus favorabiliter annuamus Exhibita fiquidem
nobis pro parte dictorum Abbatis et conventus petitio continebat quod
uuper venerabilis frater Walterus Epifcopus Sanctiandree confiderans
quod monafterium ipfum propter multas et diverfas congregationes
nobilium et magnatum dicti Regni que inibi pro negotiis ipfius Regni
in cujus medio vel quafi monafterium ipfum confiftit pertractandis hactenus facte funt et fieri folent multa dampna et gravia fubierat onera
expenfarum parochialem ecclefiam de Scona cum fnis de kinfawnis de
crag et de Rath capellis et de lyf de Invergowry de logydunde de
Cambufmichel de kilfpinedy et de blare parochiales eeclefias dicte
diocefis que de patronatu ipforum Abbatis et conventus ex conceffione
Regia exiftunt et quas habebant in puram et perpetuam elemofinam

eifdem Abbati et conventui cum omnibus juribus et pertinentiis fnis dedit et more predecefforum fuorum epifcoporum fanétiandree qui fuerint pro tempore confirmavit ac eis ut ipfi‘in eifdem ecclefiis et capellis Prefbiteros ydoneos qui eis deferviant inftituere ad eorum voluntatem valeant et deftituere licentiam conceffit Salvo jure epif- copali in omnibus eifdem ecclefiis preterquam in ecclefia de Scona et capellis fupradiétis quas quidem ecclefias de Scona et capellas ab omni fervicio exaétione demanda et confuetudine epifcopalibus exemit ac voluit fore exemptas prout in litteris fuis eius ac prefatorum capituli figillis fignatis quarum tenorem prefentibus inferi fecimus plenius con- tinetur Quare pro parte diétorum Abbatis et conuentus nobis fuit humiliter fupplicatum ut dationi confirmationi conceffioni exemptioni et voluntati hujufmodi Robur confirmationis adiicere de benignitate apoftolica dignaremur · Nos igitur diétorum Abbatis et Conventus fup- plicationibus inclinati dationem confirmationem conceffionem exemp- tionem ac voluntatem hujufmodi ratas et gratas habentes illas apof- tolica auétoritate ex certa fcientia confirmamus et prefentis fcripti patrocinio communimus fupplentes omnes defeéns fiqui forfan inter- venerint in eifdem conftitutionibus apoftolicis ac prefcriptionibus et obfervanciis contrariis non obftantibus quibufcumque Tenor vero dic- tarum litterarum talis eft · [ut fupra, 193.] Nulli ergo omnino hominum liceat hanc paginam noftre confirmationis communicionis et fuppletionis infringere vel ei aufu temerario contraire Siquis autem hoc attemptare prefumpferit Indignationem omnipotentis dei et beatorum petri et pauli apoftolorum eius fe noverit incurfurum Datum Avinioñ ij id. Septem- bris pontificatus noftri Anno primo ·

Bulla de patronatu Ecclefie Sanéti Egidii ·

195. Benediétus Epifcopus Servus fervorum dei Ad perpetuam rei me-

moriam devotionis finceritas quam dileĉti filij Abbas et Ĉonventus
monafterij de Scona ordinis fanĉti Auguftini Sanĉtiandree diocefis
ad nos et Romanam gerunt ecclefiam ac facre Religionis honeftas fub
qua abdicatis mundi illecebris domino continuum reddunt famulatum
promerentur ut ad ea libenter intendamus que eorum monafterij
utilitatis fapiant incrementum Hodie fiquidem pro parte diĉtorum
Abbatis et Conventus nobis expofito quod nuper cariffimus in Chrifto
filius nofter Robertus Rex Scottorum illuftris attendens quod monafterium ipfum quod quafi in medio Regni Scotie confiftit et in quo
Reges Scottorum coronari confueverunt et corpus clare memorie
Roberti ipfius Regis progenitoris inhumatum exiftit propter diverfas
magnatum et nobilium diĉti Regni congregationes que haĉtenus fre-
queuter in ipfo monafterio pro magnis et arduis ejufdem regni pertractandis negotiis faĉte fuerunt et nunc folent fieri multa fuftinuerat et
fuftinere oportebat onera expenfarum Jus patronatus ecclefie parochialis Sanĉti Egidii de Edinburgh diĉte diocefis tunc ad ipfum Regem
pertinens cum omnibus juribus et pertinentiis fnis prefato monafterio
ac canonicis ibidem deo fervientibus et fervituris concefferat Et quod
poftmodum venerabilis frater nofter Walterus Epifcopus fanĉtiandree
qui conceffioni hujufmodi interfuerat et ad eam fuum prebuerat affenfum
prediĉtam ecclefiam prediĉto monafterio conjunxerat annexerat et uni-
verat Nos conceffionem conjunĉtionem annexionem et unionem hujufmodi duximus confirmandas prout in noftris inde confeĉtis litteris
plenius continetur cum autem ficut exhibita nobis pro parte diĉtorum
Abbatis et Conventus petitio continebat portio xlv marcarum monete
Regni Scotie ufualis fuper fruĉtibus Redditibus et proventibus ipfius
ecclefie que per prefbiteros feculares regi confuevit pro perpetuo vicario in eo cum unio hujufmodi fuum fortita foret effeĉtum inftituendo
refervata fuerit ipfaque portio juxta facultates fruĉtuum reddituum et
proventuum prediĉtorum adeo nimia et exceffiva exiftat quod annexio

et unio predicte eidem monafterio modice utilitatis exiftunt Quare pro parte dictorum Abbatis et conventus nobis fuit humiliter fupplicatum ut eis concedere ac ftatuere et ordinare quod ipfe Abbas et fui fuc-ceffores dicti monafterij Abbates poft effectum annexionis et unionis pre-dictorum ad vicariam in dicta ecclefia ex predicta portione inftituendam cum fic inftituta fuerit quod quotiens eam vacare contigerit unum ex canonicis dicti monafterij ydoneum prefato epifcopo et ejus fuccefforibus Sanctiandree Epifcopis perpetuo infra tempus legitimum prefentare poffint Ipfique Epifcopus et fucceffores canonicos ipfos fic prefentandos ad hujufmodi prefentationes in perpetuos vicarios ipfius Ecclefie in-ftituere teneantur · Et quod vicaria ipfa per ipfos canonicos regi et cura animarum parochianorum ipfius exerceri valeant de benignitate apoftolica dignaremur Nos igitur prefati monafterij utilitates et com-moda quantum cum deo poffimus procurare cupientes hujufmodi fuppli-cationibus inclinati eifdem Abbati et conventui apoftolica auctoritate concedimus ac ftatuimus et etiam ordinamus quod predicti Abbas et fucceffores fui ad dictam vicariam cum inftituta fuerit et quotiens eam vacare contigerit ut prefertur unum canonicum ydoneum predicti mona-fterij prefatis Epifcopo et fuccefforibus fnis memoratis prefentare ac ipfi Epifcopus et ejus fucceffores canonicos qui fic prefentabuntur in vicarios ipfius ecclefie inftituere et Idem canonici fic prefentandi vicariam regere et curam predictas exercere poffint ut prefertur · Non obftantibus quibufcumque conftitutionibus apoftolicis ac ftatutis et confuetudinibus monafterij et ordinis predictorum contrariis juramento confirmatione apoftolica vel quacunque firmitate alia roboratis ac privilegiis indulgen-tiis et litteris apoftolicis generalibus vel specialibus quarumcumque teno-rum exiftant necnon obfervantiis et prefcriptionibus per que prefenti-bus non expreffa vel totaliter non inferta effectus earum impediri valeat quomodolibet vel differri et de quibus quorumque totis tenoribus habenda fit in noftris litteris mentio specialis Nos enim ex nunc irriti-

tum decrevimus et inane fi fecus fuper hiis a quoquam quavis anctori-
tate fcienter vel ignoranter contigerit attemptari Nulli ergo omnino
hominum liceat hanc paginam noftre conceffionis ftatuti ordinationis et
conftitutionis infringere vel ei aufu temerario contraire Si quis autem
hoc attemptare prefumpferit indignationem omnipotentis dei et beatorum petri et pauli apoftolorum ejus fe noverit incurfurum Datum Avinioñ xvij kalend · octobris pontificatus noftri Anno primo ·

Littera procuratoria Hugoni Concanonico ·

196. Univerfis Sancte matris ecclefie filiis ad quos prefentes littere pervenerint Henricus miferatione divina Abbas de Scona et ejufdem loci
conventus eternam in domino Salutem · In omnibus caufis nos et
monafterium noftrum qualitercumque tangentibus motis feu movendis
pro nobis feu contra nos / contra quofcumque vel a quibufcunque / coram
quibufcumque Judicibus ordinariis delegatis subdelegatis comiffariis feu
arbitris quibufcunque diebus et locis · Hugonem concanonicum noftrum exhibitorem prefentium procuratorem noftrum facimus et conftituimus per prefentes · dantes eidem poteftatem et fpeciale mandatum ·
agendi pro nobis nofque defendendi expediendi replicandi · teftes et
juramenta producendi et replicandi · litem conteftandi in animas noftras
jurandi · de calumpnia et veritate dicendi · expenfas petendi jurandi et
recipiendi alium procuratorem loco fui fubftituendi quotiens fibi vifum
fuerit expediendi et omnia alia et fingula faciendi in premiffis et circa
premiffa que verus et legitimus procurator facere poteft et mandatum fpeciale requirunt Ratum et firmum habentes et habituri quicquid dictus
procurator nofter vel ab eo fubftitutus nomine noftro in premiffis duxerit
faciendum permittentes infuper ut predictus Hugo nomine noftro ut
procurator pro nobis et monafterio noftro hac inftanti die martis Apud
fanctum Andream cum ceteris de clero fancti Andree poffit comparere

facturns ibidem quicquid predictus dominus Henricus Abbas noster fi prefens effet cum ceteris prelatis effet facturus · et pro eodem procura_ tore noftro ·et pro fubftituto vel fubftitutis ab ipfo fub ypotheca rerum noftrarum judicatum folvi promittimus . quod quidem omnibus quorum intereft tenore prefentium fignificamus · In cujus Rei &c.

Carta confenfus Walteri epifcopi Sancti Andree ·

197. Vniufis Sancte matris ecctie filiis ad quoꝗ noticiam pntes ire pueñint / Walterus pmiffione diũa Ep̄ns fanctiandree Salutē in oꝯm faluatore / Vniuerfitati vr̄e facim⁹ effe notum q cum fereniffim⁹ princeps et dñs noft̄ dñs Robertus dei gr̄a Rex fcottoꝗ tercius illuftriffim⁹ motus pio caritatis intuitu ius patronatus ecctie pochialis Sancti Egidij de Edyn_ burgh̄ nr̄e dyoc⸗ nō folum voto ꝓprio / verum eciam ex fana sui deliber_ acõe confilij ad quod int̄fuim⁹ licet exiles nr̄m ad id affenfum preben_ tes fimiliꝉ et confenfum / ꝏnafterio de Scona dc̄e nr̄e dyoc⸗ et canoni_ cis ibidm deo fuientibȝ et in ꝓpetuũ fuituris fancti ordinis Auguftini / mera quoꝗ deuocõe duxerit concedendum / fcdm q p cartam dicti dñi nr̄i Regis patere liquidius vidim⁹ ꞇ teftari // Nos ruinā dicti monafterij ꞇ indigentiā in q⸀ plr̄ibȝ cognofcentes / nolentes id quod ad dei ꞇ facrofc̄e ecctie cultum cedit · minuere vel quomodolibȝ impedire ȳmo pocius con_ ceffiones huiufmodi quaten⁹ ad nos fpectat eaten⁹ adminiculo fouere poffibili cupientes / ꝓlibatam ecctiam Sancti Egidij cũ oꝏibȝ ꞇ fingꝉis redditibȝ terris / poffeffionibȝ / puetibȝ fructibȝ obuencõibȝ decimis ma_ ioribȝ et mīoribȝ iuribȝ ꞇ ptinenciis vniuꝉ eiufdm · ꝓfato monafterio de Scona ꞇ canonicis ibidm deo fuientibȝ ꞇ in ꝓpetuũ fuituris · contempla_ cõe dei ꞇ fc̄e ecctie de confenfu et affenfu capituli nr̄i Sanctiandree ꝓpꞇ · hoc fpecialiꝉ congregati cōiunxim⁹ annexim⁹ ꞇ vniuim⁹ ac tenore ꝑutis carte nr̄e cōiungim⁹ annectim⁹ ꞇ vnim⁹ / Ita q fi ꞇ cum contigerit dñm Jacobũ lyoñ nūc vicariũ dc̄e Ecctie Sancti Egidij / eidm cedere vel ab

ea decedere / tunc cedat ip̄a eccłia in v̄fus ꝑprios fepedicti monafterij ꞇ
canonicoꝗ ad fabricā eiuſd̃m eccłie pficiendam reſtaurandam ꞇ in ppetuū
fuſtentandam adeo libere ꞇ quiete durabiliꞇ integre ꞇ pacifice in om̄ib₃
ꞇ p om̄nia ſicut aliqua eccłia infra ep̄atū nr̄m liberius quiecius durabilius
integrius ꞇ pacificencius poſſidet² feu poſſideri fuerit conſueta Et ꝗ
eod̃m cafu liceat eiſd̃m canōicis p ſe vel p alium poſſeſſionē eccłie memorate intrare ꞇ eam tenere ſua ꝑpria auctoritate cū om̄ib₃ iurib₃ ꞇ ptinenciis ſicut fupius eſt expreſſum ſalua penſione ꝑpetua quadraginta
quīꝙ, mᵉcaꝗ monete Scocie vſualis vicario dc̄e eccłie qui pro tempe fuit
poſt ceſſum vel deceſſum dc̄i dn̄i Jacobi de redditib₃ eiuſd̃m eccłie ꝑ fua
fuſtentac̄ōe reddenda ꞇ p eund̃m vicariū annis ſing̃lis acceptanda / ꞇ
iurib₃ ep̄alib₃ ꞇ archidiaconalib₃ p dictū vicariū de ip̄a penſione annuatim foluendis / In cuiꝰ Rei teſtiōim figillum nr̄m auctenticū et figillum
cōmune dicti capituli nr̄i / p̄nti carte nr̄e funt appenſa apud Sanctum
andreā / tertio die menß ꝏaij / anno dn̄i ꝏillefimo trefcentefimo nonogefimo quinto ·

Preceptum Jacobi Regis de fecundis decimis lucrorum de wardis et releviis ·

198. Jacobus dei gracia Rex Scotorum Jufticiario ex parte boreali aque de
fforth ac vicecomiti et balliuis fnis de Perth qui pro tempore fuerint Salutem · Quia rotulis compotorum noftrorum de mandato nr̃o vifis et diligenter infpeꝗis nobis conftat ad plenū ꝗ religiofi viri Abbas et Conuentus monafterij de Scona temporibus antiquis retroaꝗis fuerunt ꞇ funt de
pñti in poffeffione pacifica percipiēdi fecundas decimas lucrorum tam de
Itineribus Jufticiariorum ꝗ̃ exitibȝ curiarum vicecomitum necnon de
wardis et releuiis infra vicecomitatū de Perth nobis contingent⁻ diꝗis
religiofis viris in puram ꞇ ꝑpetuam elemofinā per anteceffores nr̃os collatas Vobis precipimus ꞇ mandamus quaꞇs diꝗas fecundas decimas pre-
diꝗis religiofis viris añuatim perfolui faciatis prompte ꞇ abfꝗ dilacõne
Ita ꝗ in veftro defeꝗu iuftam querimoniam de cet̃o non audiamus recipi-
entes lr̃as fuas quitantie de folucõnibus diꝗarū decīarū añuatī vt premit-
tit² faciēꝺ quas in veftris compotis reddendis faciemus plenius allocari In
cuius rei teftīoniū has lr̃as nr̃as fub magno figillo nr̃o fieri fecimꝰ pateñ :
apud Pertħ ⸱ quarto die menfis Maii Anno regni noftri vicefimo fexto ·

Preceptum Jacobi Regis de fecundis decimis de Rath et Kynfawnys ·

199. Jacobus dei Gratia Rex Scotorum vicecomiti et ballivis fnis de Perth
Salutem quia per litteras recolende memorie domini quondam Roberti
fecundi Regis Scotorum illuftris avi et predecefforis noftri fub magno
figillo fuo vicecomiti et ballivis fuis de Perth qui tunc fuerant deftinatas
nobis et noftro confilio fatis conftat quod religiofi viri Abbas et conventus monafterij de Scona a longis retroaꝗis temporibus fecundas decimas
de firmis terrarum de Rath et de kynfawnys infra balliam veftram etiam
eo tempore quo diꝗe terre ad firmam bladorum ficut eo tempore quo

x

ad denariorum firmam fuerant affedate percipere confueverunt Vobis
igitur firmiter precipiendo mandamus quatenus dictas terras de Rath et
de kynfawnis et libere tenentes earundem necnon eafdem inhabitantes
jufte et fine dilatione compellatis ad fatiffaciendum dictis religiofis viris
vel fnis in hac parte deputatis de dictis fecundis decimis de toto tempore tranfacto quo fcilicet ab ipfarum folutione ceffatum fuerat Et fimiliter de terminis et temporibus jam futuris Ita quod pro veftro defectu
non oporteat dictos religiofos ulterius fuper hoc ad nos recurrere conquerendo In cujus rei teftimonium has literas noftras vobis oftendendas
et penes dictos religiofos remanfuras fub magno sigillo noftro [fieri
fecimus] patentes Apud Edinburgh tempore parliamenti noftri tenti
vicefimo die menfis maij Anno domini millefimo quadringentefimo
vicefimo fexto Et Regni noftri vicefimo primo ·

Inq'ficio quatuor particaʒ in villa de Strivelyn ·

200. Inquificio facta fuit ap^d ft'uelȳ corā ꝓpofito ꞇ balliuis eiufdē die lune p'mo
die menß Octobrʃ anno dñi miłłimo quad'ngē^{mo} vndecīo / p iftos fubfc'ptos
vʒ Johem lang· Johem lorimar matheū g^ryden Johem Wyfß andreā
Wiłłmi Wiłłm coupar Johem fabrū · Johem fcott Johem dauidʃ de
drilaw̃ Richardū fabrū · yfaac fabrū Thomā de tulileliane et ftephanū de
fforefta qui Jurati dicūt q quatuor pticate Ꝑre que wlgari noīe P[ortir?]
croft nūcupantur jacentes in burgo ꝓdco int̃ Ꝑrā dñi Wiłłmi de menteth
ex pte occidentali ex pte vna ꞇ viā feu venale Regiū ex pte oriētali ex pte
alt^ca ptinēt ꞇ ptiner̃ deberēt ad Religiofos viros abbatē ꞇ cōuentū monaf-
t̃ii de Scona ꞇ nūc exiftūt in manibʒ dñi Regʃ p'ncipał ꞇ capitał dñi
illaʒ quatuor pticataʒ ob defc̃m firme fue vʒ q'nꝗ denar̃ de qualibet
pticata āunatī mīe folut· a tēpe decē ānoʒ In cui^s Rei teftiõim figilla
quoʒdā qui dc̃e Inquificõi int̃erant vna cū figillo ballini breui inclufo
pñtibʒ fūt appēfa die āno ꞇ loco fup^rdictʃ ·

Carta Roberti Logan militis domini Leſtalrik de annuo reddi'tu ſeptem mercarum de terris de Malles ·

201. Om̄ibꝫ xp̄i fidelibꝫ hanc cartā viſuris vel audituris · Rob̄tus logan miles dn̄s de leſtalrik Salutē in dn̄o ſempiternā Sciatis. me ꝑ ſalute aīe mee ⁊ an̄ceſſoꝝ ac ſucceſſoꝝ meoꝝ dediſſe conceſſiſſe ⁊ hac pn̄ti carta mea confirmaſſe deo ⁊ eccīe ſcī michaelis de Scona ac abbati ⁊ canōic̄ ibid̄ deo ſuiētibꝫ ⁊ inꝑpetuū ſuituris in purā ⁊ ꝑpetuā elemoſinam annuū redditū meū ſeptē marcaꝝ de t̉ris de malles quē annis ſingul ꝑcipe conſueuam que quid̄ t̉re ad baroniā de leſtalrik ꝑtinēt . ac de me in capite ut de dn̄o ſuperiori teneri dinoſcūt². Tenend̄ ⁊ hn̄d̄ dc̄m ānuū redditū ꝓfate eccīe ac abbati ⁊ canōicis ut ꝓmittit² cū om̄ibꝫ lib̄tatibꝫ ꝯmoditatibꝫ ⁊ ayſiamētis quibuſcūque lib̄e pure ac ſimplicit̉ imꝑpetuū Quas quid̄ donacōm conceſſionē ⁊ confirmacōnē ut ꝓfert² p me pure libere ac ſimplicit̉ factas prenoīat̄ eccīe abbati ⁊ canōic̄ contra om̄s hoīes warantizabo quitabo ⁊ impꝑetuū defendam · ad qd̄ firmit̉ ac fidelit̉ faciēd̄ obligo om̄s t̉ras meas ac ꝓcipue de leſtalrik ac meos heredes ⁊ ſucceſſores ſub dc̄a obligacōne warantizacōis ac ꝑpetue defenſionis comꝓhendo ut ip̄i mecū eod̄ vinclo ſint aſtricti · Et ut hec oīa ꝑpetuo ſuo robore ꝑmaneāt in manibꝫ ſepedc̄i abbatis ⁊ canōicoꝝ corā teſtibꝫ ad hoc ſpecialit̉ vocatis Juramētū ꝓſtiti corporale · In cuiꝰ rei teſtimoniū Sigillū meū pn̄tibꝫ eſt appenſū · Et ad maiorē huiꝰ rei ſecuritatē ſigilla nobiliū viroꝝ · Alexandri de lindiſay comitis de craufurde vna cū ſigillo alex' de ogilvy vicecomitis de angus apponi pn̄tibꝫ ꝑcuraui apud Sconā decīoquarto die mēſis ſeptembris Anno dn̄i milleſīo quadringenteſīo decīoquarto Teſtibꝫ venabilibꝫ ⁊ diſcretis viris dn̄o Joh̄e de Scona ꝓſbit̉o ꝑpetuo vicario de forgoune et dn̄o Gilberto de frerton ꝑpetuo vicario de Rogortun cum multis aliis ·

Carta Roberti Logane militis domini de Leſtalrig de terris de Malles ·

202. Omnibus Chriſti fidelibus hanc cartam Viſuris vel audituris Robertus de Logane miles dominus de leſtalrig · Salutem in domino Sempiternam Sciatis me pro ſalute anime mee et anteceſſorum ac ſucceſſorum meorum dediſſe conceſſiſſe et hac preſenti carta mea confirmaſſe deo et eccleſie Sancti Michaelis de ſcona ac Abbati et Canonicis ibidem deo ſervienti-bus et imperpetuum ſervituris in puram et perpetuam elemoſinam omnes terras meas de Malles infra Goury ad Baroniam de leſtalrig pertinentes una cum annuo redditu meo ſeptem mercarum quem annis ſingulis de dictis terris meis percipere conſueveram · Tenend et habend dictas terras prefate eccleſie ac Abbati et canonicis ut premittitur cum moris marreſiis pratis planis paſcuis rivulis boſcis nemoribus venationi-bus aucupationibus et piſcationibus pariterque cum domibus officinis s · fabrili braſina et ceteris quibuſlibet Similibus ac cum omnibus aliis pertinentiis libertatibus et aſiamentis tam infra terram quam ſupra terram cum ſnis rectis metis et diviſis ac aliis quibuſcumque commoditatibus tam non nominatis quam nominatis ita pure libere et ſimpliciter quam aliqua eccleſia aliquam terram poſſidet in Regno Scocie Volo inſuper et concedo quod libere tenentes et incole dictarum terrarum ſic per me ut prefertur libere ac ſimpliciter donatarum Abbati et dictis canonicis in omnibus pareant obediant et reſpondeant ac omnia ſervicia debita et conſueta facere teneantur ſicut michi hactenus facere conſueverant aut de Jure debuerant Quas quidem donationem conceſſionem et confirmationem ut prefertur per me pure libere ac ſimpliciter factas prenominate eccleſie Abbati et Canonicis contra omnes homines wa-rantizabo quitabo et imperpetuum defendam ad quod firmiter ac fideliter faciendum obligo omnes terras meas et precipue de Leſtalrig ac meos

heredes et fucceffores fub dicta obligatione warantizationis ac perpetue
defenfionis comprehendo ut ipfi mecum eodem vinculo fint aftricti
Et ut hec omnia perpetuo robore permaneant in manibus fepe dicti
Abbatis et canonicorum coram teftibus ad hoc fpecialiter vocatis Jura-
mentum preftiti corporale In cujus rei teftimonium Sigillum meum
prefentibus eft appenfum Et ad majorem hujus rei fecuritatem Sigilla
nobilium virorum Alexandri de lindefay comitis de Craufurde una cum
figillo Alexandri de Ogilvy Vicecomitis de Angus apponi prefentibus
procuravi apud Sconam decimo quarto die menfis Septembris Anno
domini Millefimo quadringentefimo decimo quarto Teftibus venerabilibus et difcretis viris domino Johanne de Scona prefbitero ac perpetuo
vicario de fforgone et domino Gilberto de ffrertoun perpetuo vicario de
Rogortuen cum multis aliis ·

Solucõ facta p terris de Malles ·

203. Pateat vniũfs p p̃ntes me Roβtũ logan militē dñm de leftalrik recepiffe
ꝶ plenarie habuiffe p man⁹ abbatꞓ ꝶ ꝓuētꝰ moꞓftij de Scona lxvi libras
fꝶlingoꝛ in quibȝ michi tenebant² ꝑ quodã ꝓtractu intꝰ me ꝶ ip̃os facto
circa ãnuũ redditũ meũ feptem marcaꝛ de ꝶris de malles / quē ãnuũ
redditũ eccĩe ꝶ moꞓftio dcõꝛ abbatꞓ ꝶ ꝓuētꝰ p me conceffi ꝶ anexui
ꝑut in carta eis inde confecta manifeftius patet Quē quidꝺ ãnuũ redditũ
volo ꝶ concedo ꝙ dc̃i abbas ꝶ ꝓuētꝰ ac dom⁹ ip̃oꝛ libe pure ꝶ fimplicitꝰ
poffideant imppetuũ Qꝺ fi contingat ꝙ abfit me heredes meos aut fucceffores uel aliũ quēcũȝ noĩe uel ex ꝑte nr̃a quocũȝ titulo uel auctoritate
dictos abbatē ꝶ ꝓuentũ aut ip̃oꝛ moꞓftiũ in poffone dc̃i ãnui redditꝰ
q°uifm° moleftare꞉ obligo me ħedes meos ꝶ fucceffores / ac bona nr̃a
mobilia ꝶ īmobilia vniũfasꝗ ꞇras ꝶ poffones ad nos ptinētes ad foluēꝺ
βfatꞓ abbati ꝶ ꝓuetui ꝓdc̃as lxvi libras fꝶlingoꝛ fine ꝓtradiccõne lite
aut placito quibufcũȝ · Qꝺ fi dicti abbas ꝶ ꝓuētꝰ p hanc meã obligacõm

nō reputāt ſe eſſe ſecuros · ex ſupabūdanti ſponte obligo ɱe heredes
meos ꝉ ſucceſſores ad vocacõm ꝉ mandatū ſepedcõꝗ abbatꝭ ꝉ ꝑuētꝰ
venire ꝉ in capło ꝑdc̄i ꞓoᵉſꞇij corā iꝓis comparere ac mandatis ꝉ or-
dinacõi iꝓoꝗ ſup dc̄a ſolucõe ꝉ eam ꝑtingētibȝ fine deceptacõe ſtare ꝉ
ohedire qᵒuſꝗ, tā de dāpnis ꝉ expenſis ſi que uel quas iꝓos ꝑtingat fac̊e
occaſione · dc̄e ſūme p me ut ꝑmittit² nō ſolute? quā de debito pᵗncipali
fūit ſatiſſac̊tū · Et ut hec mea obligac̊õ firma ꝉ rata pmaneat in māibȝ
ꝑnoïatoꝗ abbatꝭ ꝉ ꝑuētꝰ corā teſtibȝ ad hoc ſpecialiꝉ vocatis in capło
iꝓoꝗ Jurametū ꝑſtiti corporale In cuiꝰ rei teſtiõᵐ Sigillū meū pn̄tibȝ eſt
appenſū apᵈ Sconā xiiij° die mēß ſeptembris Anno dn̄i ꞓ° · cccc · xiiij° ·

Aſſedac̊õ de Petochrimyll ·

204. **P**ateat vniūß p pn̄tes me Joħem de dromūꝺ militē dn̄m de Cargil aſſe-
daſſe ꝉ ad fᵗmā dimiſiſſe dn̄o Abbati ꞓonaſꞇij de Scona ꝉ ꝑuētui eiuſꝺ
duas ptes ꞇre mee ꝉ molendini de petochri vna cū curiis ꝉ exitibȝ curiaꝗ
ac aliis ptinēciis ꞇre ꝉ molendini eoꝗꝺ ad ꞇïm oc̊to annoꝗ a data pn̄ciū
plenarie ꝑplendoꝗ p c̊ta ſūma pecūie ſ · viginti vniꝰ marcaꝗ michi gra-
tanꝉ ꝑ manibȝ p dc̄os abbatē ꝉ ꝑuētū ſolutaꝗ · quaꝗ viginti vniꝰ marcaꝗ c̊ta quota ſingulis ānis ꝑ fᵗma dc̄e ꞇre ꝑdc̄is abbati ꝉ ꝑuentui p me
allocabit² videlȝ p quolibet tᵗū annoꝗ pn̄ciū datā ïmediate ſequēciū xxvi ſ
ꝉ viij ꝺ / ac ꝑ qᵒlibet qᵗnȝ annoꝗ ïmediate exinde ſequēciū xl ſ p fᵗma dc̄e
ꞇre ꝑputabūt² ac p me ut ꝑdc̄m eſt ꝑnoïatis abbati ꝉ ꝑuētui volūtarie al-
locabūt² Qꝺ ſi me ꝑtingat ante ꝑplecõm dc̄oꝗ oc̊to annoꝗ decedere obligo
heredes meos ꝉ executores ac õia bona mea ꝉ heredū meoꝗ mobilia ꝉ
ïmobilia fore diſtringenda capienda ꝉ namāda p ſepedc̄os abbatē ꝉ
ꝑuētū qᵒuſȝ ſatiſſac̊tū fūit ꝉ refundat² dc̄is abbati ꝉ ꝑuetui quic̨ᵗ poſt
mortē meā ſuperit de ſūma xxj marcaꝗ p c̊tas porc̊õnes fingł ānis ut
ꝑmittit² ꝑputando · ꝉ hoc iccirco fieri volo qꝛ dic̊tas ꞇras ꝉ molendinū
ꞓoᵉſꞇio ſupᵉdc̄o ac abbati ꝉ canõicꝭ ibiꝺ deo ꝉuiētibȝ ꝉ inppetuū ꝉui-

turis·poft mortē meā libere donani ꝉ conceffi ꝑut in carta eis inde confecta plenius ꝑtinet² · In c⁹ rei teftiõᵐ Sigillū meū pñtibʒ eft appenſū
apđ Sconā vltimo die mēß februarij Anno dñi ꝏilleffĩo cccc° xiiij° ·

Inftrumētū ſup annuū reditū de ꝏallas ·

205.　In noĩe dñi amen · Noῦint vniῦfi hoc pñs puᶜᵃ Inftꝝm viſuri uꝉ audituri
q·Anno ab incaꝝcõe eiuſđ dñi ꝏiꝉꝉio · ccccᵐᵒ · decimo quĩto · Indiccõe ·
octaua mēß ꝏaij die qᵃrto · Pᴼnᵗᵘˢ ſꭓiffimi in xꝓo ꝓris et đni nꝝi dñi bñ-
dicti dĩna ꝑuideñ pᵃpe xiijᵐⁱ · anno · xxjᵐᵒ · In mei noᵃrij puᶜⁱ et teftiū
ſꝋſꞇˈptoꝝ ꝓncia pſoᵃliꝇ conftitutus difcretus vir Willm̃s de Camã dñs
de Drūlouchqwy ſup locum ꝏanſuagij ꝉraꝝ de ꝏalles quāđ ꝉram ballina-
tus noꞇlis viri dñi Roꞇti de Logane militis dñi de Reftalryk ſibi fc̃am
in pgameno / et figillo iꝓi⁹ dñi Roꞇti in cera ruhea infᵃ ceram albam
pendent⸱ figillatam ibiđm oftendebat / quam p me noᵃriū fubſꞇˈptū plegi
fecit in wlgari / Cuius tenor ſequit² in hec ũba · Pateat vniῦfis p pñtes
me Roꞇtum Logane militem dñm de Reftalrŷk feciffe conftituiffe et
ordinaffe dilc̃m et ſꝓalem amicū meū Wiꝉꝉm de Camã dñm de Drū-
louchqwŷ baꝉꝉm meū et deputatum ſꝓalem ad dandum ſaifinam iueſti-
turā et corpalem poffeffiõe dñõ Aleꭓ aꞇbi de Scona ſeu eius ꝑcuꝝi noĩe
eccĩe ſc̃i ꝏichaelis de Scona et canonicóꝝ ibiđm deo ꝼuienciū de ānuo
redditu meo ſeptem ꝏarcaꝝ / que michi ānuatim debent² de ꝉris de
ꝏalles / quaꝝ ꝉraꝝ ſum dñs ſupior Dando et concedendo eiđm Wiꝉꝉmo
plenariā poteftatem meā dc̃as ſaiſinam iueftiturā ac corpalem poffĩõm
dandi ac dc̃m aꞇbem ſeu eius ꝑcuᵃrem noĩe eccĩe de Scona ut ꝓmˈtit²
in corpalem poffĩõm ut ſepedc̃m eſt inducendi / ac oꝏia alia ꝉ fingꝉa faciendi / quo ad dc̃as ſaifinā iueftiturā et poffĩõm que ad officiū veri ballini
ptinere dinoſcūt² · Ratum ꝉ gᵃtum ꞕnt⸱ ꝉ ꞕitur⸱ qˈdquid dc̃us balliuus
meus rite ac iufte in ꝓmiſß duꭓit facienđ · In cuius Rei teftiõm figillum
meū pñtibʒ eft appenß ap�d Sconā decimo qᵃrto die mēß Septembꝝ ·

Anno dñi ꭑillio · cccc^{mo} · decimo q^ᵃrto · · Poſt cuius quid lře oſtenſionem
ꞇ lc̃uram dc̃us Willm̃s de Caꭑa balliꝰ dc̃i dñi Roƀti in hac pte ſup
locum ꭑanſuagij dc̃aꝗ ƭraꝗ de ꭒ)alles p argenti t^ᵃdicõm dedit ven^{li} in
xp̃o p̃ri ac dño / dño Alex° pmiſſione dīna aƀbi de Scona noīe eccĩe / ſc̃i
ꭑichaelis de Scona et canonicoꝗ ibidᵐ deo ᵮuienciū ſaiſinam ħeditariā
īueſtiturā ꞇ corpalem poſſm̃ de ſeptem ꭑarcꝭ āuui redditus cū ꝑtineñ
ꝓuenient· ānuatim de ƭris de ꭒ)alles ſup^ᵃdc̃is u^rtute ꞇ auc̃te lře ballina-
tus añdc̃e ſcdᵐ for^ᵃm ꞇ tenorē carte dc̃i dñi Roƀti eiſdᵐ aƀbi ꞇ cõuen-
tui exinde confec̃te / quā cartam ad inſtanciam eoꝗd ibidᵐ de ꭒbo ad
ꭒbum plegi et publicaui · Sup quibꝫ oꭑibꝫ ꞇ ſingꞇis ꝑdc̃us dñs Abbas
noīe eccĩe ſue ꝑdc̃e et Canonicoꝗ eiuſd peciit a me no^ᵃrio pu^{co} ſubſc'pto
ſibi fieri pu^{ca} Inſtřm · Ac̃ta ᵮūt hec ſup locū ꭑanſuagij ƭraꝗ de ꭒ)alles
ꝑdc̃aꝗ hora q^ᵃi decima ante p^ᵃndiū · Anno Indiccõe / mēſe die ꞇ pont^u
ſup^ᵃdc̃is · Pñtibus veñ^{li} viro ꭑag̃ro Alex° de Balbreny / Euſtacio de
Rettre / andř de ᵮfentoñ / Roƀto de Carnegy / Roƀto hugonis / Joħe de
balmacancoꝉ armig̃is / petro de bate ꭑaro regio / Witłmo Criſtini
ᵮgendo de ꭒ)alles · / ꭒ)ichaele Criſtini ꞇ Tawis ꭒ)ichiſoñ teſtibus cum
multis aliis ad ꝑmiſſa vocatis ſꝑaliꝉ et Rogatis ·

Et ego Willm̃s de kẏnnarde cꞇicus Sc̃iandꝗ dioc· pu^{cus} Impi^{li}
auc^ᵃte no^ᵃrius / Quia oꭑibus ꞇ ſingꞇis ꝑdc̃is dum ut ꝑm'tit² ag̃ent²
ꞇ fierent vna cum ꝑnoīatis teſtibus pñs intᵮfui / eaꝗ oꭑia ꞇ ſingꞇa
ſup^ᵃdc̃a / vidi ſciui et audiui ac ad inſtanciā dc̃i dñi aƀbis in hanc
Pu^{ca} for^ᵃm redegi / pñſꝗ pu^{ca} Inſtřm manu mea ꝓp'a ſc'pſi · Id
meis figno ꞇ ᵮƀſc'pcõe ſolitꝭ ꞇ cõſuetꝭ ſignaui in verum teſtiõm
oīm ꝑmiſſoꝗ ·

Carta Murdaci ducis Albanie de ſecundis decimis de Rate et de Kinfawnis ⋅

206. Murdacus dux albanie Comes de ᵮfife ꞇ de ꭑenteth ac Regni ſcocie

guḃnator vicecomiti ꝉ balliuis fuis de Perth falutem ·· Sciatis nos infpexiffe ꝉ deligenter confidaffe cartam Recolende memorie Roberti Regis
fcocie aui nr̄i / p quam nobis conftat ad plenū Religiofos viros abḃem ꝉ
cōuentum moᶜᵗtⁱij de Scona fuiffe ac fore in poffeffione pacifica pcipiendi
fecūdas decimas de fʰmis ꝓraꝫ de Rate ꝉ de kynfawnis infᶜ balliam
vr̄am eciam eo tempe quo dōe ꝉre ad fʰmam bladoruɱ / ficut eo tempe
quo ad denarioꝫ firmam fũant affedate ꝑut in carta dōi dn̄i nr̄i Regis
plenius continet² · Vobis mandamus ꝉ ꝑcipimus qᶜtinus vifis pn̄tibus iufte
ꝉ indilate compellatis dōas ꝉras ꝉ liḃetenētes eaꝫꝺ ad fatiffaciend̄ dōis
Religiofis de dōis fecūdis decimis de toto tempe tᶜnfaꝏo / quo fciliꝫ · ab
iꝑaꝫ folucōe ceffatum fũat ꝉ fimpliciꝉ de ꝉmīs ꝉ tempibus iam futuris
Ita q pro vr̄o defeꝏu ̇non oporteat dōos Religiofos fuꝑ hoc vlᵗius ad
nos recurere ꝓquerendo · Inhibemus infuꝑ ne quis quauis poteftate uꝉ
aucᶜte dōos Religiofos fuꝑ dōis fecūdis decīs aut eaꝫ pcepcōe impedimētū preftet / grauamen aut moleftiaɱ inferat quoquo modo · fuꝑ dn̄i
nr̄i Regis ꝉ nr̄am plenariā foriffaꝏ²am · Daꝉ fub figillo nr̄o fecreto apud
perth decimo oꝏano die ɱenfis ffebruarij · Anno dn̄i ɷilƚo · Quadrin-
geᵐᵒ · vicefimo primo · Et nr̄e guḃnacōis anno fecūdo ·

A&um Parliamenti Jacobi Regis de fecundis decimis de Rath ·

207. A&um parliamenti fereniffimi principis domini Jacobi dei gratia regis
Scotorum illuftris tenti apud Edinburgh tertiodecimo die menfis maii
cum continuatione dierum Anno domini millefimo quadringentefimo
vicefimo fexto Et Regni fui vicefimo primo Comparentibus coram certis
perfonis per regem et parliamentum ad querelas ligeorum regis audiendas et determinandas fpecialiter deputatis Venerabili patre Adam
abbate monafterij· de Scona ex vna et Roberto de Ros et thoma chartris libere tenentibus terrarum de kynfawnys infra vicecomitatum de
Perth partibus ex altera Di&us Abbas pro fe et fuo monafterio· per

modum gravis querele propofuit quod dictus Robertus et, quidem alii
libere tenentes terrarum de Rath et de kynfawnis fecundas decimas de
firmis terrarum predictarum fuo monafterio debitas ab ipfo et fuo monafterio a longis retro temporibus detinuerunt et detinent minus jufte Et ad
intentionem dicti Abbatis probandam litteras recolende memorie domini
Roberti Secundi regis Scotorum produxit et coram dictis perfonis electis
perlegi fecitQuarum litterarum tenor fequitur in hec verba · [*ut fupra* 184]
Quibus perlectis et rationibus utriufque partis auditis et intellectis dicte
perfone de parliamento electis matura deliberatione prelibata decreverunt confimiles litteras fub magno [figillo] domini noftri regis qui nunc
eft fieri et dari debere eidem Abbati Vicecomiti et ballivis fuis de Perth
dirigendas ad compellendum predictum Robertum et ceteros libere-
tenentes ac inhabitantes dictas terras de Rath et de kynfawnys quod
non obftantibus Allegationibus fnis in judicio propofitis fatiffaciant dicto
Abbati et monafterio fuo de premiffis fecundis decimis fecundum tenorem litterarum regiarum predictarum Datum fub teftimonio magni figilli
predicti domini noftri regis Apud Edinburgh ad inftanciam dicti Abbatis
vicefimo octavo die menfis maii Annis domini et regis regni predictis ·

Bulla Pape Martini ·

208.   (M)artinus eps feruus feruoɋ dei / Dilecto filio prepofito Capelle Regie
Sanctiandree Salt et apticam beñ · Conquefti funt nobis Abbas et Conuentus Monafterij de Scona ordinis fancti Auguftini Sanctiandree dioc
qd vniuerfi homines ville de Parciis parrochiani eccie ville de Blar dicte
dioc · quam eccliam dicti Abbas et Conuentus in ufus proprios canonice
obtinent / ad eccliam prefatā accedere / et ibidem ut tenentur / ecctiaftica
facramenta recipere necnon diuinum uerhum audire propria temeritate
contempnunt / faciendo fibi per alienos pbros in alia eccia diuina officia
temere celebrari in Abbatis et Conuentus ac monafterij et eccie predic-

toʒ preiudiciū non modicum et grauamen · Ideo�, diſcretioni tue per
apłica ſcripta mandamus quatinus uocatis qui fuerint euocandi et auditis
hinc inde propoſitis quod canonicū fuerit appellatione remota decernas ⁄
faciens quod decreueris per cenſuram eccłiaſticam firmiter obſeruari .
Teſtes autem qui fuerint nominati ſi ſe gratia odio uel timore ſubtrax_
erirſt cenſura ſimili appellatione ceſſante compellas ueritati teſtimonium
perhibere · Daͭ florentie viii kł Auguſti Pontificatus nͬi Anno Tertio .

Litera Henrici epiſcopi Sanctiandree ·

209. Henricus miſeracõe diuina eͮps ſcͦiandᵉe decano nͬo xˡaniˡꝑ de goury ᴢ
vicario de blare nᶜnō cuicūʒ altˡ capeⁿᵒ ẏdoneo infˣ dyocˑ nͬam diuina
mͣ[ſt]ⁿti · Salutē cū benediccõe diuina · Q'a p inquificõem deligentē ᴢ
fidelē a fidedigˡoribʒ ᴢ antiqˡoribʒ pochie eccie pochialis de blare nͬe
dyocˑ ac locoʒ cˡcumuicinoʒ p quos rei veritas meliͦ cognoſci poͭit p
veꬼabilē virū dꬼm Ricardū de creche vtˡuſᴦ, iuris ꝑfeſſorē rectorē eccie
pochialis de erol ac patriciū yhong rectorem eccie poł de kynhoul . de
mādato nͬo magno inͮtueͥente juramēto facta ꝯpletā ᴢ ad nos remiſſā
fiue retorͨtā ꝯptū ē ᴦ villa de parſyis fuit a pˡma fundacõe de pochia
eccie de blare nͬe dyocˑ ᴢ tͨnſlata ad eccͣiam de bandachti dunkeldeñ
dyocˑ p quāͩ amicabilem ꝯpoficõm inͮ Abbates de Scona ᴢ de cupo
factā qˑ ꝯpoficõ fuit annullata poſtea p arbitᵒs ᴢ amicabiles ꝯpoſitores ·
ſup certis articulis tractantes · inͮ abƀes ꝑdictoʒ moͨſtͥioʒ ita ᴦ clare
patʒ dͨcam villā de parſyis ᴢ hitantes in ea de pochia dͨce eccie de blare
nͬe dyocˑ aꬼdͨ eſſe ᴢ ptiꬼe ſicͭ pˡus · a ſue pˡmeue fundacionis tempe ⁄
cū gˡ ad dͨcam inqˡficionē faciendā neͩ nͬa autoritate ſʒ autoritate re-
ꭒendi in xᵒ patˡs dꬼi Roberti miſacõe ꝑdicta epͥ dūkeldeñ dꬼi nͬi ꝃmi
nobis p ſuas patentes łͬas ſup hᵒ facta ᴢ ꝯmiſſa ꝓcedi fecimus · Vobis
ᴢ vͬm cuilibʒ in virtute ſcͨe obedieͨcie ᴢ ſƀ pena ſuſpenſionis a diuinis
fͬmiͭ ꝑcipiendo mandamus qͨtinͮ accedentes pſonaliͭ ad eccͣiam de

blare andcam ad villā de parſyis ꝥ alibi vbi ꝑpꝵ hº fuit accedend mone-
atꝵ roꝶtū colyſonᷓ noīatī nᵉnō omͤs alios ꝥ ſingulos in gene ꝑdcam
villā de parſyis inhitantes ut infᷓ xv dies monicōes vͣras ꝑximo ꝥ īmeˡᵉ
ſequentes · quoꝪ xv dieꝪ v ꝑ pˡmo v ꝑ ſᷓcdo ꝥ reliqˢ v dies ꝑ ꝵcio ꝥ
ꝵmīo pemptorio ac mōicōe canonica · eijſd ꝥ eoꝪ cuilibꝫ aſſigᷓmꝰ ꝥ
vos ſitr autoritate nͣra aſſignetis · ut ad ꝑdcam ecᷓiam de blare aliqºˑdie
dñico vel feſtīo accedāt ꝥ eoꝪ quilibꝫ accedat / ꝥ vicariū ecᷓie de blare
modnū ſuū recognoſcāt ꝑpˡum ſacdotē ꝥ prem ſpirituālē ac de ceꝵo ad
dcam ecᷓiam de blare ad audiend dīa ꝥ ſacᷓmēta ecᷓiaſtica neceſſaria
ꝥ voluntaria recipiend tanqᷓ ad ſuā ecᷓiam pochiālē ꝓuēiant · decīas
oblacōes ꝥ alia debita ecᷓie ꝑpetuis fut²is tēꝑibꝫ rᷓtori vicario aˡ aliis dᷓce
ecᷓie de blare mīſtˡs qˡ ꝑ tempe fuerīt fidelitꝵ pſoluāt ſꝷ pena excōi-
cacōis maioris quā ī iꝑm roꝶtū colyſonᷓ ꝥ ōes alios ꝥ ſingulos dᷓcam villā
de parſyis inhitantes ꝥ iꝓoꝪ quēliꝫ lapſ dᷓcis xv diebꝫ dᷓcaꝗ canoᶜᵃ
monicōe mandatis nͣris huiꝰmoˡ nō obtempantē ꝥ nō obtēpantes cū effᷓcu ·
ex nūc ꝑut ex tūc ꝥ e conuſo ꝶīmꝰ ī hiis ſcˡptis ꝥ vos ſitr autoritate
nͣra feratis · Iꝶosꝗ ſic excōicatos ꝥ iꝓoꝪ quēlibꝫ excōicatum ī dᷓca ecᷓia
de blare ꝥ aliis ecᷓis pochiālibꝫ nͤre dyocᷓ ōmibꝫ diebꝫ dñicis ꝥ feſtiuis
ꝥ aliis ferialibꝫ diebꝫ cū opꝰ fuit cāpanis pulſatis candelis acceſ extiᷓctis
ꝥ ī ꝵrā pieᷓtis ut ē moris maiori adhīta ſolempnitate pūce ꝥ ſolēpniꝵ de-
nūcietis ꝥ vͤrm quilibꝫ denūciet a dᷓca denūciacōe non ceſſañ donᶜ aliud
a nobis huitis in mandatis · Et vos qˡ pñtes ꝵras nͤras executi fuitis
execucōes huiꝰmoˡ ſꝷtꝰ vel in dorſo ſcˡbatis · ſigilla vͤra affigatis ꝥ vͤrm
quilibꝫ affigat · Daꝵ ſꝷ ſigillo nͤro autētico apᵈ Sōmandreā pˡmo die mēſ
Julij · Anno dñi ꞷilleſimo ccccº xxix ·

Littere Henrici eꝑi Sōiandree excōmunicacōis ꝑ pˡuilegiis nͤris ꝗꝼˡmādis ·

210. Henricus miſacōne diuina Eꝑns ſōiandree vniuerſis xꝓi fidelibus ad
     quoꝪ noticiā pñtes lͤre pueñīt ſalutē cū benediccōe diuina Nouit vͣra

vniūfitas nos infpexiſſe diūſa p'uilegia fūmoӡ pontificū romanoӡ qui
monaſteriū ſc̄i michaelis de fcona ſc̄iandree dyoc˙ abbatē ꞇ ꝓuentū eiufđ
hoīes ꝺras poſſeſſiones tā ecc̄iaſticas q˙ tempales ꞇ fpecialiꝷ villas de
magna blaꝵ ꞇ ꝑua blaꝵ cū ſuis ptinēciis fub b̄ti petri ꞇ ſua fpeciali ꝓtec-
c̄ōne ꞇ defenſione fufceperūt / ſtri&e ꝓhibentes fub atteſtac̄ōe diuini
indicij ac fulminac̄ōe anathematꝷ ꞇ diūfaӡ penaӡ ne quifq˙ aufu temᷓario
dc̄m monaſꝷiū abbatē religiofos hoīes terras poſſeſſiones uꝷ bona iꝑoӡ ptur-
barēt moleſtarēt aut quoq˚ moꝺo iiuſte vexarent / Quoӡ p'uilegioӡ a'qua
pn̄tibus lꝵis inferi dec˚uim⁹ bullā videlicet ſc̄iffimi in xꝑo pꝵis Gregorij
p˙pe cui⁹ tenor fequit² in hec verba / Gregorius Eꝑns ſuns ꝝuoӡ dei dilectis filiis abbati ꞇ ꝓuentui de fcona ordinis ſc̄i auguſtini ſc̄iandree dyoc˙
falutē ꞇ apꝷicā benedicc̄ōne / facrofc̄a romana cc̄ia deuotos ꞇ hūiles
filios ex aſſuete pietatꝷ offic̄ō ꝓpenſius dilige ꝓfueuit · ꞇ ne p˙uoӡ hoīm
moleſtiis agitent² / eos tanq˙ pia maꝷ ſue ꝓteccc̄ōis munimīe ꝓfouer˙ /
Eaꝑpꝷ dile&i in dn̄o filii vꝵis iuſtis poſtulac̄ōib3 grato ꝓc²rentes aſſenſu
pfonas vꝵas ꞇ locū in quo diuino eſtꝷ obfequio mācipati cū oīib3 bonis
que ī pn̄ciaӡ r̄ōnabiliꝷ poſſidetꝷ aut in futuӡ iuſtis modis preſtāte dn̄o
poꝷitꝷ adipifci fub b̄ti petri ꞇ nꝵa ꝓteccc̄ōe fufcipim⁹ fpecialiꝷ autē de
magna blaꝵ ꞇ ꝑua blaꝵ villas cū ptinēciis eaӡꝺ˙ poſſeſſiōes ac alia bona
vꝵa fic˙ ea omīa iuſte ac pacifice poſſidetꝷ / vobis ꞇ ꝑ vos monaſꝷio vꝵo
auᵗᵉ · apꝷica cōf'mam⁹ ꞇ pn̄tꝷ fcripti pat˚cinio ꝓmunim⁹ / nulli g˚ · oīo
hoīm liceat hanc paginā nꝵe ꝓteccc̄ōis ꞇ ꝓf'macc̄ōis infringe / vel ei aufu
temᷓario ꝓt˙ire / Si quis autē hoc attēptare ꝓfūpſit indignac̄ōem ōipotentꝷ
dei ꞇ beatoӡ petri ꞇ pauli apꝷoӡ eius fe nouit incurfurū · Datū Viꝷbij
quīto ydus Januarij pontifi'⁹ nꝵi āno nono / Aliud quoꝗ p'uilegiū ꝓtec-
cc̄ōis infpexim⁹ Honorij p˙pe di&o monaſꝷio cōceſꝸ / in cui⁹ p'uilegii
fine clauſula fubſequēs anathematꝷ ꝓtra omēs ꞇ ſingulos di&a ꝓteccc̄ōne
infringētes aut iꝑm monaſꝷiū abbatē religiofos uꝷ bona iꝑoӡ pturbantes
vel moleſtantes inferit² cui⁹ tenor talis ē / Si qua igi² in futuӡ ecc̄iaſtica
ſc̄larꝷue p˙ hāc nꝵe ꝓſtitucc̄ōis paginā fciens ꝓtra eam tem̄e veniꝵ tēpta-

ůit'/ ſčdo Ƿcioue ꝓmonita nifi reatū ſuū cōgrua ſatiſſaccŏe çorreℜit po-
teſtatſ honorisꝗ, ſui careat dignitate reā₃ ſe diuino iudiĉŏ exiſtere de
ppetrata iïquitate agnoſcat ꞇ a ſacratiſſio corꝑe ꞇ ſangꞌue dei ꞇ dñi
redemptorſ nři iħu xp̄i aliena fiat / atꝗ, in extꞌmo exaïe diſtriꝛe ſub-
iaceat vlcŏi / Nos igit² Henricꝟ supᷓdiꝛꝟ quietē ꞇ pacē dĉi monaſꞇij
abbatſ ꞇ religioſoꝗ eiuſɗ zelantes diꝛaꝗ, pꞌuilegia quātū in nobis ē illeſa
ꝼuare voleñ ꞇ ab aliis quibuſcū₃ illibata ꝼuari deſiderantes ꝑhibemꝟ ne
quis oïo pꞌuilegia monaſꞇio ꝑdiꝛo cōceſſa infringꞔe / aut auſu teṁario
ꝓtᷓuenire monaſꞇiū ꝑturbare aut eiꝟ poſſeſſiones auferre aut ablata retinere minneꞃ ſeu quibuſli₃ vexacŏib₃ ꝑturbare ꞔſumat ſub pena excōi-
cacŏis maiorſ quā in taliſ ꝑturbantes ꞇ iꝑoꝗ quēli₃ fi Ƿcio moniti ab
huiꝟmodi ꝑturbacŏib₃ nŏ defiſtāt / aut bona ablata nŏ reſtituāt ferimꝟ
in hiis ſcriptſ / ꝑcipieñ diſtriꝛe in virtute ſĉe obediencie oïbus ꞇ ſingulis
reꝛorib₃ vicariis capellanis curatſ ꞇ nŏ curatſ vbili₃ infra nřa₃ dyoceſim
diuina celebrantib₃ quat⁻ omēes ꞇ ſingꞀos tales ꝑturbatores fi ut ꞔmꞀtit²
ab huiꝟmodi ꝑturbacŏib₃ ꞇ vexacŏnibus moniti nŏ defiſtant aut bona ꝑ
iꝑos iïuſte ablata nŏ reſtituāt cū ꝑ abᵬem ꞇ religioſos ꞔdĉos reqꞀfiti
ꝼůït auꞇᵉ nřa ꝑ pñtes lřas puᶜᵉ excōicatos denūciēt In cuiꝟ rei teſtïoniū
figillū nřm autēticū apponi fecimꝟ apᵈ ciuitatē nřam ſĉïandree quarto
die mēß maij āno dñi ꝏilleſimo quadringenteſimo viceſimo nono ·

Indentura inter Abbatem et Conventum et Johannem Lyon militem ·

211. Hec Indentura faꝛa Apud Sconam viceſimo quarto die menſis ffebruarii Anno domini milleſimo quadringenteſimo triceſimo tertio teſtatur
quod inter religioſos viros dominos Abbatem et conventum diꝛi monaſterii de Scona ex parte una et Nobilem virum dominum Johannem
Lyon militem dominum de glammys ex parte altera traꝛatum fuit et
finaliter concordatum in hunc modum qui ſequitur Vi₃. quod cum
quondam Dominus Johannes Lyon·pater diꝛi domini Johannis prius

concefferit et contulerit eidem Monafterio et canonicis ibidem deo
fervientibus et imperpetuum fervituris certas terras et annuos redditus
in puram et perpetuam elemofinam pro quibus dicti Abbas et conventus de eorum confenfu fe et fuos fucceffores imperpetuum fideliter
obligabant quod ad altare dedicatum in magna ecclefia fui monafterii
in honore beate marie Virginis per dictum quondam Johannem dominum adornatum miffam de dicta beata virgine omni die de mane
celebrari faciant ficut folita fuit in choro celebrari ac etiam aliam
miffam ad dictum altare poft dictam miffam beate marie virginis cotidie
celebrari pro anima dicti quondam domini Johannis Lyon et domine
Johanne fponfe fue et pro animabus omnium antecefforum et fuccefforum fuorum prout in evidenciis inter dictos dominos Abbatem et
conventum et prefatum quondam dominum Johannem exinde confectis
plenius continetur prefatus vero dominus Johannes filius volens ex pura
devotione predictum fervitium fuftentare et augere pro falubri ftatu
fui dum vixerit in humanis et pro falute anime fue cum ab hac luce
migraverit necnon et pro falute animarum omnium antecefforum et
fuccefforum fuorum dedit conceffit et per prefentes confirmavit eidem
monafterio et canonicis ibidem deo fervientibus et imperpetuum fervituris in augmentum dicti divini fervitii ad dictum altare ficut premittitur cotidie faciendi quadraginta folidos annualis redditus annuatim
levandos et precipiendos de terris fuis baronie de fforgundevyni Jacen-
tibus infra vicecomitatum de Perth Tenend et habend dictum annuum
redditum quadraginta folidorum eifdem religiofis et eorum fuccefforibus in ufus communes canonicorum clauftralium et ebdomadario-
rum qui pro tempore fuerint futuris perpetuis temporibus convertend in
liberam puram et perpetuam elemofinam cum omnibus et fingulis libertatibus commoditatibus et afiamentis ad dictum annualem redditum
quadraginta folidorum fpectantibus feu jufte fpectare valentibus in
futurum adeo libere et quiete integre honorifice bene et in pace in

omnibus et per omnia ficut aliqua elemofina infra Regnum Scocie per aliquem baronem ejufdem conceditur five datur Etiam inter dictos dominos Abbatem et conventum et prefatum dominum Johannem concordatum eft quod omnia munimenta et evidencie inter prefatos religiofos viros et dictum quondam patrem fuum fuper continuatione et fuftentatione dicti divini fervitii prius facta illefa et integra remaneant pro perpetuo in fuo robore duratura · In cujus rei teftimonium parti hujus Indenture penes prefatos religiofos viros remanenti Sigillum dicti domini Johannis eft appenfum Alteri vero parti penes prefatum dominum Johannem remanenti Sigillum Commune dictorum religioforum virorum eft appenfum Anno die menfe et loco prefcriptis ·

Littera procuratoria Hugoni canonico ·

212. Univerfis fancte matris ecclefie filiis ad quos prefentes littere pervenerint Henricus miferatione divina Abbas de Scona et ejufdem loci conventus eternam in domino Salutem · In omnibus caufis nos et monafterium noftrum qualitercumque tangentibus motis feu movendis pro nobis feu contra nos / contra quofcumque vel a quibufcunque / coram quibufcumque Judicibus ordinariis · delegatis fubdelegatis comiffariis feu arbitris quibufcunque diebus et locis · Hugonem concanonicum noftrum exhibitorem prefentium procuratorem noftrum facimus et conftituimus per prefentes · dantes eidem poteftatem et fpeciale mandatum · agendi pro nobis nofque defendendi expediendi replicandi · teftes et juramenta producendi et replicandi · litem conteftandi in animas noftras iurandi de calumpnia et veritate dicenda · expenfas petendi iurandi et Recipiendi ? alium procuratorem loco fui fubftituendi quotiens fibi vifum fuerit expediendi et omnia alia et fingula faciendi in premiffis et circa premiffa que verus et legitimus procurator facere poteft et mandatum fpeciale requirunt Ratum et firmum habentes et habituri quicquid

dictus procurator noster vel ab eo fubftitutus nomine noftro in premiffis duxerit faciendum permittentes infuper ut predictus Hugo nomine noftro ut procurator pro nobis et monafterio noftro hac inftanti die martis Apud Sanctum Andream cum ceteris de clero Sancti Andree poffit comparere facturns ibidem quicquid predictus dominus Henricus Abbas nofter fi prefens effet cùm ceteris prelatis effet facturus · et pro eodem procuratore noftro et pro fubftituto vel fubftitutis ab ipfo fub ypotheca rerum noftrarum iudicatum folvi promittimus · quod quidem omnibus quorum intereft tenore prefentium fignificamus · In cujus Rei tc

z

Conf'macio ſie dec'ti gñaͭ ꝑſilij Regꝭ Jacobi ſc̄di de ſc̄dis dec̄is de Rate
anno dñi ᵗc⁻ quīquageſimo ·

213. Jacobus Dei gracia Rex Scotorum Omnibus probis hominibus ſuis ad
quos p̄ntes lr̄e peruenerint ſalutem Sciatis nos quoꝺ Aꝗum ſiue decretum per auditores querelarum in noſtro concilio generali vlt·
apud
Perth tento per tres regni nr̄i ſtatus ad audienꝺ decidenꝺ et deͭmināꝺ
cauſas eleꝗos datum et promulgatum vtiꝗ, inſpexiſſe ſub hac forma
Die ſeptimo menſis maij anni Dñi milleſimi quadrīgenteſimi quīqua-
geſimi In concilio generali excellentiſſimi p'ncipis ac dñi nr̄i dñi Jacobi
ſecundi Regis Scotorū illuſtriſſimi tento apud Perth in eccͭia fratrum
predicatorū eiuſdem coram dñis auditoribus ad audienꝺ decidenꝺ et
determināꝺ querelas eleꝗis videlicꝛ Reuerendo in xp̄o patre Johanne
Ep̄o Brechineñ Venerabilibus patribus priore Sanꝗiandree et Abbate
de paſleto Archidiaconis eccͭiarum Sanꝗiandree et Aberdoneñ pro clero
Willelmo Dño Somᷠvile Laurencio Dño Abernethy Dño Johanne Maxwel de Caldorwod milite Thoma de Abercrūby de eodem pro baronibus
Jacobo de Parkle de eodem Willm̄o de Libertoune Willm̄o de
Strathachin et Gilberto Menzeis pro burgorum cōmiſſarijs in diꝗo concilio generali ſp̄aliter deputatis in publica audiēcia in pretorio burgi
de Pertħ confedentibus comparuerūt Venerabilis pater Abbas de Scona
cū ſuo ꝓlocutore ab vna et Georgeus Gray cū ſuo prolocutore partibus
ab altera ſuper ſecundis decimis ᷠrarū de Rate tam in firmis viꝗualiū
qᵃ denariorum tā de ͭm̄is et ānis preteritꝭ qᵃ futuris iuxta et ſecundum
tenorem lr̄arū Roberti ſc̄di Regis Scotorū et ſecundū deͭminac̄onem
ꝗtorū dñorū querelarū ad querelas audiendas et deͭm̄iandas eleꝗorū p
bone memorie Jacobū primū Regē Scotorum illuſtriſſimū in ſuo per-
liamēto tento apud Edinburgħ decimoͭcio die menſis maij anno Regni
liꝗti dñi Jacobi primi viceſimo primo donec et quouſꝗ, dñs de Ratħ

legittime oftenderit corā dicto dño nᵖo Rege fufficiētē quitāciā et legit-
timā ꝑbacōnem.fecerit quare predictas firmas foluere non deberet Dat·
et extract· de Regiftro p me Johannē Scheues Clericum Rotulorū et
Regiftri excellentiffimi ꝑncipis et dñi dñi Jacobi fecundi Dei gracia Regis
Scotorū illuftriffimi apud Perᵗh fub teftimonio mei Sigilli Anno die et
mēfe ꝑfcriptis Quodquid Actum fiue decretum ac omnia ᷡ fingula in eo
contenta in oīibus fnis punctis et Articulis condicionibus et modis ac
c'cūftanciis fnis quibufcūꝗ forma ꝑiter et effectu in oīibus et p oīia
approbamus Ratificamus et pro nobis et fucceſſoribus nr̄is vt ꝑmiſſū eft
confirmamus Quare vniũfis et fingᵗis ligijs et fubditᶜ nr̄is quorū inᵗeft
vel inᵗeffe potit ftricte ꝑcipiēdo mādamus quaᵗs in contrariū dicti Acti
fiue decreti nullatenus deuenire pᵖfumāt fub oīi pena que competere
poterit in hac parte Dat· fub Teftimonio Magni Sigilli nr̄i apud Perth
duodecimo die menfis Maij Anno Regni noftri decimoquarto ·

.   .   .   .

.   .   .   .

214. et aꝑlicam beñ Honeftis fupplicum uotis libenter annuimus / eaꝗ fauori-
bus profequimur oportunis · Exhibita fiquidem nobis nuper pro parte
dilecti filij Thome Abbatis ℭonafterij de Scona ordinis fancti Auguftini
Sanctiandree dioc̄ petitio continebat / qd̄ alias dilectus filius Georgius
Gardener Canonicus dicti ℭonafterij / afferens minus ueraciter fibi ius
in regimine et adminiftratione eiufdem ℭonafterij feu ad ea competere /
pro redimendis uexationibus et moleftationibus quibus tunc ut apparebat
infiftere nitebatur / et ne etiam ℭonafterium iꝑm / occafione uexationum
et moleftationum hui⁹modi difpendium pateretur / fibi certa uidelicet
ex terris firmis et decimis ville de Lyff Quadraginta libraꝛ necnō ex
terris de Nechtir Colan uulgariter nuncupatis / cum decima Garbali
eiufdem ad predictum ℭonafterium legitime pertinentibus Sex ℭarchaꝛ
·monete ufualis Regni Scotie annua penfio ei fingulis annis perfoluenda

per Ordinarium referuata extitit et affignata / Cum autem ficut eadem
petitio fubiungebat / prefatus Georgius tempore referuationis penfionis
hui⁹modi / excōmunicatus et publice denunciatus fuerit · ac penfio ip̄a
que poft promotionem eiufdem Abbatis ad di&um ꝏonafterium / ac
preter eius confenfum qui in hoc merito interueniffe debuit taliter qua-
liter proceffit in maximum preiudicium Abbatis et ꝏonafterij predi&oꝗ
cedat atꝗ damnum / di&ufꝗ Georgius de fua portione canonicali ficut
aliis di&i ꝏonafterij Canonicis exhibetur / merito debeat contentari / pro
parte ip̄ius Abbatis nobis fuit humiliter fupplicatum / ut fuper hiis fibi
et ftatui fuo / ac di&o ꟼonafterio oportune prouidere de benignitate
ap̄lica dignaremur · Nos igitur qui de premiffis certam notitiam non
habemus / hui⁹modi fupplicationibus inclinati / difcretioni ur̄e per ap̄lica
fcripta mandamus / quatinus uocatis Georgio predi&o / necnon aliis qui
fuerint euocandi uos uel alter ur̄m fuper premiffis au&oritate nr̄a uos
diligenter informetis / et fi per eandem informationem ita effe inueneritis /
penfionem predi&am / et quecunꝗ inde fecuta / di&a nr̄a au&oritate
reuocetis / et annulletis / nullinfꝗ fubfiftere roboris uel momenti / necnon
Thomam Abbatem predi&um et fucceffores fuos ip̄ius ꟼonafterij Abbes
pro tempore exiftentes / ad folutionem penfionis hui⁹modi di&o Georgio /
uel cuicunꝗ alteri deinceps faciendam nullatenus teneri feu aftri&os
fore / prefata au&oritate decernatis ꞇc· prout de iure fuerit faciendum / Non obftantibus penfione premiffa / ac Conftitutionibus ap̄licis /
ceterifꝗ contrariis quibufcunꝗ · Dat· Rome apud San&um petrum
Anno Incarnationis dominice ꟼillefimo quadringentefimo quinquagefimo
Quartodecimo kl Junij Pontificatus ·

Confirmatio Jacobi Regis donationum antecefforum ·

215. Jacobus dei Gratia Rex Scottorum omnibus probis hominibus totius
terre clericis et laicis Salutem Licet enim cun&orum · in Regno noftro

fub regulari habitu degentium quieti et tranquillitati folerᵗ̃ intendere
teneamur cum illud exigat regalis excellencie devota fublimitas et
eximie caritatis depofcat affectus potiffime ftabilitati et paci monaſterij
noſtri de Scona folita providentia fpecialius et vigilantius providere
debeamus eo quod advertimus quantus fit locus ille precipua Venera-
tione a nobis non immerito colendus Idcirco excitamur circa ea pro-
fecutione folita per que dicto monaſterio ferene pacis tranquillitas et
amplectende perveniant quietis libertas ne quarumvis fluctuantium tur-
batione aliquatenus impoſterum vexetur quod plenis defideramus affec-
tibus pacifici ſtatus profperitate folida letari unde ut affectus noſter
hujufmodi prodeat in publicum Sciatis nos approbaffe ratificaffe et confirmaffe omnes et fingulas donationes et conceffiones per noſtros predeceffores in antea factas monaſterio noſtro de Scona ac Abbati et conventui
ejufdem monaſterij et eorum fuccefforibus imperpetuum de et fuper
infeodacione Regalitatis terrarum fubfcriptarum videlicet Schiraſtoun
Ennorbuſ̃ Colan inferior et fuperior Cambufmechel Biris Cragmakerane
Freyirton Berclahyllis Argilleane Lethindy Gardrummys boghale Heffil-
licluys cum le fchynehyll Arybothy Ballynhard Balgaruy Pokmyl Lame-
pottis kyncarroquhy Balquhormok Infule de Scona Athnapopil Cloquhat
cum pertineñ Cruchyis · Major blare Banquhory Foyernys kynnochtry
Clene cum toftis et croftis Terra de Durdy inglis durdy Scot · Fingaſk
Blare minor cum pifcatura de le kethok Jaceñ infra vicecomitatum de
Perth Et terrarum de lyf cum ochtirlyf eſtirgurdy et Veſtirgurdy Pet-
elpy Driburgh · Logy · blaknes cum toftis et croftis prope Dunde Bal-
gally Iṇnergoury Dargon Balgartynnay · de le denemill Jaceñ infra
Vicecomitaᵗ̃ de Forfare Prout carte et littere de dicta Regalitate confecte plenius proportant et teſtantur Infuper ob caufas premiffas volumus et prefentis carte noſtre tenore concedimus dictis Abbati et conventui quod habeant teneant et poffideant perpetuis futuris temporibus
totam et integram terram de Cragmalze cum pertinentiis ſnis Jaceñ

in Goury infra vicecomitatum de Perth meram et liberam Regalitatem
feu regaliam quas terras de Cragmalze necnon omnes et fingulas terras
prefcriptas in unam meram et liberam ac fpecialem regalitatem feu
regaliam Annectimus incorporamus et unimus pro perpetuo tenore prefentis carte Tenendas et habendas dictas terras de Cragmalze necnon
omnes et fingulas terras prefcriptas cum univerfis et fingulis annexis et
pertinentiis earundem quibuscumque dicto monafterio ac Abbati et conventui ejufdem et eorum fuccefforibus in unam meram liberam et fpecialem Regalitatem feu regaliam · Regalitatem de Sconne perpetuis
temporibus incorporandam in puram et perpetuam elemofinam ac in
feodo et hereditate cum quatuor punctis ad noftram coronam regiam
fpectantibus ac cum boffis planis moris marefiis viis femitis aquis ftang-
nis Rivolis pratis pafcuis et pafturis molendinis multuris et eorum
fequelis aucupationibus venationibus pifcationibus petariis turbariis car-
bonariis lapicidiis lapide et calce fabrilibus brafinis bruariis et geneftis
columbis columbariis cum communi paftura cum curiis et earum exitibus herezeldis bluduetis et merchetis mulierum cum Itineribus jufticiarie et camerarie ac exitibus et proficuis eorundem cum feodis et
foriffacturis furca foffa fok fak tol teme infangand thefe outfangand
thefe cum libera forefta et warenna cum tenentibus tenandiis libere
tenentium fervitiis feodis foriffacturis wrak et ware ac cum aliis omnibus et fingulis libertatibus commoditatibus afiamentis ac juftis pertinentiis fuis quibufcumque tam non nominatis quam nominatis ad dictam
Regalitatem cum pertinentiis fpectantibus feu quomodolibet fpectare
valentibus in futurum Et adeo libere quiete plenarie integre honorifice
bene et in pace ficut aliqua Regalitas feu regalia infra regnum noftrum
per Nos vel noftros predeceffores quibufcumque retroactis temporibus
liberius conceditur vel donatur Infuper approbamus ratificamus omnes
et fingulas conceffiones donationes et annexiones quarumcumque terrarum reddituum vel poffeffionum per quofcumque noftros predeceffores

aut alias quafcumque perfonas monafterio de Scona ac Abbati et conventui ejufdem monafterii ufque in diem confe&ionis prefentis carte
fa&e et conceffe In cujus rei teftimonium prefenti carte noftre Magnum
Sigillum noftrum Apponi precepimus Teftibus Reverendis in Chrifto patribus Jacobo San&iandree · et Willelmo Glafguenfi ecclefiarum Epifcopis
Willelmo domino Crechton noftro cancellario et confanguineo predile&o
Dile&is confanguineis noftris Patricio domino de le Grame Alexandro
domino Montgomery Johanne domino lindefay de byris Andrea domino
de le gray Magiftro hofpicii noftri Magiftris Johanne Arrous Archidiacono Glafguenfi et Georgeo Schoryfuuod Re&ore de Cultyr clerico
noftro Apud Edinburgh vicefimo die menfis Junii Anno domini Millefimo Quadringentefimo quinquagefimo Secundo Et Regni noftri decimo
fecundo ·

Inftrm inˀ abbem et ꝗuētū et Dauid Cumyn de culty fr̄ fracc̄one cībe
iuxᵉ lacū de blair ꞇ de emend̄ eiufd̄ ·

216. In Dei Nomine Amen ꝑ hoc pn̄s publicum Inftrumentum Cun&ꞇ pateat
euidenter ꝗ Anno Incarnac̄onis d̄nice Millefimo quadrīgenᵐᵒ qūiqua-
gefimo quarto Indicc̄one f˟ Menß vero Aprilis die feptimo Ac pontificatus fc̄iffimi in x͞po patris .et dn̄i nr̄i dn̄i Nicholai d̄ina prouidencia
pape quĩti Anno Septimo In mei notarij publici .et teftium fubfcriptorum prefencia ꝑfonaliter Conftitutus honorabilis vir Dauid Cumyne de
Gulty Candelam cceream in manu fua geftans cum magna humilitate
et corde contrito vt apparuit flexis genibus et difcoopto capite coram
venerabli in x͞po patre ac dn̄o Thoma permiffione d̄ina Abbate Monaf-
ˀij de Scona ordinis fc̄i Auguftini protunc in ecc̄ia ꝓchiali de blair
Sc̄iandree dioᶜ exiftente ꞇ fuꝑ fūmū altare eiufdem procumbente re-
cognouit et publice confeffus eft fe quādam ꝑuam Cimbam vulgariꝯ le
Cobile nūcupatam ad prefatum dn̄m abbem et fuū conuentum fpe&an-

tem fup lacū de blair pperam de facto in quodā furore fuo et ira fubi-
tanea infregiffe deftruxiffe et Scidiffe et in hoc contra prefatos dñm
Abbem et cōuentū reddidit fe graniter deliquiffe licet tñ vt affuit hoc
in ꝑteptū fcē trinitatꝰ Scī michaelis nec in ipoꝝ Abbatis et cōuentꝰ
vilependiū feu defpectū minime cōmifit nec eo tempore quo hñioi ppe-
trauit aliquod Jus clameū feu ꝑpꞌetatem in feu ad dictā Cimbam uꞇ lacū
fuprafcꞌptum ħre qꞌuifmodo vendicauit vt affuit Vnde iꝺ Dauid ab eoꝺ
ꝺno Abbe in honore Scē tꞌnitatꝰ fci michaelis ꞇ noĩe eciā tociꝑ fui cōuentus de ꝑmiffꝑ malificijs p ipm fic ppetratꝰ veniam et abfolucōnis
bñficiū inftanꞇ poftulauit Promifitqꝫ infup iꝺ Dauid omnia et fingla fibi
Iniuncta p prefatos Abbem et cōuentū in domo captari dci moꞃfꞇij
libenti āimo pimplere et nūcqꞃ pro futurꝰ temporibꝫ talia feu con-
fimilia delicta ꝑꞃ prefatos Abbem et ꝑuentū feu moꞃfꞇiū añdictum in
offenfam eoꝝꝺ ꝑmittere Prefatus vero dñs Abbas contricōnem dci
Dauidꝰ confidans fuifqꝫ pijs poftulacōibꝫ ānuens bñficiū abfolucōnis
eiꝺ Dauid graciofe ꝑceffit ꞇ in forma ecctie eūdem poftea abfoluit
De et fup quibus omnibus et fingulis premiffꝑ prefatꝑ dñs Abbas a me
noꞃrio publico fubfcꞌpto fibi et fuo ꝑuētui fieri peciit hoc pñs publicum
Inftr̄m Acta fuerunt hec in ecctia de blar añdicta hora quafi vndecima
añ m̄ediem fub Anno Indiccōne die menfe et pontificatu fupradictꝰ
Pñtibus protūc Magne nobiliꝰ viro dño Johanne Stewart de Cardny
milite ac honorabilibꝫ virꝰ viꝫ Wiꞇꞇmo blair de Ardblair Thoma de
caꝏa de Drūlouchqwy Patꞌcō de Rattray de Portdovañ Donaldo mallas
de eoꝺ et Dauid blair armigꝑo cū multꝰ aliis teftibus ad premiffa
vocatꝰ fpēaliꝰ et rogatꝰ ·

    Et ego Dauid rankelo pꞇr fanctiandꞏe diocꞏ publicꝑ aucꞃte Im-
piali notariꝑ quia ꝑdicti Danidꝰ reatꝑ ꝑfeffioni eius venie poftu-
lacōi ꞇ pmiffioni ceꞇisqꝫ omnibꝫ ꞇ fingꞇis ꝑmiffꝑ dū fic ut pꞌmit-
titꞁ agerentꞁ dr̄entꞁ ꞇ fierent vna cū ꝑnoĩatꝰ teftibꝫ pñs ꞇ pfoꞌꝰ
inꞇfui eaꝫ omnia et fingla fic fieri ꞇ dici vidi et andini ꞇ in notā

recepi Ideoᷟ, hoc pn̄s publicū Inſtr̄m manu aliena ſcˡptū exinde
℈feci et ſb̄ſcˡpſi ſignoᷟ, et noīe meis ſolitꝭ et ℈ſuetꝭ vnacū appen-
ſionibȝ ſigilloᷤ quor̄ūd̄ dn̄oᷤ teſtiū ſubſcˡptoᷤ p p̄fatū dn̄m abbatem cū Inſtancia pn̄tibȝ appendi ꝓcuratoᷤ ſigᵃui Rogatꝰ ⁊
reqˡſitꝰ in fidem ⁊ teſtiŏm v̂itatꝭ om̄iū ⁊ ſinḡloᷤ p̄miſſoᷤ .

Dauid Rankelo ·

Carta Wiłłmi Chartris de Cangnor de ſcđis dec̄is de kynſawnis ſub pena
xx libraᷤ ·

217. To all þaim to quhais knawlagꝭ þˡ pn̄t lr̄es ſaltocum William̄ chartris
lord of Cangnore gᵉting in god / Wit yhe me to haue ſene knawin and
vnderſtandin a letꞇ of confirmacioun of oure ſou̅ane lord þe king James
þe firſt vnđ his gret ſele of þe Secund tende of kinſawnis aucht to þe
abbot and conuent of þe houſe of Scone / and ane aꝚ of plement vndꝍ a
quarꞇ of þe grete Sele of þe ſamyn tende decretit to þe ſaid houß be þe
lordꝭ of plement / and als a letꞇ of quhilome Thomas chartris my graunt
ſire vnđ his ſele of fourti ſchillingꝭ of vſuale mone ȝerly bundin for his
part of kinſawnis to þe ſaid houß ꝓpetuali for þe ſaid tende / / þe quhilk
confirmacioun / aꝚ and decret wᵗ þe forſaid obligacioun / I þe ſaid Wil-
liam̄ for me myne ayerꝭ and ſucceſſouris Ratifyis appruꝰ and wˡout
reuocacioun als fer as ī me is or may be ī tyme tocū confermis for eu̅ / /
and þe forſaide ſoum of fourti ſchillingꝭ yherly to pay and affitħ to þe
forſaid abbot and conuent for þe ſaid ſecund tende in tyme tocum at
witſondai and m̄times in winꞇ be evinly porciōnis / I þe ſaid William
obliß me myne ayerꝭ executouris and aſſignais landꝭ rentꝭ poſſeſſiōnes
and al onre gudꝭ mouabil and vnmouabil quharſumeu̅ þai be fundin to
be diſtrenȝet pundit awai led and at þe will of þe ſaideȝ abbot and conuent þair ſucceſſouris ꝓcuratouris and enꞇmettouris gif nede be to be
ſald wˡont lefe of ony Juge ſpīuale or temporale quhill als wele of þair

coftℓ fkathis expenfis and inℓeffis fulleli be made affith as oℓ þe p'nce-
pale foum / and gif it hapnis as god forbede it do þat ony īpediment or
agaīftanding beis made to þe faideȝ abbot and conuent þair fucceffouris
ℓcuratouris or enℓmettourℓ in þe lifting and raifing of þe faideȝ fourti
fchillingℓ ȝerly as faide is / be me myne ayeris or affignais or be ony
vþᴾ quhatfumeŭ in oure name þat it falbe lefum to þe faideȝ abbot and
conuent þair fucceffouris ℓcuratouris þair maris or ony vþᴾ þair officerℓ
to punde and diftrenȝe my forfaide landℓ of kinfavvnis at þair awn will
for þe forfaide foum as propir lordℓ of þe grunde to quham I cōmit full
powere be þᵗ my lℓes / and failȝeand þᴾof to pay yherly twenti pundℓ of
vfuale mone of Scotland as for þe faide tende of ℓmis bigane als oft
as ony īpediment hapnis to be made / all excepcioun of fraude and
gile and al remede of law canoun or cinile to availȝe in þe contrare
awai put / In witnes herof to þᵗ my lℓes I haf fet my Sele / and for þe
mare witnefing þe Sele of Johne of chawmir of Strathy I haf ℓcurit to
be put at Perth þe firft day of Decem℔ þe yhere of oure lord jᵐ foure
hunð fifti and fyve witnis Stevin þe Ros / Henry Vrcharde peℓ of coch-
rane ℞ androu vmfrai notare ·

De ℓra et capella Scī ɷernoci infra foffata ·

218.   Jacobus dei et apℓice fedis gℓa Eþns Sanctiandree Vniuerfis xþi fidelibus
pñtes lℓas vifuris vel audituris Salℓm cum beñ · diuina · Noueritis nos
cum confenfu Capℏi nℓi et maturo nℓo cōnfilio diligenti prehabita deliberatione vidiffe infpexiffe et plegiffe certas cartas Regiftra et Rentalia
Monafterij de Scona · Ac venerabilium et Religioforum virorū dñorū
Thome pmiffione diuina Abbatis et conuentus eiufdem ordinis Sancti
Auguftini nℓe dioc· · In quibus quidem Cartis Regiftris et Rentalibus
luculenℓ nobis conftat / et conftabat euidenℓ · qð terra circa Capellam
fancti Mernoci infra foffata cum fuis marchiis et diuifis rectis et confuetis

ad dictum Monafteriū de Scona et Abbatem et conuentum eiufdem in puram et perpetuam elemofinam ab antiquis et retroactis temporibus fpectare dinofcitur pleno Jure tam proprietatis q$^\alpha$ poffeffionis · Quare vniuerfitati vr̃e tenore prefentiū īnotefcimus · qd̃ licet aliquando ex parte nr̃a Nōnulli oppoficiones et impedimenta in dicta terra cum ptineñ · prefatis Abbati et Conuentui facere et attemptare prefumpferunt · Nos tamen veritatem cognofcētes ob Reuerentiam dei et Sancti Michaelis Archangeli pro nobis et fucceffioribus nr̃is ab omnibus Jure titulo et clameo dicte terre cū ptineñ vt prefertur in hiis fcriptis ceffamus / et dictos Abbatem et Conuentum quietos clamamus imperpetuum Dat· fub figillo nr̃o autētico apud Sanctum Andream vnacum appēfione Sigilli cōmunis Capituli nr̃i · decimo die Menfis Aprilis Anno domini Millefimo quadrin^{mo} quinquagefimo fexto · Et confecracionis nr̃e decimo nono ·

Carta confirmacionis Regis Jacobi Secundi cartarum Roberti Logane de Leftalrig et literarum Willielmi Chartris de Cagnor Johannis domini Glammys et Willielmi Scowle burgenfis de Perth ·

219. Jacobus dei gratia Rex Scottorum Omnibus probis hominibus tocius terre fue clericis et laicis falutem Sciatis nos duas cartas quondam Roberti Logane de Leftalrig militis factas et conceffas in puram et perpetuam elemofinam Venerabili in Chrifto patri et Religiofis uiris Abbati et conuentui monafterii noftri de Scona de terris de malles infra Gowry ad baroniam de Leftalrig pertinentibus vna cum annuo redditu feptem mercarum de eifdem terris annuatim leuand. [ut fupra 201, 202] necnon tres alias litteras vnam videlicet litteram Willelmi chartris de cagnor de confirmacione fecundarum decimarum de kynfawnys et quadraginta folidorum vfualis monete Regni noftri dictis Abbati et conuentui an- nuatim debitis per quondam thomam chartris auum dicti Willelmi [ut fupra, 217] alteram uero litteram per modum indenture confectam

inter quondam noftrum confanguineum Johannem dominum glammys
et di&os Abbatem et conuentum penes certas terras et annuos redditus
dat et elemofinat per di&um quondam Johannem di&is Abbati et
conuentui [ut fupra, 211] Et terciam uero litteram de quibufdam terris
willelmi fcoule burgenfis de Perth annui redditus quatuor librarum
per prefatum Abbatem conqueftarum et officio Sacrifte annexarum de
mandato noftro vifas le&as infpe&as et diligenter examinatas fanas integras
non rafas non cancellatas nec in aliquibus fuarum partibus fufpe&as ad
plenum intellexiffe Tenor uero quinte litere fequitur fub hac fforma ·
Omnibus hanc cartam vifuris uel audituris Willelmus Scowle burgenfis
burgi de perth eternam in domino Salutem Sciatis me in laudem et
honorem dei omnipotentis et beatiffime genitricis fue marie San&i
Michaelis archangeli ac omnium ciuium fupernorum dediffe conceffiffe
et imperpetuum tranftuliffe in puram et perpetuam elemofinam pro
falute anime mee Venerabilibus et Religiofis viris domino Thome
Abbati monafterii de Scona et ejufdem loci conventui quatuor mercas
annui redditus levandas et percipiendas annuatim de terra Thome
Baxter jacente in vico boriali di&i burgi ex parte auftrali ejufdem inter
terram meam propriam ex occidentali et terram Gilberti Bronne ex
orientali Necnon duas mercas annui redditus de illa terra mea jacenti
in di&o vico ex parte boriali ejufdem inter terram Johannis phairwedder
piftoris ex occidentali et terram quondam Willelmi Bunch ex orientali
Tenend et habend di&as fex mercas annui redditus de terris fupradi&is
predi&is domino Abbati et conventui ac fuis fuccefforibus a me et
heredibus meis de domino noftro Rege in feodo et hereditate imperpetuum libere quiete bene et in pace cum omnibus et fingulis libertatibus commoditatibus et afiamentis ac juftis fnis pertinenciis quibufcumque
tam liberius quietius integrius et honorificentius ficut aliquis annuus
redditus infra Regnum Scocie cuicumque monafterio per quemcumque
datur conceditur feu quovifmodo poffidetur Et ego di&us Willelmus et

heredes mei predictas fex mercas annui redditus de terris fupradictis prenominatis domino Abbati et conventui dicti monafterij et fuis fucceſſoribus contra omnes mortales warantizabimus acquietabimus et imperpetuum defendemus per omnes terras noſtras annuos redditus et poſſeſſiones quafcumque In cujus Rei teſtimonium prefenti carte mee Sigillum meum appofui et pro majori teſtimonio Sigillum fecretum dicti burgi a prepofito et confulibus ejufdem una cum Sigillo Andree Chartris unius ballivorum dicti Burgi qui faifinam hereditariam dictarum fex mercarum annui redditus de terris fupradictis Venerabili et religiofo viro dompno Stephano heflyhop priori dicti monafterij nomine et ex parte dictorum Abbatis et conuentus per refignationem meam in manibus fuis factam tradidit et deliberavit huic etiam carte apponi procuravi Hiis teſtibus Baldwino Seres prepofito et vicecomite burgi Andrea de Inchmertyne Johanne downe Roberto de logy ballivis ejufdem Roberto de Spens Johanne de hadingtone david flemyng Johanne Bunche Moritio Roy Willelmo chartris de Cangnor Magiſtris Johanne dunyne Vicario de perth Johanne Benyne vicario de Strathardil david Chartris Johanne de camera Roberto de Camera Dauid Broune ciue civitatis Sanctiandree domino Thoma Pottar capellano Andrea de lundoris Wilielmo gray ·

Actum Dominorum Auditorum de Cana de terris de Inchmertyn ·

220. Die feptima ffebruarii Anno domini ω° cccc° lvi° In feffione publica tenta apud burgum de Perth in pretorio ejufdem Coram Reverendo Venerabilifque patribus in Chrifto ac dominis Thoma Epifcopo Dunkeldenfi Malcolmo et Johanne de Abirbrothoc et Lundoris monafteriorum Abbatibus Johanne Scrymgeour conftabulario de Dunde milite Malcolmo Moncreife de eodem Willelmo Cranftoun de fwinhop et Magiſtro Nicholao otirburne clerico Rotulorum et regiſtri auditoribus

querelarum et ad decifionem caufarum fpecialiter electis ‚In querela
mota et expofita per Venerabilem patrem in Chrifto Thomam Abbatem
de Scona pro fe et Conventu fuo contra Andream dominum Gray et
Andream Ogilby de Inchmertyn militem de et fuper folutione cujufdam cane debite annuatim prefatis domino Abbati et Conventui de
Scona de terris de Inchmertyn prefato domino Abbate afferente dictam
canam non effe folutam de fufficienti frumento s̄ de zizanniis et aliis
Immundiciis et Inutilibus feminibus Prout idem dominus Abbas ad
oculum eadem Inutilia Semina coram prefatis dominis Auditoribus
oftendebat Unde prefati domini auditores auditis dicti domini Abbatis
et dicti domini Andree de Ogilby pro fe necnon Andree Gray de mure-
toun procuratoris prefati Andree domini le Gray allegationibus vifis
etiam quibufdam litteris regiis pro parte ejufdem domini Abbatis pro-
ductis et aliis Juribus et munimentis fuis mature avifati decreverunt
quod prefata cana debet monafterio de Scona de dictis terris de Inchmertyn annuatim perfolvi de bono et fufficienti frumento debite mundato quemadmodum et prout frumentum quod defertur communi foro
vendendum preparatur et mundatur Datum et extractum de libro actó-
rum per me Nicholaum predictum fub Sigillo quo in fimilibus utor
et Subfcriptione manuali Anno die menfi et loco fupradictis ·

Inftrumentum publicum pro folucione cane de terris de Inchmertyn ·

221. In dei nomine Amen Anno ab incarnatione ejufdem millefimo quadringentefimo quinquagefimo fexto menfis vero februarii die feptima indictione quinta pontificatus fanctiffimi in Chrifto patris ac domini noftri
domini Califti divina providencia pape tertii Anno Secundo in feffione
publica tenta Apud Burgum de Perth in pretorio ejufdem coram
reverendis venerabilifque patribus in Chrifto et dominis Thoma Epifcopo Dunkeldenfi · Malcolmo et Johanne de Abirbrothoc et Lundoris

monafteriorum Abbatibus Nobilibufque viris Johanne fcrymgeoure
coneftabulario de Dunde milite Malcolmo de Montcreffe de eodem
Willelmo cranftoun de fwinhope et nicholao de Ottirburne clerico
Rotulorum et Regiftri auditoribus ad decifiones querelarum et caufarum fpecialiter eleĉtis Comparens bonotabilis vir Andreas de Ogilvy
de Inchmertyne miles citatus ad inftantiam Venerabilis patris in
Chrifto Thome Abbatis de Scona refponfurus fuper querela per prefatum venerabilem patrem pro fe et conventu fuo contra et adverfus
prefatum dominum andream mota et expofita occafione ejufdem cane de
frumento annuatim monafterio de Scona de terris de Inchmertyne
antediĉtis debite Super cujus cane folutione prefatus dominus Abbas
fenfiit et fentit fe conventum fuum ac monafterium enormiter fore
lefos gravatos et ultra modum prejudicatos pro eo et ex eo quod ubi de
puro et mundo tritico eifdem Abbati et conventui cana prefata perfolvi
debeat de quam plurimis immundiciis et Seminum inutilium aggrega-
tionibus zizaniis pifis immundis cum mixtis avenis et modico admodum
mixto frumento nomine tantum et non re modernis nunc diebus contra
deum confcientiam bonam et infeodationis cane fepediĉte formam
modum et naturam in grave dampnum et prejudicium non modicum
Abbatis et conventus prediĉtorum et in ipforum talium Inutilium
Seminum et Immundiciorum aggregatiónes perfolventium obprobrium
duplicatum cana ipfa perfolvitur prout idem Abbas in rerum natura
hujufmodi Solutionem realiter et ad oculum oftendebat Ad quod prefatus Andreas Ogilvy miles in audientia qua fupra afferuit et publice
eft confeffus quod ex conceffione et infeodatione olim recolende memorie Willielmi quondam Scotorum regis Incliti de terris antediĉtis de
Inchmertyne qui tunc temporis prefatas terras in proprios ufus habuerit
et eas occupavit ipfa cana frumenti eifdem Abbati et conventui data
fuit et imperpetuum conceffa Que quidem cana de frumento 'fuper
fundum diĉtarum terrarum crefcente bene et fufficienter cum cribro et

tiratantro vulgariter loquendo fyff and ridyl cribrafato mundato et
debite depurato prout et quemadmodum frumentum quod defertur
communi foro vendendum preparatur et mundatur Abbati et conventui prediƈtis juxta ipfius cane premevam Infeodationem annuatim
et cum menfura quondam Willelmi Regis et donatoris fupradiƈti perfolvi teneatur De et fuper quibus omnibus et fingulis prefatus dominus
Abbas a me notario publico fubfcripto fibi fieri peciit hoc prefens publicum inftrumentum Aƈta erant hec ubi fupra Sub anno die menfe In-
diƈtione et pontificatu fupradiƈtis Prefentibus ibidem dominis auditoribus fupradiƈtis Alano etiam de landre Alexandro fcrymgeoure clavigero
et henrico de Ottirburne teftibus cum nonnullis aliis ad premiffa vocatis
fpecialiter et Requifitis ·

> Et ego Galwanus Brady prefbyter dunblanenfis diocefis publicus
> auƈtoritate Imperiali Notarius Quia in premiffis querela et con-
> feffione ceterifque omnibus aliis et fingulis dum fic ut premitti-
> tur coram prefatis dominis auditoribus agerentur et dicerentur
> et fierent Una cum prenominatis teftibus prefens interfui eaque
> omnia et fingula fic fieri vidi Scivi et audivi et in notam cepi
> Ideoque hoc prefens publicum inftrumentum mann aliena me
> certis aliis occupato negotiis fideliter confeci Signo ac nomine
> meis folitis et confuetis Hic me manu Subfcribendo Signavi et in
> hanc publicam formam Redegi Ac Sigillis quorundam Andito-
> rum prediƈtorum de eorum Speciali mandato michi faƈto Sigillavi
> Rogatus pariter et requifitus in fidem et teftimonium Veritatis
> omnium et Singulorum premifforum Ad Cancellariam ·

Confirmatio Jacobi Regis Cane cujufdam de terris de Inchmertyn ·

222. Jacobus Dei Gratia Rex Scottorum omnibus probis hominibus fuis ad
quos prefentes littere pervenerint falutem Sciatis nos quoddam aƈtum

five decretum per confules noftros auditores caufarum et querelarum pro caufis et querelis audiendis et decidendis per tres regni noftri ftatus electos datum et promulgatum utique intellexiffe fub hac forma [*ut fupra* 221] · Quod quidem actum five decretum ac omnia et fingula in eodem contenta in omnibus fnis punctis et articulis approbamus ratificamus et tenore prefentium pro perpetuo confirmamus Quare univerfis et fingulis ligiis et fubditis noftris quorum intereft vel intereffe poterit ftricte precipiendo mandamus ne quis in contrarium dicti acti five decreti nullatenus devenire prefumat Sub omni pena que competere poterit in hac parte Datum fub teftimonio magni Sigilli noftri apud Dunde quinto die menfis maii Anno domini millefimo quadringentefimo quinquagefimo feptimo Et Regni noftri Vicefimo primo ·

Inſtr̃m mag̃ri Mathei Geddas ad recipiend̃ collac̃oem de Mygvy inf^ᵉ
cimiťiū de Kerymure Ꝣc· ·

223. In Dei nomine Amen Per hoc pñs publicum Inſtrumētum cunℭℓ
pateat evidenť q̃ Anno a Natiuitate eiuſdem dñi miℏimo quadringenteſimo ſeptuageſimo p'mo menß vero Julij die ſc̃da Indicŏe quarta pon-
tificaℓ⁹ Sanℭiſſimi in criſto p̃ris ꞇ dñi nr̃i dñi Pauli dĩna ꝑuiden^ᵉ pape
Secundi Añc ſeptimo In mei no^ᵉrij pu^d et teſtiū ſubſc'ptorum pñcia
pſonaliℓ Conſtitutᵖ veñt vir magiſℓ matheus Geddas canŏic⁹ de Abirnethy dioc꙯ Dunblaneñ oñibus melioribus modo via forma Jure et
cauſa quib꙯ potuit ꞇ debuit fecit ꝓſtituit creauit noīauit ꞇ ſolēniℓ or-
dinauit pñtiſꝗ, Inſtri tenor꙯ facit ꝓſtitu' creat noīat ꞇ ſolēniℓ ordinat
honorabiles ·ꞇ diſcretos viros videlicꝫ Robertum Grahame de Fyntre
Dñm Ricardum c'ſtiſŏ canōicum de Abirnethy ꝑdict꙯ Johem Litſtar
cinē ciuitatℓ ſanℭiandr꙯ dñm Johem Liell pbr̃m Dunblaneñ dioc꙯
Johem crow ꞇ Thomā crow laicos ꞇ eorum quēlibet In ſolid̃ ſnos veros
legitĩos ꞇ Indubitatos ꝑcur^ᵉes aℭores faℭores et negociorum ſuorum
Infraſc'ptorum geſtores ac nūcios ſpēales ꞇ generales Ita q̃ ſpecialitas
generalitati nŏ deroget nᶜ eᵱ^ᵉ ita eciā q̃ non ſit melior ꝓdic̃o p'mitᵖ
occupañ nec deťior ſubſequeñ ſed qd̃ vuus eorū Incepit alℓ eorūd̃ id
ꝓſequi mediar꙯ valeat ꞇ finir꙯ cum effc̃u Dansꝗ, concedens ꝑfatus
dñs ꝓſti' dc̃is ſnis ꝑcuratorib⁹ ꞇ eorū cuilibꝫ In ſolid̃ ꝓiūℭī et diuiſim ſuā
veram liberā ꞇ plenariā p̃tatem auct^ᵉem ꞇ ſpēale mandat꙯ ꝓ eo et ei⁹
noīe Ad pñciā veñt in criſto patrℓ Johis ꝑmiſſione dĩna abbatℓ mon-
aſťij de Scona ordis bti Auguſtini ac dioc꙯ ſanℭiandꝗ necnŏ Reuerendi
in criſto patrℓ ꞇ dñi dñi Pat'cij Dei et Aꝑlice ſedis gracia Eꝑi Sanℭi-
andꝗ in Remotℓ agentℓ vicarij gñalis accedeñ ac ab codem colℓom
ꝑuiſiŏm Inſtitucŏm ꞇ poſſeſſiōnē Realem et corꝑalem Juriūꝗ, et ꝓtinē-
ciarum oīm capellanie de terrℓ de Mygvi fundate in cimiťio eccℏe

prochialis de Kerymuŕ Inſᵃ dioc˙ Sanctiandᵹ ſituat˙ cum per puram ᴣ ſimplicē Reſignacŏm aut aīs quouiſmodo vacaŕ ᵱtiᵹit petendi exigendi ᴣ Recipiendi vnū vel plura Inſtȓm ſeu Inſtrumēta aut alia documēta q̃cūᵱ, deſupér petendi ᴣ leuandi unū quoᴣ vel plures ᵱcuratorē ſeu ᵱcnȓes loco ſui ſubſtituendi qᵗ in ᵱmiſſᵖ ᵱſimilem ħeat ſeu habeant p̃tatē Ceťaᵱ, oȓia alia ᴣ ſingła faciendi ᵹendi ᴣ exℓcendi qᵉ in ᵱmiſſᵖ ᴣ ᶜcᵗca ea neceſſaria fúint ſeu eciam oportūa ᵱmiſit Inſuper dŏs dñs ᵱſtituēs In maibus mei notarij publici tanqˣ perſone puᶜᵉ ſtipulañ ᴣ Recipieñ vice ét noīe oīm et ſingłorū quorū Intℓeſt ᴣ aut inťēe poťit quŏlibet Infuturū ſe Ratū gratū atᵱ, firmū habeñ ᴣ ᵱ ppetuo ħitur˙ totū ᴣ quicqᵄp di&tos ſnos ᵱcuȓes aut eorum aliquē ſeu ſubſtitut˙ aut ſubſtitut˙ ab eiſd ſeu eorū alťo ī ᵱmiſſᵖ ſeu aliquo éorūd a&tū fa&tū dℓm geſtū ſeu quŏlibet ᵱcuratū ſub ypotheca ᴣ obligacŏe oīm bonorū ſᵾorū pñciū ᴣ futurorū De et ſuper quibus oȓibus et ſingulis ſupradi&tℓ ᵱfatus˙ Magiſťᵗ Matheus a me notario puᶜᵒ ſibi fieri pecijt vnū vel plura publicum ſeu puᶜᵃ Inſtȓm aut Inſtȓa A&ta fuerunt hec in Inſula Beati Patᵗcij infra eccłiam collegiatā de Abirnethy ᵱdℓcam hora o&taua añ ȓedie vel eocᵗca ſub anno mēſe die Indiccŏe ᴣ ponᵗᵘ quibᵖ ſupˣ Pñtibus Ibid diſcretℓ virℓ dño Laurēcio Laverok pƀro ᴣ Wiłtmo Thomſone laico teſtibus Dunblaneñ dioc˙ Ad ᵱmiſſa vocatℓ Specialiter atᵱ, Rogatℓ ·

Et Ego Robertus Rede cłicus San&tiandree dioc˙ publicus Aucˣté Impiali noˣrius qᴣ ᵱdℓoᴣ procuratoᴣ conſtitucioni p̃tatis daℓoni Ratihabicℓonis ᵱmiſſioni ceťiſᵱ, ᵱmiſſᵖ oȓibus ᴣ ſingulis dum ſicut ᵱmitti² diℓent² aℓent² et fierent vna cum ᵱnoīatℓ teſtibus pñs Intℓfui eaᵱ, oȓia ᴣ ſingula ſic dici fieri vidi et andini ac in notam ſumpſi Ideoᵱ, hoc pñs ᵱublicum Inſtrumētum aliena manu me alijs ᵱpedito negocijs ſcᵗptū exinde confeci ſubſcripſi ᴣ publicaui ſignoᵱ, noīe meis ſolitℓ ᴣ conſuetℓ ſignaui ᴣ Roboraui In fidem et teſtiŏm v̄itatℓ oīm ᵱmiſſoᴣ Rogatᵖ ᴣ Reqᵗſitus ·

                                        Robertus Rede ·

Pñtacõ Rectoris de Pēnycuke fact˙ Johi Quhitlaw ꝇc˙ .

224. Veñabili in xp̄o p̄ri ac dño dño Johāni pmiſſione dina abbati moⁱſtij
de Scona ac reꝰᵈⁱ in xp̄o p̄ris ac dñi dom̃i Pat'cij Dei aplice ſedꝭ gr̃e
ſanctiādꝫ ep̄i in Remotꝭ ageñ vicario geñali Johānes Pēnycuk de eod
miles Reꝰenciā ꝓdignā cum honore ad Rectoriā quippe de Pēnycuke
ſanctiādree dioc˙ quā nūc poſſidet magiſꝭ Alexand Vauſ cū p ip̄ius
aut ſui ꝓcuratorꝭ ad hoc ſp̄ealr̃ cōſtituti cauſa pmutacionis cum ₐalio
bñficio eccłaſtico a' p puram ꞇ ſimplicem reſignacõnem vacare cōtigit
diſcretum virum Johānem quhitelaw clericum ſc̃iandr˙ dioc˙ veſtre
Reꝰende p̄rnitati āimo non variandi ſeu accumulandi tenore p̄ñciū
mearū pūto lr̃arum eand veſtrā veñabilem p̄rnitatem hm̃iliter exhorando
quaꞇs eid meo p̄ñtato dc̃am Rectoriam de Pēnycuke cū modo ꝑmiſſo
vacaꝰit ꝓferre et ennd de ead p ānuli veſtri degito ſuo Impoſicionē
iueſtiri ꞇ in Realem actnalem ꞇ corporalem poſſeſſionē eiuſdem rectorie
Juriūꝗ et ꝑtinēciarū eiuſd induce ꞇ inductum defende velitꝭ gᵉcioſe
facieñ ſibi de fructibus redditibus Juribꝫ ꞇ obuēcionibus eiuſd rectorie
p vr̃am ordinariam autoritatem integre rñderi Contradᶜtores ſi qui ſint
p ſenſuram eccłeaſticam arcius cōpeſcendo In Cuiꝰ Rei teſtioᵐ Sigillum
meum p̄ñtibꝫ eſt appēſum Apud Pēnycuke viceſimo q̄rto die mēſ Junij
Anno Dom̃i ꝏ° quadringenᵐᵒ ſeptuageſimo ſecundo ·

Inſtr̃m ſup ꝓſenſu Newpheri ad abſoluēd Abꝷm ꞇ Cōuētum ꝇc˙ .

225. In Dei nomĩe amē per hoc p̄ñs publicū iſtr̃m cunctꝭ pateat euidenꝭ q̄
Anno Incarnacõis dñice milleſimo quadr̃genteſïo octuageſimo mēſ vero
auguſti die decĩa nona Indiccõe decĩa ꝭcia pōtificatꝰ Sc̃iſſimi in xp̄o p̄ris
ac dñi nr̃i dñi Sixti dĩa ꝓuidencia pape quarti anno nono In mei notarij
publici ac teſtiū ſubſc'ptoꝗ p̄ñcia ꝑſonałr ꝓſtitutꝰ Newferꝰ Jacobi dimii

fraꝗ executor ꞇ heres quōđ guchij Jacobi dimıı̈ pie memorie ħedꝰ noīe ꞇ executorꝰ q'bȝ fupra ꝓfenfit abſolucōi veñabꞇis pꞃis ī xᵱo ac dñi Johānis abbatꝰ de Scona ꞇ cōuētꝰ eiuſđ a ſñia excōis quā īcurrebat ob nō folucionē ꝯte ſūme pecuniaꝗ ad iſtāciā prefati guchij ī eos latꞏ ꞇ ꝓmulgatꞏ ac Juxᶜ vim formā tenorē ꞇ effeꝗū facultatꝰ defup ꝓfeꝗe ꞇ ꝓceſſe Sup q'bꝰ om̅ibꝰ ꞇ fingꞇis Reꝇendꝰ pꞃ ac dñs Robertꝰ Blakađ eleꝗꝰ Abirdoneñ noīe ꞇ ex pte diꝗorū abꞇtꝰ ꞇ cōuētꝰ a me notario publico fibi fieri peciit vnū feu pꞇra publicū feu pubᶜᵃ īſtꞃꞇm feu īſtꞃꞇa acꞇ erāt hec ī oratorio ᵱfati Reᵈⁱ pꞃis ac dñi eleꝗi apᵈ Edīburgh hora decīa añ m̅ediē vel ea c'ca fub āno die mēfe īdiccōe ꞇ ᴾŌᵗᵘ q'bȝ fupra pñtibȝ ibiđ honorabꞇibȝ ac difcretꝰ viris Patricio blakadir dño Wiꝇo Lithqꞏ capellano ꞇ Wiꝇo Haliburtoū cū diū̃ aliis teſtibȝ ad ᵱmiſſa vocatꝰ piꞇꝗ, Rogatꝰ ꞏ

Et꞉ Ego Pat'ciꝰ ꞇakcowloch arcīū mg̅r ᵱꞇꞇr Candidecaſe diocꞏ pubᶜꝰ auꝗoᶜᵗe aᴾᶜᵃ notariꝰ quia ꝓꞇēfui ꝓꞇc'pti Newfrei preſtacōi ceꞇifꝗ, ᵱmiſſⁱ om̅ibȝ et fingꞇis dū fic vt ᵱmittit² aꝗen² diꝗent² ꞇ fierēt vna cū ᵱnoīatꝰ teſtibȝ pñs iꞇꞇfui Eaꝗ, fic fieri fciui vidi ꞇ andini ac ī notā fumpfi Ideoꝗ, pñs publicū īſtꞃꞇm manu mea ꝓp'a fc'ptꞏ exinde ꝓfeci fubfc'pfi ꞇ publicaui Signoꝗ, noīe meis folitꝰ ꞇ ꝓſuetꝰ Siguani In fiđ ꞇ teſtīoniū oīm ꞇ fingꞇorū ᵱmiſſorū rogatꝰ ꞇ Requifitꝰ ꞏ

Patricius ꞇakcowloch Notarius ꞏ

Inſtrumentum poſſeſſionis vni⁹ pecie ꝑre ſĩe Rige jaceñ in villa de
Rate que quond erat Joħis ſcot ·

226. In dei Nomine Amen p hoc p̃ns pubᶜᵃ Inſtrumētum Cuntſ pateat
Euidenꝷ q̃ anno Incarnaᵗᵉ dňice milleᵐᵒ quadriᵐᵒ nonageᵐᵒ p¹mo Indiꝶione
nona menſis v° ap¹lis die viceſimo p¹mo ac pon¹⁹ ſanꝶiſſimi ĩ x° . p̃ris ᴛ
dñi ñri dñi Innocētii diuĩa ꝓuideñ pape oꝶavi Anno Septimo In mei
notarii pubᶜˡ ᴛ teſtiũ infraſcriptorũ p̃ncia pſoⁱ⁹ acceſſit diſcret⁹ vir
Thomas alanſon aꝶornat⁹ veñabilis in x° · p̃ris ᴛ dñi Johannis ꝑmiſſione
diuĩa abbatſ ᴛ cõuentus monaſterii de Scona ꝑut p patentes ꞇras ſnꝑmi
dñi ñri regſ in ꝑgamino ſcript· teſtĩo ſui magni Sigilli vt m̓orſ ē ſigillat·
michi no̓rio pubᶜᵒ ᴛ teſtib⁹ ſubſcriptſ ſufficiēs · conſtabat documētum
ad vnā ꝑeciā ꝶre ſeu vnam rigā jaceñ ĩ baronia de Rate infra vicec·
de ptħ ꝓpe eccꞇiaꝫ de Rate ex꞊ pte orientali eiuſd inꝰ glebam dc̃e ecc꞊ie
ex pte boriali eiuſd ab vna ᴛ ꝶrā alexandri ꝑle ex auſtᵉli ꝑtib⁹ ab altera
Cui⁹ quid tenor ꞇrarū aꝶornotarie ſequitᶻ ᴛ ē talis Jacobus dei grā rex
ſcotorū oĩnibus ꝓbis homib⁹ ſnis ad quos p̃utes ꞇre puenerint ſꞇm ſciatſ
q̃ ſuſcepim⁹ alexᵐ· blair de balthiok Wiħm monorgund de eod thomā
blair Jacobum Rollok pat¹ciũ wellſ Dauid blair Dompnos hēricũ guld
pat¹ciũ ſmalle canoᶜᵒˢ wiħm peblis ricard g̃rant Dauid Cramby georgeũ
ſmalle ᴛ tħomā allanſon vel eoꝵ aliq°s vel aliquē aꝶornatos vel aꝶornatũ
veñꞇ in x° p̃ris et Religioſorū virorū abbatſ ᴛ ꝓuēt⁹ monaſterii ñri de
ſcona in oĩnib⁹ negociis ᴛ loquelis placitſ ᴛ querelſ motſ ſeu mouendis
iꝓos abbatē ᴛ ꝓuētum tangeñ ſeu tangē valeñ quibuſcũꝗ dieb⁹ ᴛ locſ
ꝓtᵃ · quoſcũꝗ ᴛ corā quibuſcũꝗ · Quare vobis ꝑcipim⁹ ᴛ mandam⁹
qꞇs diꝶos alexᵐ wiħm tħomā Jacobū pat¹ciũ Dauid henricũ pat¹ciũ
wiħm ricard Dauid georgeũ ᴛ tħomā vel eorū aliquos vel aliquē
p̃utes vel p̃ntē eſſe ꝓtigerit tanqᵃ aꝶornatos vel aꝶornat· ꝑdc̃orū abbatſ
et ꝓuētus ĩ ꝑmiſſis ꝑcipietſ ꝓutiħ⁹ poſt annū mĩe valituris · In cui⁹ rei

teſtioᵐ has ťras n̄ras ſibi fieri fecimꝵ pateñ Apud pth ſexto die menſis
Julij Anno regni ūri ꝑcio ᵼ ibiđ diᴂꝉ ťris aᴂornotarie p me leᴂꝉ
honoralis vir Thomas blair de godȳniſs filius ᵼ apparens heres alexandri
blair de balthiok ī hac ꝑte balliuꝵ diſcreti viri joꞟis ſcot ī ſingaſk quađ
ťranı balliuatꝵ dc̄i Johānis ſigillo ſigillat˸ · michi noᵉrio pubᶜᵒ tradiđᵗ
plegenđ · Qua ſic p me leᴂ˸ ᵼ ad plenū intellect˸ β̃diᴂꝵ thomas blair ī
hac ꝑte balliuꝵ p β̃dc̄m thomā alanſoñ aᴂornatū debit˸ reqᶫſit˸ ſꞵifinā
ſtatū ᵼ poſſeſſionē ꝑpetuā ᵼ hereditariā β̃fato thome alanſon aᴂornato
ᵼ aᴂornotarie noïe β̃diᴂorū đnorū abᶜᵉ ᵼ ꝓuẽtꝵ β̃dc̄i monaſ⸍ii de
Scoᵉ ᵼ ſucceſſorū ſuorū totā ᵼ integrā illam pecıā ꝑre ſeu rigam vt
ſupᵉdc̄m ẽ cū ꝑtineñ p tᵉdicionē ꝑre ᵼ lapidꝉ ſcđm formā ᵼ tenorē carte
ſibi deſup ꝓfect˸ ꝑ tunc ibiđ oſtenſe ī forma iurꝉ ꝓtulit ᵼ deliberauit ſꞵluo
jure cuiuſlibet utᶫ ī talibꝵ ẽ fieri ꝓſuetum de ᵼ ſup quibꝵ om̄ibꝵ ᵼ
ſingulis β̃fatꝵ thomas alanſoñ aᴂornatꝵ ᵼ aᴂornotarie noïe a me noᵉrio
pubᶜᵒ ſubſcᶫpto ſibi fieri petiit vnū vel pťra. pubᶜᵃ vel pubᶜᵃ inſtrumẽta
vel inſtrumẽta vnacū appenſione ſigilli. dc̄i thome blair ī hac ꝑte ballini
debit˸ ꝑcurat˸ muniẽđ ᵼ roboranđ · Aᴂa erant hec ſup ſolū dc̄arū ꝑrarū
de Rate hora decīa ante meridiē vel eocᶫca Sub anno menſe die indiᴂione
et ponᵗⁿ quibꝵ ſupᵉ ꝑn̄tibꝵ ibiđ ꝑ tunc ꝓuidꝉ virꝉ mag̃ro georgeo broiſs
clerico đno wiꞟo farar capellano alexᵒ wardrop jacobo wardrop thoma ſmyth
wiꞟo makke joꞟe đōnat thoma ſtob joꞟe criſtall nycholaio hurnat roberto
Car et thoma đōnat cū diuꝶ aliis teſtibꝵ ad β̃miſſa vocatꝵ ſpẽaᵗᵒᵼ rogatꝉ ·

Et ego joꞟes Andꞟoñ p̄br Sc̄i andᵉ diocᵉ · pubᶜꝵ autoᵉte impᶫ
noᵉrius qᴢ pᵉdiᴂꝉ reſingᵉcoi poſſeſſioni ac om̄ibus aliis et ſingťis
ut pᵉmittitᶻ p̄ns et pſonaliꝉ intꝑfui Eaqᶫ om̄ia et ſing̃la ſic vidi ſcivi
fieri et andiui ac in notam ſūpſi ideoqᶫ hocᶜ p̄ns pubᶜᵃ inſtrumẽtū
manu aliena fideliꝉ ſcript˸ me aꞁs negociis arduis occupt˸ exinde
confeci ſingnoqᶫ noïe et congnoïe meis ſolitꝉ et conſuetꝉ ſingᵉui
rogatus et reqᶫſitꝑs ī fidem et teſtimoniū veritatis oīm et ſingťoꝵ
pᵉmiſſorum ·

Johannes Anderſon noᵉꝵ ·

Carta Willielmi Peblis et Margarete Sponſe ejus ·

227. Omnibus hanc cartam viſuris vel audituris Johannes ꝑmiſſione dīna
Abbas monaſterii de Scona ordinis ſanꝏi Auguſtini ſanꝏiandꝛ dioc̄ et
eiuſꝺ loci conuētus Salutē in dño ſēpiꝑnā Sciatis nos vnāi cōſenſu et
aſſenſu capti nꝛi dediſſe cōceſſiſſe et ad feodifirmā imꝑpetuū dimiſiſſe et
hac ꝑñti carta nꝛa cōfirmaſſe necnō et ꝑ ꝑñtes dare cōceꝺe et ad feodo-
firmā dimittꝰe et hac ꝑñti carta imꝑpetuū cōfirmare dilecꙺis nꝛis Wiꞇꞇo
peblis et m̃garete eius ſponſe et eoꝗ altꝰi diuciꝰ viuēti et heredibꝜ ſuis
inꞇꝰ iꝑos legiᵉ ꝓcᵉatis ſeu procreandis totā et integrā illā ꞇꝰram noſtrā
jaceñ cū ſuis ptiᶜꞇ in villa nꝛa de Scona et ex pte boriali eiuſꝺ villé inꞇꝰ
ꞇꝰā nꝛam ex pte occidenꙘ et ꞇꝰra quonꝺ thōe Peblis ex pte oriētali ·
Que qꝺ ꞇꝰra cū ſuis ptineñ fuit thōe harbour Jacobi Juſteis Alexꞇ tod et
thome Juſteis ſororioꝗ ꞇ hedū porcionarioꝛū quōꝺ thōe Lundorꝰꞇ heditarie
Et quā terrā cū ſuis ptiᶜꞇ Iiꝺ thōas harbour jacobꝰ Alex̃ et thōas Juſteis
nō vi aꞇ metu ducꙺi nᶜ errore lapſi ſeu fraude aꞇ dolo cꞇcūuēti ſꞇ ſnis meris
et ſꝓōtaneis voluntaᵇˢ in māibꝜ nꝛis ſurſū reddiderūt ac ꝑ fuſtē et bacꞇm
pure et ſimꞇᵒ refigᷓrūt et quiliꝝ eoꝗ ꝑ ſe et hedibꝜ ſnis ꝑ fuſtē et
bacꞇm pure et ſimꞇᵒ refigᷓuit nos et ſucceſſores nꝛos ꝑ ſeiꝑis et hedibus
ſnis inde qꞇeꞇclaᵈᵒ imꝑpet · · Tenēdā et habeñ totā et integrā ꝑꝺc̃am ꞇꝰrā
cū ſuis ptiᶜꞇ ꝑfatis Wiꞇꞇo et m̃garete eiꝰ ſꝑōſe ꝑ toto tēpe vite ſue et
eoꝗ altꝰi dinciꝰ vinēti et hꝰedibꝜ ſuis inꞇꝰ iꝑos legiᵉ ꝓcᵉatis ſeu ꝓcᵉandis de
nobis et ſucceſſoᵇˢ nꝛis in feodofirma et hereditate imꝑpeᵐ ꝓput dicꙺa ꞇꝰra
cū toftis et croftis et ſuis ptiᶜꞇ jaceñ in longⁿᵉ et latiⁿᵉ ante et retᵒ ꝑ
om̃es recꙺas metas ſuas antiquas et diuiſas ac cū oīibꝜ et ſinꞇꞇis liꝶtaᵇˢ
ꝓmoᵇˢ et ayfiamētis ac iuſtis ptiᶜꞇ quibuſcūꝗ, tā nō noīatꝰꞇ qᷓ noīatis tā
ſubtꝰ ꞇꝰra qᷓ ſupᷓ ꞇꝰrā ꝓcul et ꝓpe ad ꝑꝺc̃am ꞇꝰrā cū ſuis ptiᶜꞇ ſꝑtanᵇˢ ſeu
iuſte ſꝑtare valentibꝜ qᵒmodolibꝜ in futuꝗ liꝶe quiete plnaᵉ integᵉ honoᶜᵉ
ꝶne et in pace ſine retinemēto ſeu reuocacōe quacūꝗ, Reddendo inde

ānuatim ꝑfati Wiłłᵐˢ et margareta eius ſpōſa ꝑ toto tēpe vite ſue et eoꝝ alt dinciꝰ viuēs et ħedes ſui int iꝑos legiᵒ ꝑcᵒati ſeu ꝑcᵒandi Nobis et ſucceſſoᵇˢ nr̃is et nr̃is faᴄtoribȝ treſdecim ſolidos et quaᵒʳ denarios vſualis moᵗᵉ Regni ſcotie ad duos āni Ꝑmīos vſuales viȝ ad feſta pēthecoſtes et Sanᴄti martini in hieme ꝑ porcões equales noīe feodofirme cū ꝑuiᴄõ debito et inde ꝑſueto ꝑ õi alio oñe exaccõe queſtione ꝑuiᴄõ ſᴄlari ſeu demāda que de diᴄta ᵗra cū toftꝟ ꞇ croftis cum ſnis ptineñ ꝑ quoſᴄūꝗ, juſte exigi potunt quõliȝ vel requiri Et nos v̊o Johannes abbas et cōuētus añdõi et nr̃i ſucceſſores totā et integrā ꝑdᴄam ᵗram cū toftis croftis et ſnis ptineñ ꝑfatis Wiłłmo et m̃gaᵗᵉ eius ſponſe ꝑ toto tempe vite ſue et eoꝝ alti diuiciꝰ vinēti et heᵒdibȝ ſnis int iꝑos legittīe ꝑcᵒatis ſeu ꝑcreandis adeo liƀe et quiete in om̃ibȝ et ꝑ om̃ia vt ꝑmiſſū ē ꝗtᵅ om̃es mortales warantizabimꝰ acqᵗetabimꝰ et ī ꝑpetuū defendemus · In cuiꝰ rei teſtiõm Sigillū cõe caꝑli nr̃i pñti carte nr̃e eſt appēſum vnacū Sigillo Ricardi grant noſtri ballini ville de Scona qui de nr̃o mādato ſaiſinā et poſſeſſionē heᵒditariā ᵗre ꝑdᴄe cū toftꝟ croftꝟ et ſuis ptineñ ꝑfatꝟ Wiłło et m̃gaᵗᵉ eius ſponſe ſcᵭm formā et tenorē pñtis carte nr̃e in forma juris ꝑtulit et deliberauit Hiis teſtibȝ maꞡro hērico crāby vicario eccᵗie proᵗ de Kyl- ſpyndy dñis Johanne alanſoñe vicario eccᵗie proᵗ de Kylbyrny et Alexᵒ abrahaɱ capⁿᵒ Thoma alāſoñe Johanne cramby Johanne boid Johanne peblis Johanne ſmyᵗ dauid ʒouꞡ Andrea petſcotty Gilƀto Juſteis Johāne criſty Johanne tod et Henrico lawerok cū diũfis aliis apud diᴄtū monaſ- teriū de Scona quarto die mēſis Nouēbris Anno Domini milleſimo qua- dringēteſimo nonageſimo pᵗmo ⸴

Lr̃a Balliuatus Johanni Peblis etc ·

228. Dñs Andreas quhithede Reƈtor de Aldcathy dileƈtis meis Johanni
Peblis burgeñ de' Pertħ Bartholomeo cramby
           balliuis meis ·in·hac parte Salℏm Quia dedi et in puram
et· perpetuam elemofinam con · · · · ·venerabilibus ·et religiofis viris
canonicis cõuentus monafterii de fcona et eorũ fucceffribus totam
e · · · · · · gram quartam partem auftralem oĩm et fingularũ terrarum
de Haltouñ de Lonkardy cum pertineñ jaceñ in baronia eiufdem et infra
vicecomitatum de Pertħ Propter certas caufas animũ meum·mouentes
et pro fuffragio per ip̃os canonicos annuatim fiendo·prout in Carta mea
defuper confeƈta luculencius apparet Vobis 'igitur ·balliuis meis antedc̃is
et· veftrũ cuilibet cõiunƈtim et diuifim precipio et ·firmiter mando
quatenus vifis· prefentibus fine morofa dilacione accedatis · Seu veftrum
quilibet requifitus accedat ad dictam quartam partem auftralem terrarũ
de ·Haltouñ de Lonkardy cum pertinenciis Et Ibidem d · · ·. canonicis
feu·priori diƈti monafterii ·aut alicni alteri 'canonico eiufd̃ in noie oĩm
aliorũ canonicorũ d · · · · · · · · · ·vel fuis certis aƈtornatis·aut pro-
curatoribus pluribus ·aut vni pñciũ latoribus feu latori ftatum · · · · · ·
· · · · · feffione perpetuã eiufdem quarte partis terrarũ prediƈtarũ cum
·ptineciis· vt moris eft · · · · · · · · · · · ·'.·:·· ·.··!·. et Jufte haberi
faciatℏ·et hoc ·nullo modo omittatis Et· veftrũ' quilibet·requifitus · · ·
· · · · · · · · · · et Jufte haberi faciat et·hoc.nullo modo omittat Juxta
et fecundum vim formam et continenti · · · · · · · ·mee quam inde
habent Ad quod faciendum vobis balliuis meis antediƈtis et veftrũ
cuilibet cõiunc · · · et diuifim meam liberã plenariã et õimodã poteftatem
ac mandatũ fpẽale do et cõmitto per pñt · · · ne reuocacione duraturas ·
Et vos qui execucionẽ pñciũ feceritℏ in ħmõi execucionis teftimoniũ
Sigillũ veftrũ in fecunda cauda poft meũ figillũ debite appendatℏ In

Cuius Rei teftimoᵐ Sigillum meū propriū pātibus manu mea fubfcriptᵗ eft appenfū Apud dᶜum monafteriū de fcona vicefimo fexto die mēfis augufti Anno Dñi millefimo quingentefimo vicefimo ᵗcio Coram his teftibus maḡro Waltero Laufou dño Johanne Henrifoñ notarijs publicis Dñis Thoma Turnoʳ Henrico Peblis Waltero Smal . . . Cryfty capel. lanis Willemo Peblis Bartholomeo Cramby Johanne Peblis burgeñ de Perth Johanne Smy · · · · · · · · · Small Thoma Scot Jacobo Ɉair Henrico Haftyis Laurēcio Fary et Johanne Wilfoñ cum diuerſ alijs Andreas qᶜhed reꝗor de Aldcathy apꝑbo manù ꝑpᶦa ·

Inftrumentūm Safine Johanni Peblis ·

229 In Dei Nomine Amen Per hoc pñs publicum Inftrumētum Cunꝗis pateat euidenter q anno Incarna°nis dñice millefimo quīgentefimo vicefimo quarto mēſ. nero Oꝗobris die duodecima Indiꝗione decima tercia Pontificatꝑ fanꝗiffimi in chrifto patris et dñi noftri dñi clementis diuina prouidencia pape feptimi anno pᶦmo In noftrum notariorum publicorum et teftiū Infra fcriptorū pñcia Perfonaliᵗ conftitutus difcretus vir Dominꝑ Johannes Henrifoñ cappellanꝑ Ac dominꝑ feodi Illorum triū tenementorum ᵗre cū ptinēciis cōtigue Jaceñ ex parte oriētali vici de lie Caftellgavill infra burgū de Pertht inᵗ tenemētum ᵗre Andreē Bunche fenioris et menia diꝗi burgi ex boreali et tenemētum ᵗre Willelmi Kȳloch ex auftrali ptibus Necnō ortum Alexandri Tiry ex oriētali et publicū ftratum ex occidentali ptibus Nou vi aut metu duꝗus coaꝗus aut cōpulfus fed fue proprie volūtatis arbitrio vt apparuit Informatus Cum expreffis confenfu et affenfu et ex defiderio venerabilis viri dñi Andree quhittat reꝗoris de Aldcathy dñi liberi tenemēti eorūd triū tenemētorum omibus melioribus modo via Jure forma et caufa quibus melius et efficacius potuit aut debuit poteſt ve aut debet · In manibus honorabilis viri Thome Ramfay vniꝑ balliuorū diꝗi burgi de

Pertht libero tamen teneměto eorūd̄ triū tenemētorum cuͫ ptinēciis
di&o Dño Johanni pro toto tempore vite ſue ſaluo et reſ°uato In
favorem ſp̄ealem ip̄ius dñi Andree quhittat ad redonand̄ feodū eorūd̄
triū tenemētorū di&o dño Andree Pro eo maxime ꝙ Id̄ dñs Andreas ex
ſua reſignacione eūd̄ Dñm Johannē in eiſd̄ tribus tenemētis Ꝑre vt capel-
lanū vniꝰ capellanie quā in monaſterio de Scona fundare propoſuit
infeodauit Eand̄ꝗ, capellaniā nūc in alios vſus eccħaſticos mutare et meli-
ores vt aſſ°uit deſiderans pro ſalute aīe ſue Et precipue pro vno ānuali
obitu in di&o monaſterio de Scona pro aīa Ip̄ius Dñi Andree per
priorem et cōuētum eiuſd̄ celebrañ Eciam in eorūd̄ fauorem pro
hereditaria Infeodacione di&to monaſterio deſup fieñ h̄m̄oi tria tenemēta cum pertinēciis per fuſtem et baculum pure et ſimpliciꝷ Reſignauit Qua reſignacione ſic fa&a et per di&tum balliuū debite recepta
et admiſſa Id̄ balliuꝰ vigore ſui officij ſtatum ſaiſinā et poſſeſſionē
hereditariā di&torum triū tenemētorum cum ptinēciis Prouido viro
Johanni Peblis piſtori burgeñ di&ti burgi procuratori Indubitato et eo
noīe di&ti dñi Andree quhittat De cuiꝰ procuracionis mandato Sigillo
ꝑprio et ſubſcriptione manuali eiuſd̄ dñi Andree Sigillat⁻ et roborat⁻ nobis
notarijs publicis Infraſcriptis luculenꝷ conſtabat ſup fundum h̄m̄oi
triū tenemētorū per Ꝑre et lapidis tradicionē in forma Jurꝭ ſolita
nemine īpediente ſeu ꝑtradicente cōtulit et deliberauit Qui Johannes
Peblis procurator ac vice et noīe prefati dñi Andree in di&tis tribus
tenemētis ſic vt ꝥmittit² veſtitus et ſaiſitus vigore mandati et facultatꝭ
ſibi in hac parte cōmiſſ° Ead̄ tria tenemēta cum omni Jure et ptinēciis eorūd̄ Iterum in māibus di&ti Thome Ramſay ballini per fuſtem et
baculū pure et ſimpliciꝷ reſignauit Et poſt h̄m̄oi reſignacionē ſic fa&tā
et ꝑ di&tum balliuū debite receptam et admiſſam Id̄ balliuꝰ vigore ſui
officij ſtatū ſaiſinā et poſſeſſionē hereditariā di&torū triū tenemētorum
cum pertinēciis venerabili et religioſo viro Domino Johanni Clark
priori di&ti monaſterij de Scona perſonaliꝷ acceptanti in noīe tocius

cōuentus eiufɗ per t̃re et lapidis tradicionē fuper fundum eorūɗ fecundum vim formā et cōtinēciam Carte fundacionis Ipfis canonicis defuper
confe&e in forma Juris folita contulit et deliberauit liberū tamen
tenemētum hm̃oi triū tenementorum cum ptinenciis di&ns balliuꝑ in
fingulis ꝑmiffis refignacionibus et faifine tradicionibus prenoīato dño
Johanni Henrifoñ pro toto tempore vite fue Referuauit et de pñti
referuat Super quibus om̃ibus et fiṅgulis prenoīatus dñs Johannes Clark
prior di&i monafterij In noīe tocius cōuentus eiufɗ de nobis notariis
publicis infrafcriptis fibi fieri peciit vnū feu plura publicū feu publica
Inftrumētum fiue Inftrumēta A&a fuerunt hec fup fundum di&orum
triū tenementorum hora decima ante meridiem vel eocircit̃ fub āno
die mēfe Indi&ione et Pontificatu quibus fupra Prefentibus Ibiɗ
magiftro Johanne Irland vicario de Perrht Andrea Blynfele burgeñ
di&i burgi dño Johanne Chaip capellano Duncano Camroñ Johanne
m̃ſr Thoma Scot et Jacobo Walleſ teftibus ad premiffa vocatꝰ atqₓ
requifitis ·

Et ego Willm̃s ramfay pr̃ Dunkelɗ dioc⁻ facra au&oⁱᵉ aꝑlica
notarius publicꝑ Quia premiffꝑ om̃ibus et fingulis dum fic vt pre-
mˈtitur aǵentur diꝅentur et fierent vna cum prenoⁱꝑ teftibus
et Notario hic fubfcripto pñs interfui Eaqₓ om̃ia et fingula fic
fieri et dici vidi fcini et andini ac in notam fumpfi Ideoqₓ hoc
pñs publicum inftr̃m mann aliena fideliter fcriptum exinde confeci et in hanc publicam formam redegi Signoqₓ nomine cognoīe
et fubfcriptione meis folitꝑ et ꝑfuetꝑ Signaui in fidem et teftimoniū veritatꝑ oīm et fingulorum antedi&orum Rogatꝑ et reqˈfitꝑ ·

W. Ramfay ·

Preceptum Safine Johannis Haliburtoun ·   ·   ·ı ·   ·

230. Patricius Miferatione diuina Morauien Epus·ac monafterii de·Scona
Commendatarius ppetuus et eiufd loci Conuentus Dilectis noftris Jacobo
Haliburtoun Jacoho fmal W° Halyburton Antonio·pery
balliuis nris in hac parte fpealiter conftitutt Salutem Quia nos vnanimi
confenfu et affenfu capitularit congregati vtilitateq̢, nra et dicti nri
monafterii vndiq̢, preuifa et penfata Diligenti tractatu et matura deliberatione prehabitt ac ad decorem et politiam reipublice regni et contemplatione ftatutorum pliamenti defup editorum Et precipue propter
augmenta°nem nri rentalis dicti loci ad fumam viginti folidorum monete
fcotie anuatim Verumeciam pro certa fumma pecuniaria nobis p pro-
uidum virum Johannem Haliburtoun feniore germanu frem quond
georgii Haliburtoun de Petcur nobis pre manibus perfoluta ac in ufum
et reparationem dicti nri monafterii conuerfa Dedimus conceffimus
arrendauim⁹ locauim⁹ et ad feudifirma fiue emphiteofim dimifimus
Predicto Johanni Haliburtoun in vitali redditu pro tempore vite fue ac
Wittmo Haliburtoun eius filio et heredibus fnis mafculis de corpore fuo
legitime procreatt seu procreandis Quibus deficien Mgro Thome Haliburtoun fratri gmano dicti Johannis et heredibus fnis mafculis de cor-
por· fuo legitime procreatt seu procreandis Quibus ecia deficien Johanni Haliburtoun juniori gmano fri dictorum Johannis et mgri Thome
et heredibus fuis mafculis de corpor· fuo legitime pcreatt seu procreandt
Quibus omibus deficien legitimis et ppinquio^{b⁹} heredibus mafculis dci
Willelmi Haliburtoun quibufcunq̢, Omnes et Singulas terras nras de lie
manis de mawis tunamone carnyquhyok et lie cott tonn cum pendiculis
et ptinenciis earund jacen in doinio noftro de Scona et infra vicecomitatum de perth Et per dictum johanne feniorem et fnos tenentes die
confectionis pntium inhabitat· prout in carta nra defuper confecta latins

continetur Vobis iḡr balliuis nr̄is añdict̄ et vr̄m cuilibet ꝓiunctim et diuifim precipimus et mandamus qᵗus vifis pñtibus indilate Statum fafinam et poffeffionem vitalem predictarum Ꝑrarum cum pendiculis ꞇ pertinenciis earund̄ prefato Johauni, feniori necnon ftatum fafinam et poffeffionem hereditariā earund̄ predicto Willelmo filio fuo vel fnis certis actorñat̄ pluribus aut vni pñtiuin latoribus feu latori per terre et lapidꝰ tradicionē fuper fundum earund̄ v.t morꝰ eft in talibus tradat̄ deliberet̄ iufte. haberi faciat̄ et hoc nullo modo omittat̄ Et vr̄m quilibet. requifitus tradat deliberet iufte. haberi faciat Et hoc nullo modo omittat juxta et fecund̄ vim formā.et.continenciā dicte carte nr̄e iꝑis defuper confecte Ad quod. facienā vobis; balliuis nr̄is añdictis. et vr̄m .cuilibet cōiunctim et diuifim nr̄am plenariā ꝑtatem 'damus et· ꝓmittimꝰ per pñtes finę reuocatione. duraturas In cuius rei. teftimoniū figillum, cōmune dicti noftri inonafterii pñtibus eft appenfum .cum nr̄is fubfcriptionibus manualibus Apud ·idem monafteriū Quarto. die menſ Nouembrꝰ Anno Dñi miꝪmo quingentefimo Quadragefimo. quarto ·

Johes. Grant manu ꝑꝑᵖ	Pa · Morauien̄. Eꝑs
Andreas Hornar manu fua.·	Joⁿᵉˢ .Clerk·pᵗor māu fua
Thomas ⸀Carnwatht⸱ maⁱ. fua	Henricus abircūby maⁱ fua
Jacobus Pytcarñe maⁱ fua	Johānes Baldowy maⁱ fua
Viꝉus ·Donaldfone manu fua	Wꝰ abircūby mann fua
Jo, Blayr· manu. fua ı	Robertꝰ Carwor mann ꝑꝑᵖ
Robertus Creychtone maⁱ fua	Johnes .Quhyt manu fua
· Edwardus. Abircrūby maⁱ fua	Dñs Wiꝉus. Crābie maⁱ fua

Ane conftitutione of ꝓcuratory to enter Thomas Scot ·

231. Be It kend. till all men̄ be þir ꝑnt lr̄es Me Williame Maifter, of Ruthuen̄, fewar of þe landis vndirwritin wᵗ confent affent counfall and aucte of. my derraſt fader Patrik Lord Ruthuen̄ ſef of perth my lanch-

full adminiſtratour and gouernour Till have maid conſtitut.and ordanit
And be þir p̄ntis makis conſtitutis 't ordanis honorable meñ Alexander
blair of Freretouñ Johnne peblis James thomſouñ
                        my verray lauchfull and vndoutit and irreuocable
pcuratouris and ſpeciall erand heraris in þis part Gevand grantand and
cōmittand to my ſaidis pcuratoꝰꝭ cōiunℭlie and ſeuerlie and ilkane
of Þame my full plane and irreuocable powar Expreſ mandement
and charge for me and in my name and behalf To compeir befoir ane
reuerend fadir in god Patrik biſſchop of murray cōmendatar of þe abbay
of ſcone and convent of þe ſamȳ my immediat ſuperioꝰꝭ of þe landis
vndirwritin And þair to reſigne renūce and vpgif be ſtaf and baſtouñ
in þe handis of þe ſaid reuerend fadir and conuent ſuperioꝰꝭ foirſaid
ſimpℓr All and haill my landis of vuer collane woddis parkis and
fiſcheingis of þe ſamȳ vpouñ þe wattir of tay with þair ptinentis liand
within þe lordſchip and regalite of ſcone and ſefdome of perth In
ſpeciall fauoꝰꝭ of Thomas ſcott of cambuſmychell his airis maill and
aſſignais for new infeftment to be gevin to him þairupouñ With all
ryᵗ and titill of ryᵗ aℭiouñ entres propirte poſſeſſiouñ heretable petatour
and poſſeſſour þat I haid hes or ony wais may haue þairto in tyme
cūing for evir And to conſent to þe deleting extinℭiouñ and away
putting of þe ſamȳ landis woddis parkis and fiſcheingis with þair
ptinentis furt of þe Infeftment regiſtrat þairof maid and gevin to me
be þe ſaid Cōmendatar and conuent þairupouñ Surrogand and ſubſti-
tuand þe ſaid thomas and his airis maill foirſaid in my ryᵗ and place of
þe ſamȳ Aℭis Inſtruments and all vyᴼ documentis heirupouñ to aſk lift
and reiſ And generalie all and ſindry vyᴼ thingis to do exerce hant
and vſe That to þe office of pcuratorie in ſic cauſſ conſtitut be law
praℭik or conſuetude of þis realme ar knawin to pertene or þat I myᵗ
do my ſelf with conſent of my ſaid adminiſtrator and gouernour as I
and he war p̄nt in ppir pſonis fferme and ſtable haldand and for to

hald All and quhatſumeuir thingis my foirſaidis pcurato'ᵗ or ony of
Þame cōiunꞔlie or ſeuerlie lauchfullie ledis to be done in þe pᵉmiſſ in
my name tuiching þe making of Þis my reſignaᵒuñ and renūciaᵒuñ
abone writin vndir þe faith and obliſing of all my gudꞔ mouable p̄nt
and tocum In Witnes heirof to Þir my p̄nt lr̄es of pcuratorie Sub_
ſcriuit with my hand and be my ſaid fadir as my adminiſtratoʳ in takin
of his conſent obtenit heirto Our ppir ſeillis ar appendit Togiddir with
þe ſubſcriptiouñ of þe notar vndirwritin At our cōmandꞔ At Ruthueñ
þe Sextt day of September þe ꝫeir of God Iᵐ five hundreᵗ and thre
ſcoir four ꝫeiris Befoir þir witnes Patrik murray of Tibbirmure harie
lord methueñ Robert murray andro Ruthueñ Malcum bowar James
drūmond and Allane Juſtice notars ·

Wilꝫem maiſter ruthueñ fewer of   Patrik Lord Ruthueñ ᴛcᵓ
þe landis abowe wrettin wᵗ my hand

Ita eſt Allanus Juſtice Notarius in pᵗmiſſᵓ de mandatᵓ dicꞔorum Wᵐⁱ
magiſtri de Ruthuen et patricii domini ruthuen manu ſua .

Preceptum Regine Patricio ep̄o Morauieñ pro Parliamento ·

232. Maria dei gr̄a Regina Scotorum Reuerendo in xp̄o patri patricio Ep̄o
Morauieñ ſalutē Quia ordināimus pliamētū nr̄m tenenꝺ apud Edinburgh
et inchoanꝺ die lune decimo quarto die menſis aprilis prox̄ futurꝰ cum cō-
tinuacione dierum vobis precipimus et mandamus qᷓus ſitis Ibidem dicꞔo
die Coram nobis in dicꞔo nr̄o parliamento vnacum aliis regni nr̄i prelatis
proceribus et burgorum cōmiſſariis qui tunc Ibidem propᵗ hoc inᵗerunt
congregati ad tractꞔanꝺ concordanꝺ ſubeunꝺ et determinanꝺ ea que in dicꞔo
nr̄o parliamento pro vtilitate regni nr̄i et reipublice tractꞔanda fuerint con-
cordanda ſubeunda et deᵗminanda · Et hoc ſub pena que competit in hac
parte nullatenus Omittatis Datum ſub teſtimonio nr̄i magni ſigilli apud
Edinburgh decimo tertio die menſᷠfebruarijanno regni nr̄i viceſimoquinto ·

2 D

Gift to Den Henry Abercromby Prior of fixtene pundis yearly .

233. Be It kend till all men be þir p̄nt lr̄es Ws Patrik be þe mercy of God
bifchope of Moray cōmendatar of þe abbay of fcone˙ and cōuent þairof
cbaptourlie gadderit weill and rypelie avyfit þe vtilite and proffit of ws
and oure faid abbay foirfene wᵗ mature delibera°un haid þairvpon And
als havand confidera°uñ of þe feruent zeill trew afald gryte laubouris
and guid fernice done to ws alfweill in oure temporale affaris as in fpi-
rituale cuiris Be oure weilbelouit bruther Den Henry Abircromby
pryoʳ of oure faid abbay ffor þe perpetuale weill and cōmodite of ws
and our faid place continewalie fra his ʒowtheid be þe fpace of fifty
ʒeris bypaſt and wᵗ þe mair Quhairby his age approcheis And to þe
effeɑ˙ þat he þairfor may be thankfullie payit in all tymes cūing during
his lyftyme of fextene pundis vfuale money of þis realme ʒeirlie at tua
termes in þe ʒeir Witfonday and Mertimes in winter be equale portionis
fyve bollis quhyte fevintene bollis beir, and fex bollis ait meill ʒeirlie
betuix Ꝫule and Candilmes as vſ᷒ is of payment þairof furth of our tounis
and landis refpeɑiue vnderfpecifeit and þat as for his haill chānonis
preiſtis portioun of þe faid abbay We haue gevin grantit affignit and
difponit to þe faid Den Henry all and haill þe forfaid money and viɑuale
for his faid portioun abonewritin Togidder wᵗ his chalmeris vnder and
abone wᶦin þe almarland cloſ and þe ʒaird p̄ntlie inhabitat be him wᶦin
our faid abbay Quhilkis chalmeris wes haillelie.fpoliit ruinat and dif-
troyit þe tyme of þe deſtruɑiouñ of our faid place And now of new
bigit and reparit agane be þe faid Den Henry vpon his awin expenfis
ffor all þe dayis of his lyftyme And for fure payment of his forfaid
portiouñ money and viɑuale We be þe tenour heirof for ws and our
fuccelfouris gevis grantis and affignis in fpeciale to þe faid Den Henry
þe faid sextene pundis money to be tane reffauit and vpliftit ʒeirlie

at þe faidis termés be him and his factouris as followis To witt fourtene
pundis ten fchillingis fur^t of þe toun and landis of arinbothy and thretty
fchillingis of þe toun and landis of þe mylñ of Dundaff extending in þe
haill to þe faid fextene pundis fra þe tenentis and poffeffouris þairof The
firft termes payment of þe famyn to be and begyn at þe nixt terme and
feift of Mertimes in þe ʒeir of God I^m V^a threfcoir ten ʒeris Siclyke
fyve bollis quhyte furth of þe tonn and landis of þe toun of Nethirliff
sevintené bollis beir and fex bollis meill guid and fufficient ftuff furth
of our teynd fchaiffis of þe toun and landis of Wefter Banchry lyand
w^{t}in þe regalite of fcone and f^{r}efdome of Perth fra þe tenentis and pof-
feffonris of þe faidis tounis and landis refpectiue þe faid Den Henryis
interes in and to þis pñt affigna^{o}un of þe money and victuale for his
portioun abone expremit and in and to his faidis chalmeris and ʒard
refpectiue abone reherfit to be and begin at þe day and dait pñt The
first ʒeris payment of þe faid portioun victuale quhyte beir and meill to
be and begin betuix þe feiftis of mertimes and candilmes nixttocum in
þis inftant threfcoirten ʒeris and fwa furt ʒeirlie and termelie during þe
faid Den Henryis lyftyme Commanding and chargeing all and fyndry
þe tenentis fewaris and poffeffouris of þe faidis tounis and landis and of
þe teynd fchaiffis refpectiue abone contenit To reddalie anf^r intend obey
and mak payment to þe faid Den Henry his factouris or vþeris in his
name of þe faid money and victuale for his portioun abone expreffit
during all þe dayis of his lyftyme but impediment Difchargeing and
Inhibiting for ws and our fucceffo^{r}f ouris and þairis chalmerlanis grana-
taris and factouris or ony vþeris in ouris or þair names to moleft intro-
mett w^t truble or haue to do w^t þe faid Den Henry his factouris or
fuandis in þe reffauing and vptaking of þe money and victuale for his
portioun abone noïat ʒeirlie and termelie during his lyftyme as faid is
Tranfferrand all ry^t and titill of ry^t actioun properte and poffeffioun q^{lk}
we haue hes haid or may hane in and to þe faid money and victuale fra
ws our fucceffouris and all vþ^{ƿ}is in our name in þc perfone of þe faid Den

Henry during his lyftyme allanerlie Surrogant and fubftituant him in
our place with full powar to him and his faƈouris to call and perfew
þairfor and to raiſ lr̃es in þe four formes and vþ⁰is neidfull for þe
obtening of payment of þe famȳ at his plefour And acquittances and
difchargeis ane or may to giff vpon his reſſait of þe faid money and
viƈtuale or ony pairt þairof qƚkis falbe als guid and fufficient in all re-
fpeƈtis as we haid gevin þe famȳ acquittances or difchargeis ourfelff
befoir þe making of Þis pñt affignaⁿuñ And we ff’orfuith þe faid Patrik
bifchope of Moray coññendatar of þᴄ abbay of fcone and conuent Þ⁰of
Bindis and obliffis ws and our fucceffouris To warrand acquiet and
peceablie defend þe faid Den Henry in þe bruiking and jofing of þe faid
portiouñ money and viƈtuale togidder wᵗ þe chalmeris vnder and abone
and his ȝard refpeƈtiue abone fpecifeit induring all þe dayis of his lyftyme but fraud or gyle contradiƈtiouñ or impediment quhatfūeuir In
witnes heirof We hane fubfcriuit Þir our pñt lr̃es of affignaⁿuñ wᵗ our
handis þe cōmon feill of our faid abbay is appendit At þe palice of
fpyne þe penult day of September At our faid abbay of fcone þᴄ aucht
day of Oƈtober · ȝeir of God Iᵐ Vᶜ threfcoirten ȝeris befoir Þir witnes
Mʳ George Hepburne thefaurar of Moray Johne Hepburne portionar of
fcone Thomas Law meffinger and Andro Bowye notar publiƈt

Robertus Creichton maⁿ fua	Pa bifchope of Moraye
Robert Purves vyᵗ my hand	Cōmendatar of Scone
Andreas Horner manu sua	Den William Abircrūby wᵗ my hand
Thomas Morefouñ wᵗ my hand	Thomas Carnwath wyᵗ my hand
Vᵐ Hepburñ wᵗ my hand	James Pitcarñ wyᵗ my hand
Thomas crukfchank wᵗ my hand	W⁹ Donaldson maⁿ sua

APPENDIX.

APPENDIX I.

THE RENTALL OF THE ABBACIE OF SCOWNE [1561.]

THE BARONIE ABONE THE WATTER OF YLAY

Imprimis the auld mylne of the said baronie extendis to

jᶜxlix liƀ · iij ſ̃ · viij đ ·

Item the augmentation therof set in few   ·   xviij ƚi · xij ſ̃ · viij đ ·

The greſſum ſylver of the famyn   · ·   xvj ƚi · xvj ſ̃ · viij đ ·

THE BARONIE UNDER THE WATTER OF YLAY

Item the auld maill therof extendis to · · ijᶜxlj ƚi · v ſ̃ ·

Augmentatioun of the landis therof set in few · xvij ƚi · x ſ̃ ·

The greſſum ſylver of the famyn · · · xj ƚi · xviij ſ̃ ·

THE BARONIE UNDER THE BRAY

The auld maill thairof · · · iiijˣˣxij ƚib · xvj ſ̃ · ij đ ·

Augmentatioun of the landis set in few · · iiij ƚib · xij ſ̃ ·

The greſſum of the famyn · · · iij ƚib x ſ̃ · viij đ ·

THE BARONIE IN ANGUS

Item the auld maill therof	j^c lxxxvj ƚi · x s̃ · viij đ ·
The augmentatioun of the landis therof ſet in few	xv ƚi · xiij s̃ · iiij đ ·
The greſſum of the ſamyn	iij ƚi . xvj đ ·
Item for thre fed oxin ſylver payit be the thrie tounis of Gurdeis	vij ƚi · x s̃ ·
The ſecund teyndis within the baronies foirſaidis	xj ƚi · xiij s̃ · iiij đ ·
The annuellis rent within the tounis of Perth Dundie and Scone	xlvij ƚi xviij s̃ · iiij đ ·
The fiſcheingis ſet for ſylver	xv ƚi · vi s̃ · viij đ ·
The orcheart of Cleynye	vi ƚi · xiij s̃ · iiij đ ·

The kirk is ſet for ſylver conforme to the auld rentall

The kirk of Logyrait	lviij ƚi ·
The kirk of Blair	iiij^{xx}ij ƚi ·
The kirk of Rogortoun	iij^{xx} ƚib · vj s̃ · viij đ ·
The kirk of Kinfauns	xxxiij ƚi · vj s̃ · viij đ ·
The kirk of Echt	xxvj ƚi · xiij s̃ · iiij đ ·
The kirk of Innergowrie	xx ƚib ·
The chapell of St Niniane	x ƚib ·

Summa of the haill money of mailis augmentatiounis greſſumes fiſchingis annuellis ſecund teindis oxin ſylver and kirk ſylver beffoir mentionat   j^m j$^{c⚬}$ xl ƚib · vj s̃ · viij đ ·

The ordinar expenſis of money to be deducit of the fruittis of the ſaid Abbacie

Imprimis to the Convent therof extendand to auchtene perſones The Priour haiffand dowble for thair ſuſtentatioun   iij^c lij ƚib · iij s̃ · iiij đ ·

Item in penſionis yeirlie to the abbayis of Dumfermeling Cambuſkyn-
neth Couper Maij and utheris ·   ·   · lxxix ħi · ix ş · viij đ ·
Item to divers perſonis be vertew of the commone ſeill the officiaris of
the place and ordinaris therof ·   ·   · lxxv ħi · iiij ş · viij đ ·
Item to the Lordis of Seffioun for their yeirlie contributioun   xxxv ħi ·
Item to be deducit of the greſſumes befoir chairgit of certane landis ſett
in few be reſſoun the poſſeſſouris had takis for yeiris to rine and therfor
payis na greſſum during thair ſaidis takis   ·   xxxj ħi · xx đ ·

Summa of the defalcation abone writtin v^{c}iij^{xx}xij ħi · xix ş · iiij d ·
And ſua reſtis *de claro*   ·   ·   v^{c}iij^{xx}vij ħi · vij ş · j d ·
The thrid part therof   ·   ·   ·   · j^{c}iiij^{xx}ix ħi · ij ş · iiij đ ·

THE RENTALL OF THE FERME VICTUALLIS OF THE SAID ABBACY ·

The baronie of Scone ·   ·   · { Beir vj ch · vij ƀ · ij f
{ Meill j ch ·

The baronie under the bray   ·   · { Quheit iiij cħ
{ Beir x cħ
{ Meill v cħ

Item in Cayne quheit ·   ·   · j cħ xv ƀ ij f ·

The baronie in Angus ·   ·   · { Quheit ij cħ · j ƀ
{ Beir viij cħ viij ƀ ·

THE RENTALL OF THE TEIND VICTUALIS OF THE SAID ABBAY ·

The kirk of Blair   ·   ·   · { Beir vj cħ · v ƀ · ij f ·
{ Meill viij cħ · xiiij ƀ ·

The kirk of Scone   ·   ·   · { Quheit j ƀ
{ Beir xiij ch · xij ƀ · ij f ·
{ Meill xix ch · x ƀ · ij f ·

2 E

The Kirk of Kinfawnis •	Quheit ij ℔ · ij f · Beir v ch xv ℔ Meill iiij ch
The kirk of Kilſpindie • •	Quheit iij cħ · xiiij ℔ Beir xj cħ j b · Meill xiij ch · j b ij f ·
The kirk of Lif • • •	Quheit iij ch v ℔ · Beir xj cħ xij b Meill x ch v ℔ ·
Summa of the haill ferme and teind victuallis of the Abbacie of Scone	Quheit xvj cħ j ℔ · Beir iij^{xx}xiij cħ xiij ℔ Meill iij^{xx}j ch xv ℔ ·

The ordinar Expenſis of Victuallis to be deducit

Item to the Convent for their ſuſtentatioun	Quheit vj cħ xij ℔ Beir xxij cħ xij ℔ ij f · Meill vj cħ j b iij f ·
Item in penſionis under the common ſele	Quheit xij ℔ ij f · Beir ij cħ · viij ℔ Meill xij b · iij f
Item to the officiaris of the place •	Beir iij cħ · ij b · ij f · ij p · Meill xvj cħ · xij ℔ ·
Summa of the defalcation foirſaid in the yeir • • •	Quheit vij cħ · viij ℔ iij f · Beir xxviij cħ · vij ℔ · ij p · Meill xxviij cħ · x b ij f ·
And ſua reſtis *de claro* • •	Quheit viij cħ viij ℔ · ij f Beir xlv ch vj b ij f Meill xxxviij cħ · iiij ℔ ij f

Nota—xviij cħ · iij ℔ · aittis horſecorne Item xij barrellis ſalmond with certane cayne capones and pultrie nevir ſauld for money bot ſpendit in ſuſtentatioun of the place   3 of money   •   iij^clxxx ℔ · ij s · j d ·

Tak the baronie under the bray for   ·   ·   lxxxxij ƚi · xvj s̃ · ij đ ·

The augmentatioun of the few landis therof for   ·   iiij ƚi · xij đ ·

The greſſume of the famyn for   ·   ·   iij ƚi · x s̃ · viij đ ·

The baronie of Angus for   ·   ·   · jᶜlxxxvj ƚi · x s̃ · viij đ ·

The augmentatioun of the fewlandis therof for   xv ƚi · xiij s̃ · iiij đ ·

The greſſume of the fame for   ·   ·   ·   ·   iij ƚi · xvj đ ·

And lxxiiij ƚi ix s̃ · out of the mailles of the baronie under the watter of

Ilay   *Eque*

Quheit v cħ · v ƀ · ij f · ij p · half p · and 3 therof

Tak the baronie under the bray   ·   ·   ·   · iiij ch ·

The cayne quheit therof   ·   ·   ·   j cħ xv ƀ ij f

    Gif in   ·   ·   ·   ·   ix ƀ j f j p 3 part half p ·

Beir   ·   ·   ·   ·   xxiiij cħ · ix ƀ · iij f · ij p ·

The baronie of Scone for   ·   ·   vj cħ · vij ƀ · ij · ij p ·

The baronie under the bray   ·   ·   ·   ·   x cħ ·

The baronie of Angus for   ·   ·   ·   viij cħ · viij b ·

    Gif in   ·   ·   v ƀ · iij f · *Eque*

Meill   ·   ·   ·   ·   xx ch · x b · j f · j p ·

Tak the baronie of Scone   ·   ·   ·   j ch ·

Tak the baronie under the bray   ·   ·   ·   v ch ·

The kirk of Lyf   ·   ·   ·   ·   x cħ v · ƀ ·

And out of the kirk of Kilſpindie   ·   iiij cħ · v b · j f · j p · 3 part p ·

Aittis   ·   ·   ·   ·   ·   ·   vj ch · j ƀ

Salmond   ·   ·   ·   ·   ·   iiij barrellis

Gar chairge my Lord for thir aittis and ſalmond quhill he affigne
ſufficient men to pay the fame ·

Omittit Caynes cuſtumis Capones pultrie and utheris dewiteis ·

THE HAILL MONEY AND VICTUALLIS OF THE ABBACIE OF SCONE EXTENDIS TO THE SOWMES FOLLOWING

In Money to · · · xjᶜxl ƚi · vj s̃ · vij đ ·

In Victuallis · · ·
{ Quheit to · ꞏxvj ch v ƀ
  Beir to iijˣˣxv ch viij b · ij f · ij p ·
  Meill to iijˣˣij ch vij b j f }

The thrid extendis to money to · · iijᶜlxxx ƚi · ij s̃ · ij đ ·

In Victuallis · · ·
{ Quheit · · v cħ · vij ƀ ·
  Beir · xxv ch · ij b · iij f · ij p ·
  Meill xx cħ · xiij ƀ · j p · 3 part p · }

The Tutouris Penſioun

In Money · · · · · · liij ƚi · iij s̃ ·

In Victuallis · · ·
{ Quheit · v ch v ƀ ij f ij p
  Beir · xv cħ vij ƀ · ij f · j p
  Meill · vij cħ · xij b · ij f · j p }

Summa · xxviij cħ · x ƀ · j p · 3 part p ·

Scone hes xj Kirkis

Scone
Cambuſmicheall
Kinfawnis
} The Miniſter xxiij ƚi · vj s̃ · viij đ ·
ij cħ Beir . iij cħ Meill

The Reidar at Kynfaunis xx ƚiƀ

Logyrait The Miniſter · · · lviij ƚiƀ
Blair · The Miniſter · · · · lx ƚiƀ

Roogortoun	·	·	·	·	lx ħ · vj s̃ · viij đ ·
Kilſpindierait	·	·	·	·	ij ch · beir · ij cħ meill
Logie Dundie					
Liff	·	·	·	·	·	xx ħ money
Innergowrie	·	·	·	·	{ Tua ch · beir
					{ Tua ch · meill ·

APPENDIX II.

BUIK OF ASSIGNATIOUNIS AND EXTRACTS FROM THE REGISTER OF THE SUPERPLUS OF THE THIRDS OF BENEFICES, &c.

ABBAY OF SCONE, 1594, 1603, 1605, 1607, 1608.*

Thrid of the Money	·	·	·	· iijcˣˣlxxx ħɓ · ii s̃ · ij đ ·
Thrid of the Quheit	·	·	·	· v cħ v b ·
Thrid of the Beir	·	·	·	xxiiij cħ · ix b · iij f ·
Thrid of the Meill	·	·	xx cħ · x bollis
Thrid of the Aittis	·	·	·	· vj ch · j boll
Thrid of the Salmond	·	·	·	· iiij barrell

* Erectit in ane temporall Lordſhip to My Lord of Scone ·

APPENDIX III.

FEUS OF SCONE.

AN ABSTRACT OF A VOLUME OF RECORD, OF WARRANTS OF CROWN CHARTERS, OF CONFIRMATION OF LANDS HELD OF THE ABBEY OF SCONE.*

I. Confirmation of the Charter fewferme and locatioun therin contenit made by Patrick Biſhop of Murray Commendator of the Abbay of Scone and Convent therof to his lovit Hendrie Reid &c. of the third part of the toun and landis of Kirktoun of blair; At Halyrudhous 12 Decr. 1584.

II. To David Narne &c. of the third part of all and ſundrie the landis of Kirktoun of Blair; 12 Decr. 1584.

III. To John Gotheray and Janet Irland his ſpouſe of the third part of the landis of the Kirktoun of Blair &c.; 12 Decr. 1584.

IV. Confirmation of Charter by David Erle of Craufurd Lord Lindeſay to Thomas Broun younger in Clein and Margaret Lindeſay his ſpouſe off all and haill that auchtein parte of the landis of the

---

* The form of the Warrant runs thus—" Our Soverane Lord Ordanis ane charter of Confirmation to be maid in the mair forme under his hienes grete Seill Ratifiand," &c. &c.

manis of Clein with the pafturage of threfcoir fcheip hors and nolt belangand therto &c.; 12 Decr. 1584 .

V. To Johnne Lyndefay fecund lauchfull begottin fone to Johnne Lyndefay of Evelich &c. off all and haill the landis of Freirtoun &c.; 17 Decr. 1584 .

VI. Confirmation of Charter by Patrick Bifhop of Murray to Margaret Sibbald reli&t of umquhile David Air &c. of the landis of Nether Liff · 17 Dec. 1584.

VII. To Johnne Soutare in Wefter Banchry &c. of the ferd pairt of all and findrie the landis of Wefter Banchrys &c.; 19 Decr. 1584 .

VIII. To Johnne Irland and Margaret Blair his fpoufe &c. off all and findrie the landis of Parkheid &c.; 19 Decr. 1584 .

IX. To umquhile M^r. David Abircrumby in Myddilgurdy and Maulie Fothrenghame his fpoufe &c. off all and findrie the landis of the toun of Eafter Gourdy &c. and of all and haill ane half of all and findrie the landis of the toun of Middill Gourdy &c.; 19 Decr. 1584 .

X. To Williame Dick off all and haill the half of all and findrie the landis of Lochend of Blair &c.; 19 Decr. 1584 .

XI. To umquhile John Wedder in Brighous and Crifteane Spanyie his fpouf &c. of the landis callet Brighous with four aickeris of land thereof &c.; 19 Decr. 1584 .

XII. To Johnne Thomfoun &c. of the third part of the manis of Cruquheis &c.; 19 Decr. 1584 .

XIII. To Johnne Malcolme in lyvrent and to Gilbert Malcolme his ſone &c. of the half of the landis of Lochend of Blair &c.; 19 Decr. 1584·

XIV. To William Chalmer in Nether Cloquhattis &c. of the landis of Nether Cloquhattis &c.; 19 Decr. 1584·

XV. To Johne Dickſoun of a fourth part of the lands of Weſter Bachrys &c.; 19 Decr. 1584·

XVI. To William Cock air of umquhile Robert Cock &c. of the half of the myln of Dundaff; 20 Septr. 1585·

XVII. To Johne Smyth ſmyth in Denemyln off all and haill the Smyddie and Smyddie Croft land of Denemyln &c. togidder with the aſtriƈtit Irnework for the land of Angus uſit and wount; 1^{ſt} March 1585·

XVIII. To umquhile Iſobell Snaill reliƈt of umquhile Johnne Elder in Balbuchty &c. of the lands of Balbuchty &c.; 1 March 1585·

XIX. To umquhile Alexander Ratteray and to Katherein Anderſoun his ſpous &c. of the lands of Spoutwellis &c.; 1 March 1585·

XX. To umquhile Johnne Snaill &c. of the lands of Leimpottis &c.; 1 March 1585·

XXI. To umquhile William Small and Helein Ogilvy his ſpous of the lands of Ferounis &c.; 1 March 1585·

XXII. To Janet Small in lyvrent & to Robert Pettullock her ſone &c. off the cornemyln of Kynnochtry &c.: 1 March 1585·

XXIII. To umquhile Alexander Thaine and umquhile Jouet Gray his fpous Off ane aucht pairt of the landis of Kynnochtry &c.; 1 March 1585 ·

XXIV. To Thomas Small fon of umquhile Robert Small in Kynnochtry of ane quarter and auchtein pairt of the landis of Kynnochtry; 1 March 1585 ·

XXV. To Johnne Broun and Criftiane Broun his fpous of all and haill the landis of Pawinfcheill and of all and haill the four aikeris of land of Clein; 1 March 1585 ·

XXVI. To umquhile Johnne Yair fone to umquhile James Yair and Jonet Quhitheid his fpous of all and haill that aucht pairt of all and fundry the landis of Balquhormok the landis of Ammyrland and teinds with the crofts underwritten viz. the Kingis orchyaird the croft called Sklaterbank utherwayis callit the croft at the foot of the hill and little croft on the fouth part of Amerland; 1ˢᵗ March 1585 ·

XXVII. To Johnne Ogilvie fone to umquhile Patrik Ogilvie of Inch-mairtein of all and haill that quarter landis of Durdy Inglis alias Nether Durdy; 1 March 1585 ·

XXVIII. To Robert Small and Margaret Bell his fpoufe of ane quarter of the lands of Kynnochtry; 1 March 1585 ·

XXIX. To Johnne Widder and Criftiane Spainye his fpoufe the landis callit Brighous &c.; 1 March 1585 ·

XXX. To Johnne Donaldſoun and Criſtiane Paterſoun his ſpouſe of ane aucht pairt of the toun and landis of Kirktoun of Liff and the auchtene pairt of the croft callit Kilcriſt Togidder with the aucht pairt of the landis callit the Brewlandis of the ſaid toun ; 1 March 1585 ·

XXXI. To Johnne Pettillo and Janet Boyd his ſpouſe of the aucht pairt of the toun and landis of Kirktoun of Liff &c.; 1 March 1585 ·

XXXII. To umquhile David Ogilvy of Tempilhall & Criſtiane Gelletlie his ſpous half of the cornemyln of Denmyln &c.; 1 March 1585 ·

XXXIII. To umquhile Margaret Myln reliɛt of umquhile James Gray in Dein myln half of the corn myln of Denmyln &c.; 1 March 1585 ·

XXXIV. To Johnne Small in Kynnochtry and umquhile Margaret Blair his ſpous of ane quarter of the lands of Kynnochtry; 2 March 1585 ·

XXXV. To umquhile Elizabeth Gib reliɛt of umquhile Thomas Fayrhar quarter pairt of the tonn and landis of Craigmakerane with the quarter pairt of the Schaw and wod callit Cuthill wod of Craigmakerane, with the landis of the ſamin &c.; 2 March 1585 ·

XXXVI. To Johnne Swan and umquhile Jouet Robertſoun his ſpous the half myln of Dundaff and half of the myln landis of the ſame myln &c.; 2^d March 1585 ·

XXXVII. To umquhile Aleſoun Cock reliɛt of umquhile Williame Mertyne in Newmyln the half of all and ſindrie the landis and

toun of New-Myln with the half of the corn myln & myln
landis half of the aftrictit multuris of the landis and toun of
Craigmakerane of the toun and landis Byris and Freirtoun &c.;
2 March 1585·

XXXVIII. To Patrik Mairtein in Newmyln & Katherein Sym his
fpous half of the landis and towne of Newmlyn with the half of
the corne myln &c.; 2 March 1585·

XXXIX. To umquhile Robert Anderfoun in Ardgilyeane and to umquhile Patrik Anderfoun his fone & air the third pairt of the toun
and landis of Ardgilyeane &c.; 2 March 1585.

XL. To umquhile Jonet Aickinheid and to Williame Huntare her fone
and Elizabeth Spens his fpous the landis of Over Petluy;
2 March 1585·

XLI. To Johnne Watfoun the ferd pairt with the auchtein pairt of the
landis & toun of Wefter Innergowry &c.; 3 March 1585·

XLII. To Thomas Dog the auchtane pairt and fextein pairt of the landis
of Craigmakerane Togidder with the auchtane pairt and fextein
pairt of that fchaw and wod callit Cuthill wod of Craigmakerane,
with the land of the famin in the quhilk the faid wod growis, with
the auchtane pairt and fextein pairt toft and fex Riggis callit
Sex buttis alias Macduff &c.; 3 March 1585·

XLIII. To umquhile Gilbert Mertyne and umquhile Jonet Alefoun &c.
auchtane pairt and fextein pairt of the landis of Craigmakerane
&c. (ut fupra); 3 March 1585·

XLIV. To Rannald Robertſoun & umquhile Margaret Small his ſpous &c. quarter of landis of Shirreftoun, with the quarter of the landis callit Schiphirdland of the famin &c.; 5 March 1585 ·

XLV. To umquhile Williame Grant and Jonet Small his ſpous quarter of the landis of Shirreftoun &c.; 5 March 1585 ·

XLVI. To David Robertſoun and umquhile Katherein Watſoun his ſpouſe quarter of the landis of Shreftoun &c.; 5 March 1585 ·

XLVII. To Yſobell Bronn, reli{\ae}t of umquhile Richard Dunmure, the half landis of Weſterguird with teinds includit; 5 March 1585 ·

XLVIII. To Thomas Gourlay & Margaret Broun his ſpous the fourth pairt of the tonn & landis of Kirktoun of Liff, and of that croft callit Kirkcroft, & of the land callit the Brewland of the ſaid toun; 5 March 1585 ·

XLIX. To Gilbert Fildie and Janet Yair his ſpous the quarter landis of Innerburs on reſignation of umquhile William Maſter of Ruthven; 5 March 1585 ·

L. To umquhile Thomas Anderſoun and umquhile Agnes Quhytheid his ſpous the auchtane pairt landis of Innerburs on reſignation of umquhile William Lord Ruthven; 5 March 1585 ·

LI. To Johnne Walkar and Elizabeth Blair his ſpous of the half of the Waulkmyln landis of Innerburs; 5 March 1585 ·

LII. To Andro Smyth in Weſter Innergowrie and Iſſobell Smyth his

ſpous of the half of the corne myln and myln landis of Inner_
gowrie; 5 March 1585 ·

LIII. To Johnne Moreis in Weſter Innergowry and Elizebeth Blak his
ſpous of the half of the corne myln and myllandis of Weſter
Innergowrie; 5 March 1585 ·

LIV. To Thomas Wricht of the Walkmyln of Kincarroquhy and that
aucht pairt of the landis of Balquharmok; 5 March 1585 .

LV. To Andro Sym and Jonet Broun his ſpous of the aucht pairt of
the Manis of Clein &c. and half of the Abbotiſcroft and teinds ;
5 March 1585 ·

LVI. To Johnne Blair in Clein and Thomas Blair his ſone quarter of
lands of the manis of Clein &c. on reſignation of Johnne Hedder-
wick ; 5 March 1585 ·

LVII. To Patrik Blair bruther germane to Alexʳ. Blair of Balthyok the
ferd pairt of the tonn and landis of Kirktoun of Lyff &c. with
the doucat yaird knaiffchip and keiping of the corne myln &c.
on reſignation of Johnne Henderſoun and Margaret Abircrumby
his ſpous ; 5 March 1585 ·

LVIII. To umquhile Robert Fyndlaſoun and Jonet Ewyne his ſpous
that aicker of land callit the cruikit aicker and that tenement
of land callit Sanctauguſtines land ; 15 March 1585 ·

LIX. To Tennent Abircrumbye and Janet Aleſoun his ſpous the fyift
pairt of the toun and landis of Lethindie ; 10 March 1585 ·

LX. To umquhile Patrik Scot and umquhile Yſſòbell Huntare his ſpous the quarter landis of Shirreftoun, with quarter pairt of the land callit the Schiphirland and teinds never ſeparatit from the landis; 15 March 1585.

LXI. To umquile Jouet Williame reliⅆ of umquile Patrik Blair in Lethindie that tenement of land callit Sanⅆ Katherines land and tenement with yaird and croft foundit and left to our Lady alter; 15 March 1585.

LXII. To umquhile Williame Aleſoun and Katherein Martein his ſpous the twa aikeris of land of the manſioun of Scone; 15 March 1585.

LXIII. To Robert Elder and Margaret Aleſoun his ſpous ane auchtein pairt of the landis of the manis of Clein; 15 March 1585.

LXIV. To umquile Jonet Schairp and Johnne Wod her ſone that aicker and half aicker of the landis of Clein; 15 March 1585.

LXV. To James Henriſoun and Elizabeth Monorgund his ſpous quarter of the landis of Balquhormok and of that croft with the yairds thairof callit Lyoniſcroft, Trinitie croft, and Secriſtair croft—To Andro Cok & Jonet Wach his ſpous, and to Williame Crukeſchank ſone to the ſaid Janet Wach the quarter of the landis callit the fourt rynrig of the Sandyhill ane half aiker and ane rude of land of the manſioun Scone alias callit Balbuchteis—charter maid by Mʳ. Androw Strang in Scone, with conſent of Janet Scot his ſpous, to Walter Quhitheid in Scone and Yſſobell Yair his ſpous, of twa aickeris of land of Balbuchtie callit manſioun; 15 March 1585.

LXVI. To Johnne Quhite and Margaret Wallace his fpous that aicker and half aicker of land of Clein; 15 March 1585 .

LXVII. To Johnne Chalmer in Nether Durdy and Thomas Chalmer his oy˙quarter of the˙landis of Nether Durdy; 15 Mar. 1585 .

LXVIII. To Johnne Wythand and Criftiane Cock his fpous half of the Myln of Dundaff and half of the Myllandis therof; 15 March 1585 ·

LXIX. To James Hepburne of Rowandftoun and Jonet Oliphant his fpous quarter of the tonn and landis of Balquhormock and the croft callit Sanctmernockis croft als the chapel-yaird with the chapell of Sanctmernock with the yaird ftane dyikis about the famin and the doucat croft; 15 March 1585 ·

LXX. To Andro Sym and Katherein Walker his fpous half of the walkmyln landis of Innerburs; 15 March 1585 ·

LXXI. To Helein Scot relict of umquhile Andro Blair and to umquhile William Blair their fone the auchtane pairt of the landis of Innerburs; 16 March 1585 ·

LXXII. To Jouet Bell relict of umquhile Robert Blak and Johnne Blak her fone the landis of Wefter Innergowry; 16 March 1585 ·

LXXIII. To Gilbert Morifoun the fourt rinrig of Sandehill the cairtair aicker and the Dempftare croft—To William Fairy in lyvrent and to faid Gilbert Morifoun all and haill thair tempill and toft and croft therof; 13 April 1586 ·

LXXIV. To Peter Jak and Alefoun Scharpe his fpous that tenement of land upon the fouth eift pairt of the chantourgait; 13 April 1586 ·

LXXV. To Patrik Alefoun in Argilyean and Jouet Cruickfhank his fpous of the fext pairt of the landis and toun of Argilyeane; 13 April 1586 ·

LXXVI. To James Crambie fone of umquhile David Crambie of the eift ferd pairt of the landis of Innerburs third pairt of the corne myln & myln landis; 13 April 1586 ·

LXXVII. To James Crambie fone of umquhile David Crambie in Lethindy fyift part of the landis of the tonn of Lethindey; 13 April 1586 ·

LXXVIII. To Thomas Alefoun fone to umquhile Robert Alefoun and Janet Trumbill his fpous, the landis of Lochtoun the fecund rinrig of Sandehill ane aicker with half ane aiker of land of the manfioun of Scone alias aickeris of Balbuchtie caid yairland being ane rig lyand in Sandehill—To Janet Abircrumby dochter to umquhile Johnne Abircrumby the cifter half of they thrie aicker of Þair land of the manfioun of Scone—To umquhile Agnes Abircumby dochter &c. the wefter half &c.; 13 April 1586 ·

LXXIX. To Margaret Yair relict of umquhile Williame Scot the Kirkland croft in Rait; 16 April 1586 ·

LXXX. To Johnne Soutare of Mont the ferd parte of landis of Wefter Banchreis; 16 April 1586 ·

LXXXI. To Thomas McKy and Johnne McKy his fone and Janet Gairdiner his fpous quarter of the landis of Balquhormok; 16 April 1586 ·

LXXXII. To umquhile William Charteris the landis of Dargo; 16 April 1586 ·

LXXXIII. To Thomas Paterfoun and Thomas Paterfoun his fone the aucht pairt of the toun and landis of Kirktoun of Liff and aucht part of they landis commounlie callit the Brewlandis of the faid toun; 16 April 1586 ·

LXXXIV. To Andro Blair fone to George Blair in Gardrum and Euffame Ogilvy than his future fpous twa fyve pairts of the landis of the toun of Lethindie; 21 April 1586 ·

LXXXV. To Alex^r. Blair fone to George Blair of Gairdrum and Jonet Ogilvy than his future fpous the landis of Gairdrum; 21 April 1586 ·

LXXXVI. To umquhile Johnne Scharp and Agnes Duffers his fpous quarter of the landis of Manis of Clein with they fex aickeris of the famin quarter and teinds; 23 April 1586 ·

LXXXVII. To umquhile Andro Ratteray and Margaret Chartereis his fpous the lands of Kyncarroquhy; 23 April 1586 ·

LXXXVIII. To umquhile Johnne Small and Jonet Wod his fpous that croft of land lyand in the Sklater bank; 23 April 1586 ·

2 G

LXXXIX. To Johnne Gairdiner youngare and Jonet Ratteray his fpous
the landis of Barklahillis ; 23 April 1586 ·

XC. To umquhile Richart Smyth and Elizebeth Lowfoun his fpous the
landis of Over Fyngafk lyand within the territorie of Rait ;
30 April 1586 ·

XCI. To Williame Robertfoun in Ardgilyeane the third part of the
landis and toun of Ardgilyeane on refignation of umquhile
William Erle of Gowry and David Murray fone to umquhile
Johnne Murray of Tibbermure and Janet Weymes his fpous ;
26 May 1586 ·

XCII. To Mʳ. Johnne Ratteray the aucht pairt of the landis and toun
of Craigmakeren nerreft to Robert Faryis fourt pairt of the faid
toun Togidder with the aucht pairt of that fchorewod 'callit
Cuthill and wod of Craigmakeroun eight part of the toftis and
of fex croftis callit the fex buttis alias Macduff on refignation
of Patrik Tindaill ; 26 May 1586 ·

INDEX.

INDEX NOMINUM.

A. de Morauia, magister, 35.

A. episcopus de Moravia, 82.

Abercrumby de eodem, Thomas de, 178.

—— of Middillgurdy, Mr. David, 223.

—— Agnes, 232.

—— Edwardus, 207.

—— Janet, 232.

—— John, 232.

—— Henricus, 207.

—— Henry, (prior of Scone,) 210.

—— Margaret, (spons of John Henderson,) 229.

—— Tennent, (in Lethindie,) 229.

—— Willelmus, 207.

—— Den William, 212.

Abernethy, (Abernyt, Abernit, Abernithi,) Henricus de, (miles) 55.

—— Laurencins de, 47, 49, (dominus,) 178.

—— Ornuus de, 24.

—— canonicus de, Mathaeus Geddes, 194.

—— canonicus de, Ricardus Cristison, 194.

Abirbrothoc,(Aberbruthoc,) abbas et conuentus de, 99.

—— abbas de, Bernardus, (cancellarius regis,) 96, 97, 101.

—— abbas de, Henricus, 22.

Abirbrothoc, abbas de, Malcolmus, 189, 190.

—— monachus de, Hugo, 32.

Abirdonensis, (de Abirdon,) archidiaconus, 178.

—— electus, Robertus Blackader, 197.

—— episcopus, Alexander, 111.

—— episcopus, Henricus, 97.

—— episcopus, Mathaeus, 23, 36.

Abraham, Alexander, (capellanus,) 201.

—— (magister,) 30.

Adam, episcopus Brechinensis, 111, 125.

—— filius comitis de Anegus, 8.

—— filius Gilberti, 43.

—— (capellanus regis,) 38, 39.

—— filius Odonis, 53.

Adami, Duncanus filius, 53.

Ade, Symon filius, 92.

Adeluualdus, (prior,) 2.

Aickinheid, Jonet, 227.

Air, David, (of Netherliff,) 223.

Albus, (diaconus,) 16.

Alani, Walterus dapifer filius, 8, 9, 10, 19, 20, 22, 24, 25, 47.

—— Henricus filius, 91.

—— senescalli, Walterus filius, (justiciarius,) 41, 42, 44, 46.

Lithquhow, Willelmus, (capellanus,) 197.
Litstar, Johannes, (civis Sanctiandree,) 194.
Logan, Adam de, 41.
—— Robertus de, (dominus de Lestalrik, miles,) 163–67, 187.
Logy, Robertus de, (ballivus de Perth,) 189.
London, Robertus de, (filius regis,) 20.
Lorimar, Hugo, 60.
—— Johannes, 162 ; (filius Mathei L. de Perth,) 60.
—— Mathaeus, (de Perth,) 60.
Lossindrum, Walterus dictus Byseth, dominus de, 93.
Loueprud, (Laueprud) Serlo filius Willelmi, (burgensis de Perth,) 52, 58.
—— Willelmus, 52, 58.
Louson, Elizabeth, (spons of Richard Smythe,) 234.
Lundin, (Lundy, Lundyn, Lunden,) Ewenus frater Thome de, 71.
—— Philippus de, 29.
—— Robertus de, 59.
—— Thomas de, (dominus) 43, 53, 58, 71.
—— Thomas filius Malcolmi de, 58.
—— persona de, Willelmus, 71.
Lundoris, Andreas de, 189.
—— Johannes abbas de, 189, 190.
—— Thomas, 200.
Lupellus, Robertus dictus, 107.
Lyell, (Liell,) Johannes, (presbyter Dunblanensis,) 194.
—— Johannes, (rector ecclesie de Blare,) 130, 131.
Lyffe, Petrus de, 145.
Lyn, Dauid de, 33.
Lynithcu, magister Symon de, 53.
Lyon, (Lyoune,) domina Johan, (sponsa Johannis Lyon, domini de Glamys,) 175.

Lyon, Jacobus, (vicarius ecclesie Sancti Egidii de Edinburgh,) 148, 150, 159.
—— Johannes, (dominus de Glamys,) 174, 187.
Lytil, David frater Roberti dicti, (de Sotherlandia,) 120.
—— Robertus dictus, 120.

M. comes de Ethocl, 8. v. Atholie?
M. decanus de Retref, 53.
M. filius comitis Dunecani, 24.
M. filius Gilise, 8.
M. vicecomes de Forfar, 13.
Macbeth judex de Gouryn, 18.
Macegu, Gillemur, 53.
Mac Hercar, Malmur, 25.
Mac inien, Gillecrist de, 24.
Macmalmur, Ronaldus, 25.
Madach, comes, 3.
Makcowloch, Patricius, (notarius publicus,) 197.
Makke, Willelmus, 199.
Malcaruester, magister Adam de, 49.
Malcolme, Gilbert, (of Lochend of Blair,) 224.
—— John, 224.
Malcolmi, Duncanus filius, 71.
Malcolmus abbas de Kynspinedin, 53.
—— comes Atholie, 21.
—— comes de Fif, 54.
—— comes de Levenax, 97.
—— filius comitis Duncani, 29.
—— filius regis, 1.
—— (pincerna regis,) 39, 71.
—— Rex Scotorum, 5, 8-14, 29, 31, 95.
Mallas, (Malles, Mallus, Malis) comes, 3, 4.
—— de eodem, Donaldus, 184.

INDEX LOCORUM.

Echt, (Eych, Hachtis, Heyth,) in Mar, ecclesia de, 58, 67, 216.

Edinburgh, (Eduenesburg, Edynburch,) (cartæ ibi datæ,) 12, 41, 43, 51, 142, 149,
162, 170, 183, 209.

—— domus apud, 2, 67.

—— toftum apud, 5, 14, 67.

Ennorbus, terra de, 181 ; v. Inverbos.

Erol, ecclesia de, 171.

Eryn, pons de, 103.

Estirgurdy, terra de, 181, 223 ; v. Gurdy.

Evein, ecclesia de, 67.

Falcland, (carta ibi data,) 119.

Fandufuith, (Fandiueuith,) thanagium de,
36, 73.

Ferounis, lands of, 224.

Fetherteuiet, (carta ibi data,) 20. .

Fingask, (Fyngasc,) (vic. Perth,) terra de,
2, 5, 14, 67, 181.

—— Over, 234.

Forfar, (cartæ ibi datæ,) 17, 22, 24, 38, 44.

Forgrund, manerium de, 6, 14, 67, 95.

—— in Gouerin, terra de, 7, 15, 21, 41.

Forgundevyni, baronia de, 175.

Forterkil, thanagium de, 41.

Forth, (Foreth,) apud Striuelyn, aqua de, 6,
11, 14.

Fotheros, (Fotherins,) terra de, 2, 5, 13, 53,
67.

Foyernys, (vic. Perth,) terra de, 181.

Freirtoun,(Freyirton,)terrade,181,223,227.

Gairdrum,(Gardrummys,)terra de, 181, 233.

Gerny super aquam de Tay, piscaria de, 72.

Girsmerand, terra de, 109.

Glascn, (carta ibi data,) 103.

Glewyn, ecclesia de, 83, 84.

Gowry, (Goueri,) vicecomitatus de, 99.

—— decanatus de, 131.

Gouerin, (Goueran, Goveryn,) manerium de,
6, 9, 14, 25, 95.

Gourdy, (Gurdy, Gurdeis,) Estir, terra de,
181, 216, 223.

—— Westir, 181, 228.

—— Midill, 223.

Grudin, (Grudyn,) terra de, 2, 5, 14, 67.

Haltoun de Lonkardy, terra de, 202.

Hessillicluys cum le Schynehyll, (vic. Perth,)
terra de, 181.

Heyth, ecclesia de, 67.

Hure, territorium de magna, 106.

Ilay, (Ylay,) the barronie above the watter
of, 215, 219.

—— the barronie under the water of, 215, 219.

Inchesyrith, villa de, 82.

Inchethor, ecclesia de, 57, 88, 97.

—— (carta ibi data,) 97.

Inchmertyn, terra de, 189, 190.

Inueramun in Thy Flath, territorium de, 36,

Inuerbos, (Ennorbus, Innerbos, Innerburs,)
5, 67, 13, 181, 228, 231, 232.

—— Waulkmill of, 228.

Invergoury, (Inuergourin, Inuergoueren,)
ecclesia de, 12, 23, 31, 32, 34, 35, 67, 81.
153, 154, 216.

—— terra de, 2, 5, 14, 67, 181.

—— Wester, 227, 229, 231.

Inuerkethyin, (Inuerkethit,) mansio apud, 2,
5, 14, 67.

EDINBURGH : PRINTED BY T. CONSTABLE,
PRINTER TO HER MAJESTY.

Lightning Source UK Ltd.
Milton Keynes UK
UKHW020402081118
331957UK00009B/790/P